楚國文化研究叢刊

劉玉堂◇主編

楚器名物研究

黃鳳春 黃 婧○著

昌明文化

目　次

總　序①

　　春秋戰國時代領異標新、驚采絕豔的楚文化，為中華文化的形成與發展無私地奉獻出了自己的珍藏。楚學研究的使命就是對這一稀世珍藏進行廣泛而深入的挖掘、整理和研究。這是一項異常艱辛而又充滿愉悅的工作，需要眾多的志士仁人協力同心完成。

　　楚文化是古老的，它的青春和遲暮大致都在3000年以前。但楚文化又是時新的，人們有幸同它相識還不過八九十年光景。

　　楚文化的遺存埋藏在地下達3000年之久，直到20世紀20年代至40年代才被盜墓者「驚起」。當時，在安徽壽縣和湖南長沙出土了大量戰國時期的楚國銅器和漆器，其工藝之精縐，風格之獨特，令史學家和古董商歎為觀止。但這還只是「小荷才露尖尖角」，人們一時還很難捕捉它們的意態風神。從20世紀50年代起，楚文化的遺存在湖南、

① 簡體版由湖北教育出版社於二〇一二年出版。今繁體版於臺灣重新編輯印刷，因考量兩岸學術寫作習慣不同，故在編輯體例上作出些微調整，以符合繁體區的閱讀方式與學術格式。茲向讀者說明如下：

　1.若遇特殊名詞，則改為繁體區習慣用語。如：「糎米」，改為「公釐」。「米」，改為「公尺」。其他以此類推。

　2.本套書各冊之〈總序〉、〈序〉與〈後記〉，皆照錄簡體版之原文。

　3.原書的簡體字，如「杰」、「云」……等，皆改為相應之繁體字。

　4.字體簡繁轉換，造成用字不同，皆以該單位原有繁體之名稱為準。如：「岳麓書社」，改為「嶽麓書社」。

湖北、河南、安徽等地一批又一批地被考古學家喚醒，引起學術界和文藝界一陣又一陣的狂歡。「驚起卻回頭」，人們重新審視哲學史上的老莊和文學史上的屈宋，徹然大悟，原來它們都是楚文化的精華。

楚文化因楚國和楚人而得名，是周代的一種區域文化。它同東鄰的吳越文化和西鄰的巴蜀文化一起，曾是盛開在長江流域古區域文明的奇葩。與並世共存的先進文化相比，楚文化可以說是後來居上。當楚文化跡象初露之時，它只是糅合了中原文化的末流和楚蠻文化的餘緒，特色不顯，影響不大，幾乎無足稱道。到了西周晚期，它才脫穎而出，令北方有識之士刮目相看。及至春秋中期，它竟突飛猛進，已能與中原文化競趨爭先了。楚文化不僅有爐火純青的青銅冶鑄、巧奪天工的漆木髹飾和精美絕倫的絲織刺繡，而且還有義理精深的老莊哲學、鑠古切今的屈宋辭賦和出神入化的美術樂舞。透過這耀眼的紛華，我們還能領悟到楚人進步的思想精髓和價值追求：「篳路藍縷」的進取精神、「撫夷屬夏」的開放氣度、「鳴將驚人」的創新意識、「和眾安民」的和合理念以及「深固難徙」的愛國情結。它們無疑是楚人留給世人的最寶貴的文化遺產。

為了對楚文化研究成果進行階段性總結和集中展示，20世紀90年代中期，湖北教育出版社推出了由恩師張正明先生主編的大型學術叢書《楚學文庫》（18冊），在學術界產生了強烈而持續的影響，「楚學」至此卓然而立，蔚為大觀。

自《楚學文庫》出版至今十數年間，隨著湖北棗陽九連墩大墓、河南新蔡葛陵楚墓、湖北隨州葉家山西周墓群的發掘，尤其是湖北荊門郭店楚簡、上海博物館珍藏的戰國楚竹書和清華大學藏戰國竹簡等出土文獻的陸續問世以及新的研究方法和新的技術手段的推廣與運用，楚學研究出現了「驚濤拍岸」的高潮，眾多的楚學研究成果如浪花般噴珠濺玉，美不勝收。面對楚學研究的空前盛況，湖北教育出版社以弘揚學術、嘉惠士林的遠見卓識，約請我主持編纂大型學術叢書

《世紀楚學》（12冊），這對於全面、系統、深入地探討楚文化的內涵與精蘊，及時展示楚學研究的最新成果，繼承和弘揚楚文化乃至中華文化的優秀傳統，促進社會主義文化強國和中華民族共有精神家園建設，既具有重要的理論意義，又具有重大的實踐價值。

《世紀楚學》選題嚴謹，內容宏富，研究範圍包括楚簡冊、政治、法律、禮儀、思想、學術、地理、農業、水利、交通、飲食、服飾和名物等，大都是楚學研究中十分重要且《楚學文庫》未曾涉及或涉而不深的課題。因此，《世紀楚學》既是對《楚學文庫》的賡續、豐富和完善，又是對《楚學文庫》的延伸、拓展和推進。

之所以將叢書定名為《世紀楚學》，原因有三：一是現代意義的楚學研究始於20世紀20年代，迄今已近百年；二是本叢書是21世紀推出的第一套大型楚學研究叢書，帶有鮮明的新世紀印記；三是「世紀」也可泛指「時代」，意在誠勉本叢書切勿有負時代之厚望。

作為國家出版基金資助專案和湖北省社會公益出版專項資金資助專案，《世紀楚學》致力於從新視角、新構架、新材料、新觀點四個方面，實現楚學研究的新突破、新跨越、新發展，奮力開創楚學研究的新局面！

我忝任主編，限於學識和俗務，時有力不從心之感，幸有張碩、靳強先生襄助，諸事方才就緒，令人心存感念！

任何有益於本叢書的批評和建議，我們都竭誠歡迎！

劉玉堂

2012年2月於東湖之濱

總序

3

第一章　服　飾　篇

　　衣服和佩飾是伴隨著人類社會的產生而出現的，並伴隨著社會生產力的發展而演化。早在原始社會初期，人類在與自然的抗爭中，必然要遇到春暖、夏熱、秋涼、冬寒季節的更迭。為了適應生存，人類首先解決的就應是適應氣候變化的服裝。根據民族學資料，在生產力極其低下的時代，人們往往是將比較容易得到的樹葉用植物的莖藤捆紮在身上，這便是人類最早的服裝。在長期的狩獵和採集中，人類又逐漸領悟出獸皮不僅比樹葉更能抵禦寒風，而且還可根據人體的形狀將其分割成若干條塊製成適體的衣服。這是一個經長期探索的結果，也可以說是人類對衣著美追求的一個轉折。考古資料表明，在距今18000年的山頂洞人的居址中發現的磨製的骨針，其上還有針眼，顯然是用來縫製衣服的。同時在一些原始遺址中還發現了一些製作精緻的穿孔貝殼和獸牙裝飾品，這些裝飾品無疑是屬佩飾之列。可以說至遲在舊石器時代晚期，衣服和佩飾就達到了和諧的統一。

　　進入新石器時代後，隨著社會生產力的進一步發展，社會活動量的增多加速了人類對衣著的改進，形成了我國服裝發展史上的一個嶄新時代。考古資料表明，無論是黃河流域還是長江流域的新石器時代遺址中都發現有大量紡織用的工具和用於縫製衣服的骨針，一些遺址中還發現了紡織品的印痕，說明當時的人類已能夠運用天然的植物纖

維紡織成布。同時從新石器時代所出土的彩陶圖像和玉雕像上看，當時的人們已普遍穿有衣服。湖北鍾祥六合和天門石家河遺址出土的泥塑人像和玉雕人像不僅衣冠俱全，而且還戴有佩飾以及梳有美觀的髮式，說明新石器時代的衣服和佩飾已更完備。

商和西周時期是我國社會發展的大變革時代，從社會生產力看，青銅冶煉業的出現和發展，客觀上推動了其他行業包括紡織業在內的發展。紡織業的發展又促使人們對衣服和佩飾更加講究；從社會結構看，產生了不同的社會階層，尤其是貧富分化的加劇，統治階層不僅掌握著國家的權力機構，而且還大量聚奇斂財。反映在服飾上的就是貴族階層不僅追逐高貴的衣料和華麗的款式，而且還給服飾賦予一種神秘的色彩。這就是通過穿著衣服的款式、色彩、花紋來體現貴賤等級的差異，並將其納入禮制的範疇。

商和西周的服飾迄今尚無實物面世，但通過考古發掘的一些銅鑄、玉雕和石雕的一些人物圖像就可以略見其端倪。從整體而論，商周時所流行的服飾大多為連上衣與下裳的左衽服式，同時還見有對襟之衣。可以這樣說，連上衣與下裳的服式已是此時人們裝束的定制，成為引領中國後世服裝發展的主流。

縱觀人類社會的發展史，服飾是隨著時代的推移而不斷變化的。由於受不同時代政治、經濟和文化的制約，再加上地理環境的不同而導致的生活習慣的差異，由此而形成了一個五彩繽紛的服飾世界。如果說服飾的發展史也是文化史的一個重要組成部分，那麼，服飾則是人類社會風俗、時尚和信仰的重要載體。換言之，人類的服飾可折射出人類文明的諸多內涵。

東周時期是我國社會發展的大變革時期，列國林立並未阻隔人類文化的交融，兵戎交加也沒有束縛社會生產力的發展，相反的是，伴隨著諸國畛域的此消彼長，形成了各具特色的區域文化。僅楚國而言，在兩周之世還是一個「土不過同」的巖爾小邦，進入戰國後已是

一個「帶甲百萬，地方五千里」的泱泱大國了。也正是這樣一個以蠻夷自居的楚國在縱橫捭闔的征戰中，以自身特有的傳統文化向外輻射，所及之處，相容並蓄，最終形成了獨具風貌的楚文化。所謂獨具風貌就是有別於其他區域文化的一種群體文化，恰似聞其音而知其域，觀其形而明其國。僅服飾而言，楚文化又何嘗不是如此呢。《左傳・成公九年》就記有這樣一個故事，晉侯在軍府見到了被鄭人所俘的楚國人鍾儀，便問有司，被捆綁著的戴著南冠的人是誰，當獲知是楚國的鍾儀時，就派人為其鬆綁，召而相見。這其中所說的「南冠」就是楚人不同於中原人的一種特有的冠式。可見晉侯深諳裝束，一望冠就知道屬異國人。楚人的裝束的確不同於中原，在文獻中曾多以「楚服」和「楚制」相稱。《史記・叔孫通傳》載，當叔孫通身著儒服時，深受漢王劉邦的厭憎，當他改穿楚服後，漢王則由憎變喜。這一憎一喜，恰如其分地道出了古人喜愛本民族服裝的審美心態，這一記載雖發生在楚裔的漢人中，但由此可知，具有濃郁楚風的楚服飾仍為後人所敬慕，可見其流風之深，遺澤之廣。然而記載畢竟歸記載，它還不足以完整體現其全貌，當我們把目光凝聚在每一件楚服時，才能真正全面深刻地領悟出濃郁楚風中的奇特與詭譎來。

第一節　楚國的紡織和織品

要了解楚人的服飾，必須先知曉楚人的紡織和織品，可以說沒有紡織和織品，就沒有色彩斑斕、形式異趣的楚服飾。

楚人的紡織技術在經歷了新石器、夏和商幾世的發展，到東周後已躍居列國之首了。不過西周時期，楚國的紡織業還不足為道。《左傳・昭公十二年》記楚靈王時令尹子革的話說，楚國的始封君熊繹在創業之初坐的是柴車，穿的是破爛的衣衫。這就是形容創業艱辛時所

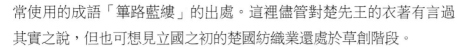

常使用的成語「篳路藍縷」的出處。這裡儘管對楚先王的衣著有言過其實之說，但也可想見立國之初的楚國紡織業還處於草創階段。

春秋時楚國的紡織業已得到迅猛的發展，其主要原因是，一方面利用得天獨厚的地理優勢大力發展種植業和養蠶業，另一方面廣泛吸取他國的經驗和人才，這樣就為紡織業的發展提供充足的原料和大量嫻熟的從事紡織技術的人才。

《史記‧楚世家》載楚平王五十年（前518），楚國的邊邑鍾離（今安徽鳳陽縣東北）與吳國的邊邑卑梁（今安徽天長縣西北）相鄰，兩國的邊民以「小童爭桑」為導因，而引發了一場楚滅卑梁、吳滅鍾離的吳楚邊境之戰。這就是人們所熟知的成語「卑梁之釁」的語源。由兩國邊民的小孩爭採桑葉而爆發兩國間的戰爭，這在先秦的戰例中極其罕見，由此可見，楚吳兩國都極其重視種桑和養蠶業。

楚人在對外的擴張中，似乎也在不遺餘力地謀求發展本國的紡織業，無論是資源，還是技術都盡為己有。據《左傳‧成公二年》載，當楚國的兵鋒直抵魯國境內時，魯成公似乎看出了楚國鋒芒所指的意圖，為使楚國早日退兵，魯成公送給楚國的既不是璧珠璣玉，也不是窈窕淑女，而是魯國的木工、縫紉工和紡織工各百名。魯國的這一招果然靈驗，楚國帶著這些異國的能工巧匠班師而歸。毫無疑問，魯國的這些工匠對楚國紡織業的發展起到了如虎添翼的作用。僅絲織而言，此時楚國已是後來者居上了。《管子‧小匡篇》記楚國已能「貢絲於周室」，這絕無誇耀粉飾之辭。

春秋之世楚國的紡織業已相當發達了，遺憾的是迄今還沒有發現楚國的織機，以致有礙於我們對楚國的紡織成就和規模作進一步的探討。所幸的是隨著考古事業的發展，數以萬計的楚墓不斷被發現，其間也不乏有麻布和絲綢出土。儘管有些實物保存較差，且品種也不全，但這些實物仍能說明楚國的紡織技術已達到相當成熟的境地。

1982年，考古工作者在江陵紀南城西北的馬山發掘了一座戰國中

期的小型楚墓，這就是後來被人稱為「絲綢寶庫」的馬山1號楚墓。其墓主為女性，棺內棺外出土衣被共35件，其中絕大多數為絲織品。馬山1號墓的發掘對重新評估楚國的紡織業的成就有著重要的意義。

綜觀考古發掘所見的楚國織品，據其用料的不同，可劃分為布和帛兩大類。布是以麻和葛等植物纖維製造的，帛則是用蠶絲製造的。在楚國的服飾上，前者發現較少，後者則最為多見，體現出高超的織技和裝飾效果。楚國織品中的布又分麻布和葛布兩種，據文獻所載，它們皆因經緯粗細的不同而有不同的名稱。其中葛布較少見，僅麻布而言就可用來製作衣、冠和履等。因其質地不如絲織品華麗，故而這種織品一般只為下層勞動者所用。當然較好的麻布也被上層貴族用來作饋贈的禮品。《左傳‧襄公九年》就記有鄭國的子產以苧麻布贈給吳國的季劄。

楚國的麻布實物發現較多，20世紀50年代在湖南長沙五里牌406號戰國楚墓中就有出土，經鑑定為苧麻的原料。其經線密度為28根／公釐，緯線密度為24根／公釐。另在江陵馬山1號楚墓和江陵九店東周楚墓中還分別見有麻鞋，在一些楚漆器上還見有夾麻工藝（俗稱夾紵胎），說明楚國已廣泛使用麻織的布。

第二節　楚國的絲織品種類

在楚國的織品中，其數量之多、品類之全、織技之高的要算是絲織品。綜合考古發現和文獻記載，楚國絲織品的種類主要有紗、縠、羅、絹、紈、縞、綈、綺、組、錦、絛等。

紗　是一種表面呈方孔的平紋織物，經緯稀疏而輕薄，多用作衣袍的裡、手帕和巾等。在長沙左家塘44號墓出土了一件藕色紗手帕，手帕長28公釐、寬24公釐。經緯線投影寬度為80微米。江陵馬山1號楚墓

出土有多件紗，保存較好的是覆蓋在竹笥上的深褐色紗「羃」，並有完整的幅邊，幅寬32.2公釐、幅邊寬0.25公釐、經密25根／公釐、緯密16根／公釐。曾侯乙墓還發現有5塊紗的殘片，織工奇特，為絲麻交織物，其緯線全為絲線，經線是由絲線和麻線相間排列的，是目前所見年代最早的絲麻交織物。

　　縠　是一種平紋熟絲織品，其結構與紗同，但縠的表面有均勻的鱗形縐紋。之所以如此，是在織造時，經緯線皆加反向強撚，織成後再經過煮練，使加撚的經緯絲退撚後收縮彎曲，這樣其表面就形成縠了。長沙左家塘44號墓出土了一塊淺棕色縠，經緯密度為38×30根／平方公釐，經緯絲都加有強撚。這是目前所見年代最早的縠。

　　羅　是一種絞經組織的織物，其表面有紗一樣的網狀孔，又稱紗羅。目前已發現的楚織品僅見素羅。在長沙五里牌406號楚墓和江陵馬山1號楚墓皆有出土。其中馬山1號楚墓出土的龍鳳虎紋繡的繡地為四經絞羅，是迄今所見先秦保存最為完整的羅。其經線投影為0.15毫米、緯線投影寬度為0.05毫米，經緯均加S向撚，經緯密度為46×42根／平方公釐。《楚辭·招魂》中的「羅幬張些」中的「羅」即是指的這一織品。

　　絹　是一種極為輕薄的平紋絲織品，其經緯密度相差較大。此類織物在楚墓中最為多見，其用途也極為廣泛，一般用作衣、衾和帽的面料，也有用作繡地的。由於少數絹在織造後再加捶壓和壓光處理，具有良好的光澤。故而絹又是楚人書寫和繪畫的材料。長沙出土的楚帛書和陳家大山楚墓出土的楚帛畫都是絹質的。長沙左家塘44號楚墓和江陵馬山1號楚墓也有這種織品出土。長沙子彈庫楚墓出土的絹質「人物御龍帛畫」的經緯密度為66×36根／平方公釐，馬山1號楚墓出土的紫紅絹衣面的經緯密度為122×64根／平方公釐。

　　紈　是一種質地細膩而有光澤的素白織品。曾侯乙墓出土有紈，織造極為精細，經緯密度在102×33～87×32根／平方公釐之間。

縞　是一種素白生絲平織物。曾侯乙墓出土有這類織品，其特徵是經緯密度相差不大，經緯密度一般在20×45～20×40根／平方公釐之間。

綈　是一種質地厚實而有光澤的平紋染色織品。其特點是經緯線皆較粗，絲線採用了並絲工藝，並加練染，織品緊密光潔。曾侯乙墓和馬山1號楚墓皆有出土，馬山1號楚墓出土的一件土黃色麻鞋面就是綈，其經緯密度為80×110根／平方公釐。

綺　是一種平紋地斜紋起花織品。在楚墓中發現較多，為素織，織後染色，也有用彩色相間的經緯線織成花紋。馬山1號楚墓出土的彩條紋綺就是用黑、深紅、土黃幾種不同的絲為經線，以棕色絲為緯線並按顏色條帶分區相間織成。其經緯密度為88×19根／平方公釐。

組　是一種用經線交叉成一定角度織成的帶狀編織物。多為雙層，由於為帶狀，多用作衣服的領、緣和冠纓。因用途的不同，所用經線有別，用作衣緣和領緣的組所用的絲線一般都較粗，而且都為單色。用作帶飾的組的絲線多為單色，也有二色和三色的。馬山1號楚墓所見衣服的領、緣及冠纓都是組，所用經線數為26～672根。絲線的顏色有土黃、淺黃、黑、深紅、紫和深棕色等。

錦　是一種以彩色絲線用平紋或斜紋的多重及多層組織織成的提花織品。錦是一種精美的織品，人們通常把前程比做「錦」就可以知其精美的程度了。楚墓中所出土的錦較多，花紋也最為複雜，多用於衣衾的面和衣服的緣。僅馬山1號楚墓就出土有不同結構和花紋的錦，按織造所配用經線的顏色可分為二色錦和三色錦。從其花紋看，二色錦中就有塔形紋錦、鳳鳥幾何紋錦、鳳鳥菱形紋錦、條紋錦、小菱形紋錦、十字紋菱形紋錦等。三色錦中有大菱形紋錦、幾何紋錦、舞人動物紋錦等。經緯線的顏色主要有淺棕、深棕、深紅、朱紅、土黃、灰黃等。錦的經密為84根／公釐～156根／公釐、緯密為24根／公釐～54根／公釐。

條　是一種用彩色絲線編織，以緯線起花的織品。條在楚墓中多有發現，其組織結構和織造工藝都較為獨特，可分為緯線起花條和針織條兩種。由於它屬於窄帶織物，故多用於衣衾的領緣和邊緣以及接縫。一些文獻中常稱之為「扁諸」或「偏諸」等。因條多用於裝飾，所以無論是針織條還是緯線起花條都有較複雜的紋飾，僅馬山1號楚墓就有田獵紋、龍鳳紋、六邊形紋、菱形紋、花卉紋、動物紋、星點紋、十字紋等。

　　上述所羅列的只是一些常見的織品，事實上，在一些楚簡中還見有一些絲織品的名稱，因無實物與之對應，故從略，但可以肯定，楚國的織品的品類應相當豐富。

　　楚人的織品除了織造複雜、顏色豔麗、富於變化外，還以繁縟的花紋而令人歎為觀止。已發現的楚國的織品大多有對稱或連續的花紋。紋飾的排列組合既靈活多變，又富麗多姿。其圖案的規律主要有散點式、連續式、點綴式、重疊式和明暗式等。紋飾的主體為幾何紋，另見有珍禽異獸紋和人物行為紋等。不僅如此，楚國還以一些織品如絹和素羅作繡地，再以多種色彩的絲線手工刺繡出一些花紋來。刺繡的紋飾以龍鳳紋為主體，再間以植物。刺繡的紋飾更富有立體感，使圖案動中有靜，靜中有動，將楚人奇詭的民族信仰和豐富的藝術想像充分地展現在服料上。楚人正是因擁有這些織品，再加以精工巧裁，形成了一道與諸夏迥異的服裝風景線。

第三節　頭衣

　　頭衣是古代所戴冠和幘的總稱，相當於後世所說的「帽子」，古代的頭衣也稱「元服」，是因為頭稱為「元」而來的。《左傳・襄公三十三年》載晉國的大夫「免冑入狄師，死焉，狄人歸其元，面

如生」。《儀禮・士冠禮》：「令月吉日，始加元服。」鄭玄注：「元，首也。」漢代仍稱元服。《漢書・昭帝紀》：「（元鳳）四年春正月丁亥，帝加元服。」這裡的「元服」也是對頭衣而言的。從文獻和考古發掘出土的實物及圖像資料看，楚國的頭衣有冠、冕、弁、帽和巾幘幾大類。

1. 冠

冠在古代是一般貴族的頭衣，男子長到二十都要行冠禮，故《禮記・曲禮上》有「男子二十，冠而字」之說。這裡的冠和字都是動詞，即行冠禮和取別名。在古代，行冠禮有很繁盛的禮節，男子一經冠禮，社會和家庭都要按成人的標準要求了。所以，其一舉一動都要合乎儒家道德。正因此，戴冠則屬於禮制的範疇。《晏子春秋・內諫下》所記的「首服足以修敬，而不重也」及《國語・晉語》所記的「人之有冠，猶宮室之有牆屋也」，就是對冠禮重要性的概括。不僅如此，古代把冠看得比生命還重要，寧死不離冠。《左傳・哀公十五年》就記有這樣一則故事：衛國發生內亂，在戰鬥中，子路繫冠的纓被人砍斷了，眼看冠就要掉下，他說：「有修養的人，冠不能脫掉。」於是，他停下戰鬥來「結纓」，結果被對方殺死了。可見古人對冠的重視達到了至偏至極的地步。

楚國不僅行冠禮，而且大多著冠，這從諸多文獻和考古發掘的實物及圖像資料中得到證實。《淮南子・主術訓》記楚文王喜歡戴獺冠，楚國人都仿效，這是說楚國有戴冠的癖好。還有一個例子前面已經說過，就是《左傳・成公九年》記晉侯在軍府看到了被鄭國人所俘的楚國人鍾儀所戴的是與諸夏所不同的「南冠」，這是說楚國的冠式具有鮮明的地方特點。

楚冠的形制究竟是什麼樣子，由於年淹代遠，再加上歷代注家都沒有一個統一的認識，以至後世對其爭論不休。但我們從楚國的一些文獻和繪畫材料中仍可洞悉它的底蘊來。從文獻記載看，楚冠名較

第一章　服飾篇

多，大體有高冠、獬冠、皮冠和鷸冠等。

高冠 又稱切雲冠，《楚辭‧九章涉江》有「帶長鋏之陸離兮，冠切雲之崔嵬」。王逸注：「崔嵬，高貌也。」朱熹《楚辭集注》：「切雲，高冠之名。」高冠是楚人所常戴的一種冠式，其突出特點是高聳，這一點諸家都無異辭。遺憾的是迄今為止，還沒有一件高冠實物被發現。但在望山楚簡和包山楚簡中分別記有冠，其中望山楚簡記有「大冠」，疑大冠就是指的這種高冠。目前雖無實物來證實，但在一些楚國的繪畫資料中可以見到大量的高冠畫像。

1973年，長沙子彈庫楚墓出土了一幅人物御龍帛畫，畫中一男子身材修長，側身直立，手執轡繩，駕馭著一條巨龍，其神情自若。從裝束上看，他身著長袍，腰佩寶劍，頭戴一頂「8」字形的高冠（圖1-1）。多數學者認為畫中男子所戴之冠即為文獻中所見的楚高冠。當年，郭沫若見到此幅畫十分高興，即賦〈西江月〉一首：「仿佛三閭再世，企翹孤鶴相從，陸離長劍握拳中，切雲之冠高聳。」加以贊許。

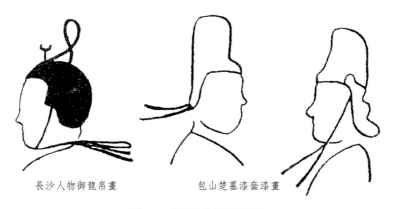

長沙人物御龍帛畫　　　　包山楚墓漆奩漆畫

圖1-1　楚國畫像所見的高冠

高冠不僅只見於長沙人物御龍帛畫中的一種，事實上，在包山楚墓漆奩畫（圖1-1）、戰國早期的曾侯乙墓出土的漆鴛鴦盒上（圖

1-2）及信陽長臺關楚墓出土的漆瑟上所繪的人物畫像（圖1-2）都可以見到這種高冠。從這些繪畫資料可以看出，楚國的高冠高聳於頭頂，其上有環狀或平頂狀的結構，兩邊垂纓，結於頸下。服戴時僅著之於頂，並不像其他的冠一樣覆蓋整個髮際。長沙子彈庫楚帛畫和信陽楚墓漆瑟及曾侯乙墓鴛鴦盒上的人物畫像莫不如此。尤其是信陽楚墓漆瑟上的人物還特意在腦後畫出了披狀的飄逸物，由包山2號楚墓漆奩畫未著冠的人物髮式看，這披無疑是戴高冠後所露出的髮。楚國的這種冠式在中原各國中還沒有實物和圖像面世，可見應為楚國所獨有。可以推想，《左傳》中所指的南冠實應指的就是這種高冠。

圖1-2　楚國畫像資料所見的冠式

楚漢年代相近，漢承楚制，高冠在漢代仍極為流行。《史記·高祖本記》載，高祖任亭長時，製作了一種冠稱「劉氏冠」。《蔡邕·獨斷》及《後漢書·輿服制》皆稱這種長冠為楚國的冠式。長冠即高冠，在西漢初年的實物中還可以見到它的形制。如長沙馬王堆漢墓和江陵鳳凰山漢墓出土的西漢初年的木俑所戴的冠皆為高冠。尤其是馬王堆1號漢墓戴冠男俑「頭頂後部向後斜冠一木板，板長12公釐、寬8公釐。兩側邊棱稍高，板面刻劃紋，板下又附一梯形平板，冠兩側有墨繪帶直達下頜，與附著於下頜的小木條相聯合」（圖1-3）。同墓

帛畫中的九個男子所戴的也是這種冠。綜合觀之，無論從其高聳的形制，還是服戴後露髮的效果都與楚國漆畫所戴高冠相似，這就更進一步證實了高冠為楚國所特有的一種冠式。

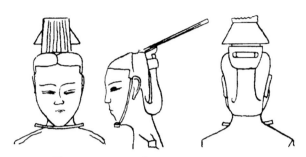

圖1-3　馬王堆1號漢墓出土木俑所戴的高冠

獬冠　也稱獬豸、觟冠或鮮冠。為楚國常見的一種冠式。據《淮南子·主術訓》載：「楚文王好服獬冠，楚國效之。」《墨子·公孟》：「昔者楚莊王鮮冠組纓，絳衣博袍，以治其國，其國治。」這裡的獬、觟、鮮三字古音相同，可通假，實指同一種冠式。獬冠的形制究竟怎樣，因無實物已不得要領，但在望山2號和包山2號楚墓中的遣冊中分別記有這種冠名。竹簡稱之為「桂冠、組纓」。桂當是觟的假借字，桂和獬兩字音同，故可通假，桂冠也即獬冠。說明楚國確有這種冠式，遺憾的是皆僅見其名而未見其形。

　　從文獻記載來看，獬冠的得名當源於獬豸獸，獬為傳說中的一種獸名，即神羊，只有一角，能觸邪惡，楚王獲之，以之為冠，因以為名。這一說法雖為晚出，其可信度值得懷疑，但獬與羊有關似有其源。因為獬冠也即鮮冠。鮮冠與鮮卑有關，《楚辭·大招》：「小腰秀頸，若鮮卑只。」這鮮卑即為腰帶的帶鉤，又泛指腰帶。鮮卑原本為東方民族，稱東胡，西漢初徙遼東，後漢移居匈奴地，是以放羊為主的民族。以羊皮製作的腰帶稱鮮卑，那麼以羊皮製作的冠也稱鮮卑就自當在情理之中了。《墨子》中的「鮮冠」即鮮卑冠的省稱。十分

吻合的是鮮卑兩字的急讀正是「獬」，由此而知，楚國的獬冠確應是以鮮卑族的羊皮製作的，且其外形也應模仿了獬頭的形狀。

無獨有偶的是，包山2號楚墓的遣冊上不僅記錄有獬冠，而且在同墓出土的一件漆奩畫上，有些人物的頭上正是戴有一種有角的冠式。由於是漆畫，畫面較小，再加上透視方位的限制，畫工在二三處表現著冠的形態略有不同，但經過仔細辨認，仍可以確認為同一種冠式。從著冠的背影和正、側面看，此冠前低後高，兩邊突起，形成雙角，後部下延至頸部，有兩繫帶，與遣冊所記的「組纓」相吻合（圖1-4）。這種有角的冠式可能就是同墓遣冊所記的獬冠。

圖1-4　包山楚墓漆奩畫所見的冠

漢代也有獬冠，《漢書・輿服志》稱為法冠，為執法者所服，是因為獬豸獸能觸不直者，象徵法官的公正無私，這一寓意雖為晚出，但於楚來說，似應早已有之。因為維護法律的尊嚴在楚國統治集團中的一些有識之士中大有人在。《韓非子・外儲說右上》、《說苑・至公》和《呂氏春秋・高義》等書都分別記有楚莊王、令尹子文、孫叔敖和石渚等人秉公執法的故事。再說楚文王服獬冠，楚國皆效仿，以寓意楚人都能自覺抵邪扶正。更能說明問題的是，包山2號楚墓的墓主邵𦤃官居左尹，主管楚國的司法。在其墓中隨葬有獬冠，應是墓主的身前服著之物。說明楚國的獬冠確與法律有關並為楚國所獨有。

皮冠　是以獸皮製作的一種冠，據《孟子‧萬章篇》的記載是一種專用於田獵時的冠服。楚人也有皮冠，《左傳‧昭公十二年》：「楚子次於乾溪，以為之援，雨雪，王皮冠。」皮冠的形制迄今還無實物來證明，據孫治讓《周禮‧春官‧司服》中的推測，著戴皮冠就像方相氏蒙在頭上的熊皮。從《左傳》所記來看，楚靈王在冬季狩獵時服皮冠與《孟子》一書所記田獵之冠相同。從服用季節看，正是冬季下雪時，由此而知，皮冠主要是用於田獵且兼有防寒的作用。

　　鶡冠　其名來源於《鶡冠子》一書，據《漢書‧藝文志》所載，該書的作者係楚人，居深山，以鶡為冠，因此楚有鶡冠。至漢代仍流行這種冠式，並為武士所服，是因為鶡為一種勇猛善鬥的雉雞，武士所服以示勇猛。《續漢書‧輿服志》對這種冠式的描述是「環纓無蕤，以青繫為緄，加雙鶡尾豎左右」。其特點是有冠纓，冠後有兩根羽毛飾。不過這是漢代的形制，戰國的形制也應與此相近。在洛陽金村戰國墓出土的一件錯金銀狩獵紋銅鏡上一騎馬者所戴的冠正是這一形制，一些研究者都認為這就是鶡冠（圖1-5）。在楚人的繪畫中也可見到這一冠式。在信陽楚墓漆瑟上所繪的一神人就戴有一冠，除冠前有一高聳之物外，冠後也插有兩根羽尾。十分巧合的是，神人的兩手指正作雞爪狀，一副威武善鬥的姿勢（圖1-6）。神人的這種冠式或許就是鶡冠。

圖1-5　洛陽金村周墓銅鏡上的武士　　　圖1-6　信陽楚墓漆瑟上所見的冠

2. 冕

冕 也屬頭衣，在古文獻中從不與冠相混，說明它們在形制上是有區別的。冕在古代有多種稱謂，其名有大裘冕、袞冕、鷩冕、絺冕、毳冕、元冕等。這些不同的名稱應是據其製作的質地不同而加以區別的。《說文》認為冕為大夫以上的頭衣，段玉裁作注時則進一步明確士無冕。先秦是有冕的，其服冕制度見於《周禮·春官·司服》，大約到西漢時，冕即廢止，到了東漢明帝改定服制時，始援古說而制冕，成為皇帝及公卿列侯的常服。自此之後，又演變成只有皇帝才能服戴的冠並相沿不衰。

楚國的文獻中極少有冕的記載，僅《楚辭·九思·哀歲》有「投劍兮脫冕」一語。儘管先秦有冕，且其服用有著嚴格的等級制度，但大多沒有記錄其形制，唯《說文》一書提及到為「邃延垂旒紞纊」。這裡的「延」為長方形的版，「邃」有深遠意，意思是其長方形的版延覆在頭上。「旒」是指頭上掛著的一串串的玉珠，「纊」是指繫在冠圈上的懸在耳外的玉石，「紞」則是垂在延外兩側用以懸纊的彩條。旒、紞、纊都是冕的部件，《釋名·釋首飾》也認為冕是「玄上纁下，前後垂珠，有紋飾也」。清代的學者江永在《鄉黨圖考·冕考》中為其作了復原圖，其圖極似後世帝王所戴的冕，但由於無實物為據，並不能說明此形制即為先秦的冕。迄今為止，在相關的楚文物及圖像資料中都未見到與文獻記載相似的冕式。可以這樣認為，楚國有冕，但不太普及，更無等級，這可能是楚與諸夏在冠服上的相異之處。

3. 弁

弁 也屬頭衣，其名有爵弁、素弁等，其質地為皮革，一般為貴族男子所服。《公羊傳·宣公元年》何注：「皮弁武冠，爵弁文冠。」由於服用者身分的差別及場合的不同，弁較其他冠類更複雜。

楚國也有弁，似應為武士所服。《左傳·僖公二十八年》載，楚

19

國的子玉曾自為瓊弁玉纓並將其視為寶物,在城濮之戰爆發前,他夢見黃河之神要他的弁,但子玉沒有給。可見楚人對弁的偏愛。

在先秦,皮弁一般都為武士所服,《周禮・司服》載:「凡兵事,韋弁服。」楚國也是如此。從上引《左傳》看,楚國的子玉身為城濮之戰的主帥,戴的正是弁。先秦弁的形制如何已不得而知,楚弁在迄今已發現的楚實物及人物圖像中還沒有見到。但從漢人的一些記載中可得到一些啟發。

《釋名・釋首飾》說:「弁,如兩手合撲時也。」《續漢書・輿服志》載弁:「制如覆杯,前高廣,後卑銳。」綜合而論,弁的外形就像兩手相合的形狀,或者像一隻覆置的杯。以此推求,秦始皇兵馬俑坑中的牽馬俑頭上戴的就是弁,楚弁的形制應與此相近。從文獻記載看,楚弁如同楚冠一樣還有兩纓,並繫結於頸下。至於楚國是否有如文獻中說的文官所服的爵弁,無論於史於物都找不到證據,那就更無從論及了。

4. 帽

帽子屬頭上用品就更好理解了,因為今天仍通行這種稱謂,傳統看法把古代加著在頭上的各種冠服都稱為帽,實際上這是一個誤解。事實上,在古代,至遲在漢代,帽和冠都分屬於頭衣的兩類,二者涇渭分明。

帽子的起源極早,大抵專用於禦寒。帽字古作冒,《尚書・大傳・略說》:「周公對成王云:『古人冒而句領。』」冒的古文字屬象形文字,像一個圓弧狀的東西覆蓋在人的頭上。《說文》認為是小兒及蠻夷的頭衣,這是漢人重視冠冕而輕視帽子的緣故。

楚人是否有帽,是否也將冠帽混稱,因為文獻中還找不到證據,故而過去一直不得其解,包山2號楚墓發掘後,我們才可以得出確切的結論,楚人不僅有帽,而且冠帽分明。

包山2號楚墓的遣冊上不僅記錄有冠,而且也記錄有帽。不過帽字

作「鞘」或「冒」。如包山楚簡就見記有「紫韋之鞘」，「鞘」不見於字書，本字應是冒，其旁加韋作意符，是表明其物的質地。韋是指熟牛皮，「紫韋之鞘」即是一種染成紫色的熟牛皮帽。楚人善於用獸皮製作冠服，同時楚簡則進一步證實了楚人也善於用獸皮製作帽，從稱名的不同，可見它們是有區別的。包山2號楚墓的墓主官居左尹，為楚國的上層貴族，說明冠和帽在楚國的上層貴族的服制中都通行。

　　楚國既然存在著帽，其形制又如何呢？由於包山2號楚墓帽和冠的實物都未得以保存下來，所以只能夠從相關的文獻和楚國的人物圖繪畫中來解答。

　　在古人看來，與冠不同的是，帽的地位遠沒有冠的殊譽，故《說文》說其是小孩及蠻夷的頭衣。先秦極少提及到帽，故帽的形制不明。從《淮南子·氾論訓》高誘的注中我們可知其形似兜鍪，經過比較，與山西平陸棗園新莽壁畫中的犁田人（圖1-7）及河南靈寶張灣3號東漢墓中的持磨俑所戴的帽相同（圖1-7），其形制為尖頂，緊箍於頭上，無緌。以此推求，楚國人物畫像中也有戴這種帽的。信陽楚墓漆瑟上的獵戶所著的頭衣就是這種形制（圖1-8），另外，它還見之於長沙出土的漆巵上的兩個騎馬侍從（圖1-9），不同的是，後者的帽頂有一飄狀物，但仍不失兜鍪的遺韻。

1. 山西平陸棗園新莽壁畫　　2. 河南靈寶張灣3號漢墓俑

圖1-7　漢墓圖像上所見的帽

第一章　服飾篇

圖1-8　信陽楚墓漆瑟畫上的獵戶

圖1-9　長沙出土的車馬人物漆卮上的圖像

由上述文獻和人物圖像而知，帽和冠是有區別的，帽的服著只是緊箍於頭上，其形制為上尖下寬，無纓帶繫結，其作用僅是注重於實用。而冠則不然，它除了有束髮的作用外，更主要的在於表現其禮儀，沒有實際的使用意義。故《淮南子‧人間訓》說冠「寒不能暖，風不能鄣，暴不能蔽」。從若干楚人物圖像所著的冠和帽的形制看所體現的也正是這一意義。而於楚國而言，應是以不同的場合需要而服著，著帽不存在等級上的差異。

5. 巾幘

巾幘是古人頭上用於束髮的用品之一，《說文》載：「幘，嬙也，髮有巾曰幘。」《急就篇》顏注：「幘者，韜髮之巾，所以整嬙髮也，常在冠下，或單著之。」從文獻記載看，一般為單著，史載戰國時魏國就有「蒼頭二十萬」，這「蒼頭」就是指頭戴巾幘而言的。

楚國也有幘，其實物見之於江陵馬山1號墓，其展開後呈不規則的圓臺形，折疊時，前高後低，頂部後凸，上有圓孔，幘後正中留有

一小縫，中間填有一塊絹，將縫分成兩個小孔，其後裡側裝有兩束組帶，應是幘繫（圖1-10）。幘為雙層絹製成。由於該幘出土時不是著於死者頭部，而是出在竹笥內，故從其結構看，其使用應是，幘中間的孔當是容髮髻的，其後的兩個小孔是用來容髮辮的。這一服著形象與長沙出土的彩繪漆奩上所繪的女性服幘的形象相同。而漆奩上的女性頭戴幘後呈露髻狀（圖1-11）。兩相比較，它們應都是巾幘。所不同的是，漆奩上的女性頭戴的幘的兩繫是繫結於領下，而不是繫結於腦後，這可能是楚巾幘在形制上的細微差異。

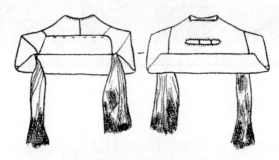

圖1-10　馬山1號楚墓出土的巾幘

圖1-11　長沙楚墓出土漆奩上的女性戴幘圖像

包山2號楚墓的竹簡上也記有幘，不過稱之為「粉」，記為「一緯粉」。粉即「紛」，《廣雅·釋器》：「紛，幘也。」《說文》也載

有楚人謂大巾為帍，但沒有見到實物，從字義看，也應為雙層面料製成的，因為「緯」有雙層意，與馬山1號楚墓的雙層幘正相吻合。

文獻還記載，巾幘的使用應有等級，《釋名·釋首飾》載：「二十成人，士冠，庶人巾。」（見《續漢書·輿服志》）直到漢文帝后，幘的使用才不分上下群臣和貴賤之別。從使用看，幘也有與冠同時使用的，一般納於冠下，即幘上再戴冠。但就楚國而言，幘在戰國時期就較為普遍，且不存在等級了。同時，幘多為單獨使用。

第四節　上衣與下裳

體衣是著之於身上的衣與裳的通稱。在古代，當衣與裳並舉時，衣往往是指上衣，裳即下服，也即裙和褲等。因此體衣又分上衣和下裳兩大類。

為了便於理解，在說明楚服時，必須先對服式中的專名有一個了解：

1. 幾種主要的衣名考釋

在古服中，有些部位都有一些專名，但由於論者眾多，有些名稱認識存在不同的看法。這就是袂、袪、衽、襟、袼和裾等。

袂　在文獻中多見，《楚辭·九歌·湘夫人》：「捐余袂兮江中，遺余褋兮醴浦。」王逸注：「袂，衣袖也。」《釋名·釋衣服》：「袂、掣也，掣，開也，開張之以受臂屈伸也。」《禮記·玉藻》載：「袂可以回肘。」先謙曰，袂、掣疊韻。又《左傳·僖公五年》傳疏：「袂屬於幅長於手，反屈至肘，側從幅盡於袖，總名為袂。」袂又作「袖」，《說文·衣部》：「袖，袂也。」《詩經·鄭風·遵大路》和《詩經·唐風·羔裘傳》皆有此字，均指袂。

《楚辭》中的「袂」是指衣袖而言，但它又不完全等同於今天的

袖。「袖」的稱謂是漢以後才出現的。通言之是指由肩至袖口的全部，而「袂」是先秦的稱謂，大抵是指由肩至袖口以上的部分，嚴格而論，它應不包括袖口緣部分（袖口緣部當另有其名，詳下）。楚墓中所見的木俑衣著均有袖口緣，江陵馬山1號楚墓所出的袍袖極為明顯，除開袖緣以外，有的用三片等寬的衣料縫合組成袖筒。這三片就應是袂。袂的長短是有定制的。《禮記‧深衣》有「袂之長短，反詘之及肘」的記載。這就是說，袂的長度標準是除開袖口緣向上反折要達到肘部，也就是說袂長是臂長的1.5倍。我們以馬山1號楚墓所出的小菱形紋錦面綿袍（N15）為例，除開袖口緣的袂長與該墓墓主的臂長經過換算大體為1.5倍。說明袂確當指由肩至袖緣以上（不包括袖緣）的這一區度。

《楚辭‧大招》中還有「長袂拂面，善留客只」之說，王逸注：「袂，袖也。拂拭也。言美女工舞揄其長袖，周旋屈折，拂拭人面，芬香流衍，眾客喜樂，留不能去也。」姜亮夫先生認為：「楚女婦衣著，今可考見者，以長沙繪帛畫為顯。」《楚辭》中的「長袂」，也當是指由肩至袖口緣以上的這一部分。王逸認為這種長袂僅僅是為楚國的美女工舞者服用。事實上，從長沙楚墓出土的木俑衣著和人物繪畫衣著看，男女均有著長袂的習尚。同時，短袂也兼而有之。馬山1號楚墓出土的楚服既有長袂，也有短袂。而袂的長短取決於布幅的塊數。從目前所發現的楚服實物看，大致是1:2:3的幅數遞增。《禮記‧深衣》中的「袂之長短，反詘之及肘」記載，這是禮制的法定尺度，但在實際的生活中未必如此嚴格。馬山1號楚墓出土的楚服其袂部既有用三塊，也有用二塊和一塊布幅的。說明楚服不拘泥於禮制的束縛，以實用為大宗，形式多樣。

袪 《楚辭‧哀時命》：「左袪掛於榑桑，右衽拂於不周。」《說文‧衣部》：「袪，衣袂也。從衣去聲。」《詩經‧鄭風‧遵大路》：「遵大路兮，摻執子之袪兮。」又《詩經‧唐風‧羔裘傳》：

「羔裘豹袪，自我人居居。」《毛傳》並云：「袪，袂也。」我們認為，《楚辭》中的「袪」應指袖緣部分並與袂相連。由於袪與裾相連並構成一個整體，故二者古常相混，通為一義。事實上，袪與袂是有嚴格區別的，古之學者辨之甚詳。朱駿聲在《說文通訓定聲》中曾明言：「析言之則袖曰袪，袂口曰袪。」《禮記·玉藻》記：「袪尺二寸。」鄭玄注：「袪，袂口也。」清儒江永在《鄉黨圖考》中所作的衣裳圖，也將袪與袂分別標注。這是值得肯定的。朱氏、鄭氏和江氏都將袪與袂相互區別，較前混為一義又進了一步，但他們將袪理解為袖口則未必盡然，清儒王先謙注《釋名》也指出了這一點：「《詩·羔裘》釋文：『袪，袂末也。』《遵大路》疏，《玉藻》疏同；《喪服記》注：『袪，袖口也。』案：袂末之訓較袖口為妥，末兼肘下言之，不專指袖口也。」袂末也正是袖緣。結合古代文獻，也就更好理解。如《詩經·鄭風·遵大路》「摻執子之袪兮」，是寫挽留君子而扯攬衣袖，顯然並非指扯攬袖口，若理解為扯攬袖口緣就更近情理；《詩經·唐風·羔裘傳》「羔裘豹袪」，顯然是指用羊毛製作的裘服和用豹毛鑲成的袖口緣，羔與豹，裘與袪均為對疊名詞，前者修飾後者，如果將袪視為袖口於義不明；又《左傳·僖公五年》「披斬其袪」一句「斬袪」不是割裂袖口，而是斬截衣袖的一段，顯然是指袖口緣才文通義順。由是而知，《哀時命》中的「左袪掛於榑桑」，也當是指左袖口緣部分掛在榑桑之上。總其上論，「袪」確當指袖口緣部分。我們再結合出土的楚服看就更明朗。江陵馬山1號楚墓出土的袍及單衣的袖口均有袖口緣，長沙陳家大山出土的人物龍鳳帛畫中的人物及長沙和信陽楚墓出土的木俑衣著均無一例外的有袖口緣，這袖口緣作為固定的服制，古代必有其專名，這專名也只能是「袪」。

袪的大小是有定制的。《禮記·深衣》有「袪尺二寸」的記載。這一尺二寸是指袖口緣的周長而言。也就是說，無論袪部寬博如何，到袖口緣處都應以一尺二寸為尺度。長沙人物龍鳳帛畫中的女子所著

衣著其袂部博大，但到袖緣處的袪部又緊縮，大抵是遵循了這一尺度。馬山1號楚墓所出土的楚服實物其袪部均小於和等於袪部，也應是有定制的。但在長沙楚墓所出的幾件木俑上也見有博袪和博袂的服式，這只是極少數。迄今我們還未見到這種楚服實物。從實用角度而論，楚服仍是以博袂緊袪的服式為特色，也正因此才不礙於手和臂的行動。故《禮記》對「袪」的大小作有明確的定制。

袪與袂是有嚴格區別的。由於過去不見有先秦衣裙的實物，又加之袪與袂同為一個整體，以至於一些儒學流派誤將二者混同，只有在今天楚服面世之後，我們才有可能將淹沒了的袪與袂的真正含義區別開來。

衽　《楚辭·離騷》「跪敷衽以陳詞兮」和《楚辭·哀時命》「右衽拂於不周」中都有「衽」。王逸注：「衽，衣前也。」洪興祖引《爾雅疏》云：「衽，裳際也。」《說文·衣部》：「衽，衣袷也，從衣壬聲。」《玉篇》：「衽，裳際也。」《倉頡解詁》：「衽謂裳際所及交列者也。」綜而言之，關於服制中「衽」的部位，古來眾說紛紜。主要有兩種，一是在衣之兩邊；二是在裳之兩側。清儒江永在《鄉黨圖考》中也是主此兩說，在其所擬的服制圖中，認為衣與裳不相連接時，則「衽」綴於衣之兩邊，衣與裳相連的深衣，則「衽」在裳前的左右兩邊。江氏所擬的服制圖，是自漢以來千餘年儒家學派對經典文斟字酌的匯總。其可信程度誠如姜亮夫先生所說的：「是否即真儒服，或當時通行於周魯齊晉之形制，苦無實物為證。」即使在今天日益出土的先秦服制中，我們也難找到與之相近的形制來作驗證。顯然，用它來說明楚服亦難以為據。

我們認為，《楚辭》中的衽即是指衣前左右兩部分的通稱，也即「襟」（詳下）。如果是衣與裳相連的深衣，則為上至衣肩下及裳底的全部，在衣則根本沒有綴於兩旁的「衽」，這從已經出土的先秦實物中均可證明。僅衣而言，襟之相交，衽也就相交，故《說文》有：

「捺（襟），交衽也」之說。事實上，在一些古籍的字裡行間就已經為我們確立「衽」的部位提供了依據。然而，在不見有先秦的實物時，儒學過於繁瑣的考訂和引徵，反而使衽的部位紛繁多歧。服飾中的「衽」確為重要而又極為顯眼的，它是判斷不同民族的主要標誌。中國自古有「左衽」和「右衽」之分，前者為四夷的服式，後者為中原的裝束。即使諸夏之人赴抵蠻夷之地，也得變其服和從其俗，這在古籍中屢見。《論語・憲問》有：「微管仲，吾其被髮左衽矣。」這「左衽」就是衣前的右片向左掩，即右片覆蓋左片，在左腋下或胸前用繫帶捆紮。反之則稱為「右衽」。搜諸目前所發現的上至殷商、下及戰國的一些人物圖像的衣著，既有左衽，也有右衽，馬山1號楚墓出土的衣袍為右衽（但該墓屍體最外層所套的一件E型大菱形紋錦面右衽綿袍又按左衽穿著，這當另有所意）。由此看來，左衽與右衽均為先秦所通行的服式。倘若我們按儒學的注解和江氏所擬的服制圖，將衽定於衣之兩端和裳之兩際，無論怎樣衣著，均無以判別左衽與右衽的差異。只有將衽作為衣或衣與裳前的兩大部分，才能最為明晰地反映不同衣著的形式。實際上，《楚辭・離騷》中的「跪敷衽以陳辭兮」一句，就是跪地展開胸襟一傾心中的話語，寄寓著詩人在沉鬱中有豁達開朗的胸懷。而不是「展裳邊際之衽，使上下不相牽連」。

如果說，上述推論不誤的話，那麼對解釋《禮記》中的深衣也極有說服力。眾所周知，「續衽鉤邊」是深衣的主要特徵。然而，由於古之學者對衽的部位認識的差異，故而對其解釋也頗令人費解。誠如《禮記・深衣》注引楊氏所說的：「深衣制度，惟續衽鉤邊一節難考」。江氏所擬的深衣圖認為「上邊前後縫合之，所謂續衽」。當我們確立了衣與裳的前幅均為衽後，那麼，衣與裳相連的深衣，則無疑就是指上衣衽與下裳衽相連的所謂「續衽」。而不是指前後衽相縫。除此而外，均無法解釋上古服制中的「續衽」制度。

襟　《楚辭・離騷》：「攬茹蕙以掩涕兮，沾余襟之浪浪。」王

逸注：「衣皆謂之襟」。洪興祖補注：「《爾雅》：『衣皆謂之襟，襟，交領也。』」出土的楚服均有衣襟。我們認為，襟的部位只指正當胸部的左右兩部分，並與領相連。如果說是衣與裳相連的深衣，則應不包括裳衽。確切地說，它左右與衣袂相經，上下與腰縫為緯，在概念上，它含有衽的部分含義。襟又有大襟和小襟之分。一般以左右衽來劃分。右衽服式則右片為大襟，左片為小襟。左衽服式則反之。

關於「襟」的部位，自古以來，並無大的分歧，但尚要說明的是，由於襟與衽在概念上部分重合，並且又與衣領相銜，古代有時是襟、褸、衽、領不分；有時作「襟」。《爾雅·釋器》：「衣皆謂之襟，襟，交領也。」有時又作「褸」，《說文·衣部》：「褸，交衽也。」段注：「衣襟也。」有時又作「拴」，《說文·衣部》：「拴，交衽也。」有時又作「衿」，《詩經·鄭風·子衿》：「青青子衿，悠悠我心。」《毛傳》：「青衿，青領也。」《釋名·釋衣服》：「襟，禁也，交於前。」總其而論，襟位於衣前，衽之相交，衣領也相交，衣襟也自必相交，這毋庸贅論。

襟與領相連，有襟必有領。領古稱「襟」或「袷」，《說文·衣部》：「袷，衣領也。」段注：「領者，頸項也，因以為衣在頸之名。」《詩·魏風·葛屨》：「要之襋之。」《毛傳》曰：「要，要（腰）也，襋，領也。按裳之上曰要，衣之上曰領，皆以人體名之也。」《楚辭》中雖未提及「襋」，但楚墓中所見的無論是人物繪畫、木俑衣著，還是具體的楚服實物，皆有衣領。馬山1號楚墓所出土的楚服均有3～9公釐寬的領緣。衣領的形制各異，既有高聳的凸領，也有下弧的凹領。領緣多作綺繡並與衽和下裳的裾連為一體。由此看來，楚服中的襟起著提挈上衣和下裳的作用，是楚服制的主要部位。

袼 襟之兩邊還與左右袂相連，為了增大臂的活動區度，通常在腋下另作一塊布幅連接襟與袂。這單獨的一塊布料應稱之為「袼」。《楚辭》中雖不見有「袼」字，但在楚服制中已見有這種結構。

關於「袼」的作用，《禮記・深衣》有「袼之高下，可以運肘」的記載。但未言具體的形狀，注引劉氏曰：「袼，袖與衣接，當腋下縫合處也。運，回轉也。」這就是說，「袼」的大小直接影響著人的手臂的屈張，但袼究竟有多大，史也無記載。清儒江永在《鄉黨圖考》中所繪製的衣裳圖中也避而不談，僅《禮記・深衣》注為：「袼之高下與衣身齊二尺二寸，言者布幅亦二尺二寸，而深衣裁身用布八尺八寸，中曲而四疊之，則正方，袖本齊之，而漸圓殺以至袪。」這條注解是否符合禮制的記載，我們姑置不論。但有兩點可以肯定，一是袼為單獨的一塊布料做成且小於衣身用料，二是袼在腋下連接衣與袂使之成弧狀。即所謂的「圓殺以至袪（袂）」，或者就是《禮記・深衣》篇中的「袂圓以應規」。肯定了上述兩點，我們還可以通過出土的實物再來驗證。儘管在業已出土的楚國術俑衣著和人物繪畫的衣著中分辨不出「袼」，但在馬山1號楚墓出土的楚服中，絕大多數衣袍的腋下都用單獨的一塊長方形面料連接袂與衣，如小菱形錦面綿袍（N15）在雙袖與正身相接的腋下，另拼有一塊長37公釐、寬24公釐的長方形面料，正視其形狀近三角形。它中介於袂與衣處，正好呈自然弧線將二者連接，與《禮記》中的「袂圓以應規」相當。發掘報告稱這塊面料是便於活動而為，其說可從。這單獨的一塊布料，既不能劃入袪部，也不應歸屬於衣身，從位置、形狀和用途看，它與文獻記載中的「袼」極為相當，因此，把它視為袼當大致不誤。

值得注意的是，袼在楚服中並非件件具備，如馬山1號楚墓所出的素紗綿袍（N1）就無「袼」。因為該袍的衣身與袂均為斜截法，其中一塊面料正當袂與衣身的交界處，在腋下正好自如地裁成弧線。這裡顯然就不需用袼連綴。由是而知，「袼」僅僅只是施用正裁之衣上。

衣襟與裳連，在楚服中都有一條明顯的分界線，作為服制，它當即「腰」，通而言之，即指環繞衣裳相接處的一周皆可視為腰。《楚辭》中雖不見有此稱謂，但在江陵馬山1號楚墓出土的楚服中都有一

條明顯的分界線，有的呈直線，有的呈斜線，且都正當腰際。大體因以為名。腰古作要，《禮記・探衣》記：「續衽鉤邊，要縫半下。」《詩・魏風・葛屨》：「要之襋之。」《毛傳》曰：「要，要（腰）也。」無論從木俑、帛畫，還是從楚服實物看，腰際均細於下擺。這無疑是與楚國崇尚細腰相關。

裾 談到衣襟，必然涉及到衣裾，「裾」在文獻中屢見，但對它的認識卻不盡統一。《釋名・釋衣服》：「裾，倨也，倨，倨然直。亦言在後常見踞也。」注引蘇輿曰：「四桂謂之裾。」郭注：「裾，衣後裾也。」綜而言之，裾有衣襟、衣袖說和衣前、衣後說，結合楚服看，裾似應僅指深衣中的裳衽邊緣飾和下擺緣飾。通常所謂的直裾和曲裾兩種服式應是指裳衽緣飾的曲直而言。根據服式的不同，裾所處的位置就不同，曲裾之衣是繞腰際旋轉而束，理當前後都有裾。而直裾之衣的裾也有在身前的，也有在身後的。如馬山1號楚墓出土的楚服裾均在前。長沙及信陽長臺關楚墓出土的木俑衣著，裾又在後。從其特徵看，直裾之衣大多至踝足，即所謂的「長毋被土」，曲裾之衣大多緊身，長曳及地。由此而知，在楚服中，裾是判定不同服制的主要部位之一。

2. 上衣

楚國的上衣文獻記載較多，但過去大多未見實物，人們不明其形制，隨著考古材料不斷增多，對其式樣和質料漸趨明朗，既有出土為數眾多的實物，也有豐富的畫像資料。楚人上衣的品類較多，主要有袍、襦、緅衣與裲襠等。

袍是一種連上衣與下裳的服裝，因與衣相連，仍將其納入上衣的範疇。袍是楚人的一種主要著裝。《淮南子・齊俗訓》和《墨子・公孟篇》皆有楚人著袍的記載，信陽楚簡也有「一絲袍」的記載。當然袍並非為楚人所獨有，從中原地區的齊、秦、韓、魏及中山諸國的出土實物中都能見到。因此，一些學者認為，楚袍可能是由中原傳入的，

這種看法當大致不誤。從外形上看，它確與文獻記載中的連衣和裳的深衣相似，可以說楚袍應是受深衣服制的影響。

楚袍的實物出土較多，完整的皆見之於江陵馬山1號楚墓，另外在一些楚國人物畫像及木俑的衣著上也發現不少。綜合來看，楚袍的形制多種多樣，雖都為交領，但袖有長有短；既有正裁的，也有斜裁的；有飾緣的，也有不飾緣的；既有直裾的，也有曲裾的。這眾多的袍服形制，反映了楚人以深衣禮服為本，並突破了禮制的樊籬，將人們的審美情趣集中體現在服制上。

楚袍的實物皆見之於馬山1號楚墓。分單袍和綿袍兩種。

單袍 共出土3件。是一種季節性的服裝，其突出特點是無衣裡，也稱單衣。古籍中常寫作「禪衣」。《說文》云：「禪，衣不重也。」據《說文·衣部》說，南楚稱這種單衣為「襌」。《楚辭·九歌·湘夫人》有「遺余襌兮澧浦」一語。實際上襌與單袍為一物。

單袍不僅僅只見之於馬山1號楚墓，包山楚簡也見有「一縞衣……亡（無）裡」的記載，信陽楚簡也有「一絲袍」的記載，可能都是指這種單袍而言的。馬山1號楚墓出土的單袍實物有1件（N12）保存較好，為一龍一鳳相蟠紋繡的紅絹料製成，其形制為右衽，高領，上衣與下裳皆正裁。上衣用料6塊，其中正身2塊，兩袖各2塊。下裳用料5塊，腋下設袼，領、袖和下擺皆用繡緣，袍長175公釐、袖展長274公釐、下擺寬80公釐（圖1-12）。

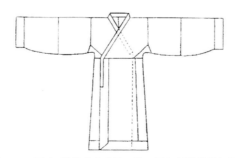

圖1-12　馬山1號楚墓出土的一龍一鳳相蟠紋繡紫紅單袍

單袍的製作比較特殊，其領、袖和下擺的緣都是採用雙層絹或厚重的綿和條。這是因為在穿著時，單袍的各個部位都要受邊緣重力的作用，而使其平整挺拔。再加上邊緣都用不同面料的色彩和花紋點綴，又可起到極美的裝飾作用。足見楚人在服裝設計與制裁上已達到了極高的水準。

　　綿袍　共出土7件。形制與單袍大體相同，據其使用面幅的差異可分為三種形制。

　　第一種形制有2件。其中一件為舞鳳飛龍紋繡土黃絹面料，另一件為素色面料。這種形制的袍的正身和雙袖皆為斜裁，下裳正裁，上下各用布八塊，右衽，後領下凹，兩袖平展向外收殺，直裾，窄袖口，下擺平，領緣和袖緣皆用藕色絹，下擺無緣。素色綿袍長148公釐、袖展216公釐、袖口寬2l公釐、腰寬52公釐（圖1-13）。

圖1-13　馬山1號楚墓出土的素色綿袍

　　第二種形制也有2件。以鳳鳥花卉紋繡淺黃絹面袍為例，上衣與下裳皆正裁，上衣共用料四塊，其中正身兩塊，兩袖各一塊，兩腋下各拼一四方形面料。下裳制裁時把整幅的面料剪開，再拼成九塊。領緣用田獵紋條和龍鳳紋條，袖緣和下擺用大菱形紋錦，右衽，直裾，兩袖平直，寬袖口，短袖筒，衣長165公釐、袖展長158公釐、袖寬45公釐、下擺寬69公釐（圖1-14）。

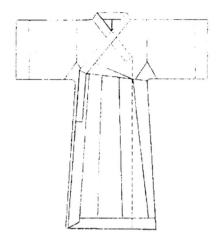

圖1-14　馬山1號楚墓出土的鳳鳥花卉紋繡淺黃絹面袍

　　第三種形制有3件。以小菱型紋錦面袍為例，上衣與下裳皆正裁，正身用面料四塊，兩袖各用料兩塊，下裳各用料六塊，領緣用六邊形條，袖緣用菱形紋條，裾緣和下擺皆用幾何紋條。右衽，直裾，高領。袍通長200公釐、袖展長345公釐、袖口寬42公釐（圖1-15）。此種形制袍的突出特點就是兩袖特長，袖末端收殺呈小袖口。

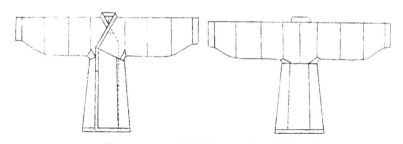

圖1-15　馬山1號楚墓出土的小菱形紋綿袍

　　上述三種形制的最大區別就是裁法的不同，最突出的特點就是後兩種形制的腋下皆加有一塊面料，這塊面料就是便於運肘的「袼」。《禮記‧深衣》有「袼之高下，可以運肘」的記載，注引劉氏曰：

「袖與衣接，當腋下縫合處也，運，回轉也。」這就是說「袼」的位置和作用。但在第一種形制的袍服中就沒有這一塊面料，這是因為該形制的衣袖皆為斜裁，其中的一塊面料與衣身相接處，在腋下正好自如地裁成弧線，顯然就不必用「袼」了。看來，楚袍中「袼」的使用僅僅只是施於正裁之衣上。

上揭三種楚袍的形制皆出自同一座楚墓，且都為實用袍，疑為楚國所通行的一種式樣。在楚國的一些人物圖像中也可見到著這些服式的。如包山2號楚墓漆奩畫中的人物和信陽楚墓出土的木俑衣著無不如此。值得注意的是，這些袍的衽部皆從正面繞到背後，由此可進一步推知，這種袍的穿著應是束緊腰部，使寬鬆的襟和衽繞至身後，然後再束帶。因為楚國不僅有細腰之風，還有束帶之習。這從大量的文獻和出土的繪畫圖像中可得到證實。

在楚國的袍服中，還有一種與楚袍不盡相同的式樣，其穿著時衣襟雖也是繞到背後，但衣裾卻不是直裾，這種形制即是人們所習稱的「曲裾袍」，曲裾袍現在還未見有實物出土，但在業已出土的楚木俑的衣著中和木俑的繪畫中多見（圖1-16）。如馬山1號楚墓出土的木俑的一件繡絹單衣袍，裾緣和下擺都使用了塔形紋錦，其衽部繞到了身後，插入背後的腰帶下，衣裾斜直，袍的下緣也不直。這種袍與前述三種楚常見袍都有別，這種服式在長沙楚墓出土的木色彩衣著上也可見到（圖1-17），顯然應屬曲裾衣。在長沙仰天湖楚簡中有「一結衣」的記載，「結」在《廣雅・釋詁一》中訓為「曲」，「結衣」應即為曲裾之衣。由此可進一步證明楚國也流行曲裾袍。可見無論是直裾袍還是曲裾袍都是楚人所通行的服式。這種式樣的服式最初見之於荊州武昌義地的一座楚墓的木俑上，之後在荊州車擋和紀南城1號楚墓出土的木俑上再次發現了這一服式（圖1-18）。說明楚國較為流行這一服式。儘管還無此類服式的實物面世，所見皆為紅黑兩色繪於木俑的身上，但所表現的為交領右衽的袍服是清楚的。袍服外還掛

有兩串長佩，不僅如此，在交領處還繫有蝴蝶形的領結，具有極強的裝飾效果。

圖1-16　馬山1號楚墓出土的木俑

圖1-17　長沙楚墓所見衣曲裾袍的木俑

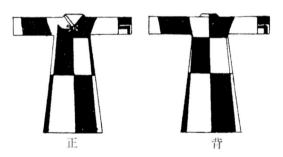

正　　　　背

圖1-18　荊州武昌義地楚墓木俑上所繪的袍

　　上述相間顏色的袍服還未知其名，但它與史載的「偏衣」極其相似，可能就是偏衣。偏衣一名見於《國語‧晉語一》、《左傳‧閔公二年》和《史記‧趙世家》等，實為「偏裻之衣」的省稱，「裻」是指衣背部的中縫，也即正當脊樑的位置，意思是自背部脊樑的位置左右異色。對照楚國所見這一服式也正是左右異色。不過給我們的新啟示是，這種左右異色之衣，不僅僅只是在背部中縫處中分，而

且在前胸的中部也中分，上下和兩袖也異色。由此而見，楚人的袍服形制有多種。

襦 襦是一種比袍要短的服裝。故《說文》云：「襦，短衣也，……長僅及膝，若今之短襖。」從文獻記載看，襦也有單、夾和絮有絲綿的三種。分別被稱為襜（單襦）、袷（夾襦）和褚（絮有絲綿的襦）。它通常著之於體外，由於其服式較短，大多與裳服中的裙和袴相配使用。

楚國的襦服也見於馬山1號楚墓，是1件表裡都用深黃色絹製成的夾袍，由於保存不好，其細部結構已不太清楚了。但從整體結構看，仍可辨為交領右衽，直裾。這件夾襦的長度僅101公釐，從其長度推算，此袍長僅及膝。從該袍的出土狀況看，它是穿在死者的舞鳳飛龍紋繡土黃絹面袍（N22）之內，顯然應為一件內袍。這與襦常穿之於體外有別。事實上，楚國也有穿多重袍的例子。《左傳‧襄公二十一年》載，楚國的孫叔豫裝病時，就穿了兩件綿袍。由此推定，袍內所穿的應是短於外袍的襦。袍內再穿襦似應是楚人的著裝習俗之一。

當然，襦也可以直接穿於體外，這從曾侯乙墓鐘虡上的銅人衣著可得到證實。銅人所表現的上衣不僅僅是著之於體外、長僅及膝，而且正是與裳服中的裙相配合使用，可認為是一件典型的楚式襦，因為，曾國在戰國初年已淪為楚的附庸，其文化面貌已具有明顯的楚風。從其結構看，襦為交領，右衽，下擺彎曲，腰以上部位繪有裾，腰以下則沒有繪出，可能繞至背後，應是一件較典型的曲裾襦（圖1-19）。出土自洛陽金村周墓的銀人所著的就是一件襦服（圖1-20），兩相比較，它們大多相同，都是長僅及膝的曲裾結構。所不同的是，金村銀人所著的襦是與褲相配使用，而曾侯乙墓銅人所著的襦與裙相配合使用。再則，楚襦似應更短些，而且下擺製成一自然的曲線，給人以衣著的飄逸感，充分體現出楚人在服式上的特有風采。

圖1-19　曾侯乙墓鐘架上的銅人

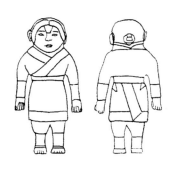

圖1-20　金村周墓出土的銀人服飾

緅衣　緅衣是楚人的一種短衣，其名不見於記載，實物見之於馬山1號楚墓的一件竹笥內，因竹笥外繫有一簽牌，其上自名為「緅衣」，是一件他人所饋贈的物品。從其形制看，它是用整塊面料裁剪而成的，其製作極為簡單，僅是在一塊鳳鳥踐蛇紋繡紅棕絹面的衣料上左右剪開，上部疊成雙袖，下部左右內折，形成兩襟，然後在領、袖、襟和下擺加施緣（圖1-21），衣長僅45.5公釐，袖展52公釐，腰寬26公釐。由於衣服過小，顯然屬按實用衣式為死者專做的一件冥衣。

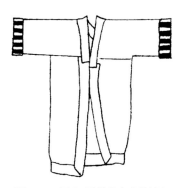

圖1-21　馬山1號楚墓出土的緅衣

　緅衣的形制極其別致，兩襟中分，極似今天的對襟衣，我們之所以援引其名，是因為楚國確曾流行過這種服式。在信陽長臺關楚墓漆瑟畫上也見有穿短衣的畫像資料，長沙仰天湖楚簡還保留了一些短衣

的名稱，在漢代仍保留有楚人穿短衣習尚的記載。由此，我們可以得出，楚人的服式是多元的，既以長服為太宗，又以短服為崇尚。從形制而論，楚人又首開了對襟短衣的先河。

裲襠　裲襠也屬短服的一種，但無袖，極似今天的馬褂，文獻上多以裲襠相稱，裲襠現尚無實物，但在包山2號楚墓所出土的一件漆奩人物畫上有一跪迎的男子身著這種服式，其形正是無袖短衣（圖1-22）。由漆畫人物所著之衣的式樣看，楚國應流行這種形制的服裝，而且應是常穿在袍服外的一種短衣。從漆畫人物身分推定，這種裲襠可能僅局限於楚國一般士人或近似於侍臣的人所服用。

圖1-22　包山2號楚墓漆奩畫中的人物

僅上衣而言，在文獻中及楚國的簡牘中還可見有很多名稱，因缺乏實物，我們還不可能一一羅列而盡陳其辭，僅從楚實物及人物畫像材料就足以體現出楚服的品類之全和式樣之異來。

3. 下裳

當衣與裳並舉時，裳通常是指裙服，實際上，當與上衣相對而言，裳應還包含有脛衣，下裳即由裙和袴（褲）等組成。

裙　裙即下裳，《釋名·釋衣服》：「裙，群也，聯接群幅也。」由此而知，裙是用多塊面料連成的一種服式。關於裙的形制，禮書多有記載，古代的學者也曾加以考證，並試以復原圖來說明。這以宋人聶崇義為代表，他在《三禮圖》中對各類裳都作了詳盡的考定。清人江永在《鄉黨圖考》中也進行了文論圖釋。但他們都是僅拘泥於禮書

的記載，沒有見過先秦的實物，故無以為憑。

　　楚國也有裙，實物見之於馬山1號楚墓，共出土2件，形制清楚的只有一件單裙。裙為深黃色絹的質地，展開後呈扇形，腰部窄，下擺寬，腰上部兩端各有一腰繫。它是由8塊面料拼接而成的，正中兩塊為直裁，其餘各塊均斜裁。下擺飾緣，腰寬為111公釐（圖1-23）。這件裙服由多幅面料連接，與文獻記載相符，但與《禮記・喪服》鄭注所說的「前三後四」的七塊連接法有別。

圖1-23　馬山1號楚墓出土的深黃色裙

　　楚國的裙服還見於眾多的人物畫像的衣著上，在曾侯乙墓鐘架的銅人下身都穿著裙，並且還清楚地表現出裙上的花紋。信陽楚墓漆瑟上所繪的人物也有穿裙服的。說明裙應是楚人的常服之一，並且穿著時與襦相搭配。

　　馬山1號楚墓的單裙出土時是著之於屍體之上，顯然應為一件實用裙，從穿著次第看，它是穿在深黃絹面的夾袍（N23）之內和一件綿袴之上，這對探討楚人的衣著時尚極有幫助。從著裝次第看，如果脫去外袍，露出的就是短夾袍和裙服，呈上衣和下裳不相連續的著裝，曾侯乙墓鐘架上的銅人正是這一著裝的寫實。如果脫去裙，露出的就是下裳袴，這就進一步得出，裙的主要功用就在於遮蔽下裳袴。由楚裙實物的穿著次第和人物繪畫表現手法可知，裙一般與長僅及膝的短夾袍或襦相配合使用，這應是楚人著裝的一個特點。

袴和褌　袴相當於今天的褲子，亦寫作「絝」。《說文》稱之為脛衣，江陵鳳凰山10號漢簡上有「絝」的記載。由於僅指脛衣而言，古代的學者在考證其形制時往往僅注重脛部。《釋名‧釋衣服》：「袴，跨也，兩股各跨別也。」段玉裁在注中認為是套褲，即只是兩個褲筒套在腿上，上端用繩子繫在腰上。楚國的服式中有袴，不僅有實物，還可以從大量的繪畫材料中得到證實。從實物看，其形制與文獻記載有別。

楚袴的實物見之於馬山1號楚墓，其製作較為複雜。袴由腰和腳兩部分組成，左右袴腳的分片和裁剪方法相同，每只袴腳各兩片，一片為整幅，另一片為半幅，兩片之間的拼縫處鑲嵌有針織條帶。袴腳上部拼入一塊長方形的袴襠，其中一條較短的邊與袴腰相接，一條長邊縫在袴腳上，然後把它折疊成三角形，展開後呈三角形，左右兩塊襠片剛好相接，但不相互連接，袴腳下端施緣，做成小腳口。由於袴筒寬大，所以，筒與腳口相連處進行了折疊處理，形如上大下小的燈籠狀。袴筒上端與袴腰相接，袴腰用四塊面制拼接，後腰敞開，形如一條開襠褲（圖1-24）。

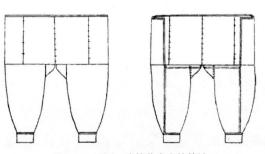

圖1-24　馬山1號楚墓出土的綿袴

楚袴實物出土時是貼身穿的，它應屬褻服。從穿著次第看，其外面套著的是一件裙服，由此我們可以得到啟發，袴和裙也是相配合使用的，裙的主要功用就在於遮蔽袴，這是因為先秦的袴還不完善，極

易暴露內體的緣故。由楚袴實物而知，袴腰的背後部正是開襠，且又是貼身之服，故袴需要由裙來遮蔽才不至於露體。

與袴相近的還有一種裳服稱之為「褌」，其結構是一種合襠的，故不用裙服來遮蔽，也即文獻中的「窮袴」。《漢書·外戚傳》服虔注：「窮袴有前後襠。」《急就篇》顏注：「合襠謂之褌。」黃文弼先生在《羅布淖爾考古記》一書中載有曾在新疆發現有漢代的褌，據其描述正是合襠的形制。楚國是否有褌已不得而知。但通過一些楚文物上人物衣著的圖像比對，楚國似應有這種服式。如長沙出土的一件漆卮上所繪的車馬人物中的一騎馬者、信陽楚墓漆瑟上所繪獵戶及包山2號楚墓漆奩上的趨行者的下身都是穿的這種緊身的褌，即為文獻中的「褌」。不過這些圖像所表現的都是露褌，而不是以裙來遮蔽，顯然就是合襠的一種結構。由此似知，楚人的下裳不僅有袴，而且還有褌。在使用時，它們的主要區別就在於褌是與襦相配套，袴除了與襦相配套外還需加裙來遮蔽。由楚實物和人物圖像所表現的衣著而知，袴多為女子所使用，因是開襠而一般不露於衣外。而褌則多為男子所服用，因是合襠而多可露出。

第五節　手衣與足衣

1. 手衣——手套

楚國不僅有各式體衣，而且還有手套。先秦的文獻上對手套的稱名沒有記載，直到六朝以後才始以手衣為名。如陸雲〈與平原書〉稱曹操的手套為手衣（見〔西晉〕陸雲撰《陸士龍文集》卷八）。在北齊王江妃的墓中所出的隨葬品的木方上就記有「故錦手衣一具」的記載（見〔清〕端方撰《陶齋藏石記》卷十三）。故我們仍援引手衣為名。

楚國的手衣目前僅發現一雙，出自於江陵藤店1號楚墓，是用柔軟的皮革裁製而成，五指分開，用線縫合，長28.5公釐，其形與現代用的手套完全相同（圖1-25）。楚國是否有絲織手套，由於沒有實物，現尚不知，但從皮革手套製作的複雜工序和難度看，楚國是能夠製裁絲織手套的，只是大多數墓葬中的紡織品不易保存，故而也就難見到其實物了。漢代以後，手套就開始大量盛行了，在長沙馬王堆1號漢墓中就出土了3雙直筒露反指的夾手套（圖1-25）。該墓遣策稱其為「尉」。「尉」與「熨」通，應視為冬季防寒的用品。

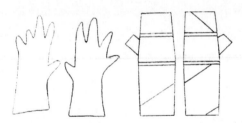

1.江南藤店1號楚墓出土　　2.長沙馬王堆1號漢墓出土

圖1-25　楚漢墓中出土的手套

2. 足衣——鞋與襪

足衣即指鞋，又稱作履，《說文》：「履，足所依也。」在一些古籍中足衣還被稱作履、舃、鞮等，它們實際都是鞋的通稱。楚國有鞋，不僅有實物出土，而且從楚國簡牘材料中還可以得知楚國有著不同名稱、質地和結構的鞋。目前，楚實物鞋發現較多，其形皆為圓口，由鞋底和鞋幫兩部分組成。從質地看，既有以麻、草和帛混合製成的，又有以麻、草和革製成的，也有以草和帛混合製成的，還有以純麻製成的。在荊州紀南城新橋遺址還出土了一隻陶鞋。這眾多的楚鞋為探究楚國的足衣提供了彌足珍貴的材料。

以麻、草和帛製成的鞋見之於馬山1號楚墓，由鞋面和鞋底兩部分組成，鞋前端近圓形，面用大菱形紋錦，鞋頭和幫部的表層皆用麻布

做成，其上髹漆。裡層用草編，鞋底用麻線編結。編結的方法是先用麻按一定的距離設置好緯線，將兩端固定在框架上，然後把麻線從中間向外層逐圈穿過緯線。外底留有許多乳釘狀的線結，鞋長23公釐，寬7公釐，高5公釐（圖1-26）。

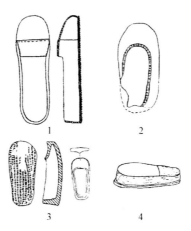

圖1-26　楚漢墓中所見的鞋

以麻、草和革製成的鞋見之於包山2號楚墓，但保存不好，其鞋幫的表層用麻繩經緯平編，內襯麻布，其上髹黑漆。裡層為皮革，鞋口有繫帶。底分多層，最裡層為皮革，中層用草編兩層，其中一層為細草精編，另一層為細草繩粗編，外層為麻布，鞋底是用麻繩編結成環形凸楞和乳釘狀的線結。鞋殘長25公釐（圖1-26）。同墓遣冊將此鞋稱之為「縷」或「緹縷」。與馬山楚墓不同的是，此類鞋上有繫帶，這「帶」在文獻上也稱組纓，《禮記·檀弓上》就記有孔子的弟子穿絲屨組纓的記載。

純麻製成的鞋見之於江陵九店296號楚墓和當陽趙家湖金家山9號楚墓，前者惜僅存底，底是以麻線經緯編織而成，其上鋪一層麻布。後者僅存幫，其形制與上述楚履相似。

在江陵楚郢都新橋遺址還發現了一隻陶鞋，形狀也與上述的形制

相同，只是底微弧，鞋口前端呈尖狀上翹。此鞋的長度僅10公釐，顯非實用品，應是按實用品仿製的一件明器。陶鞋的底部皆錐刺成密集的凹點，凹點皆呈縱向排列，應是楚墓所見實用鞋底用麻線緯編成的乳狀結的表現（圖1–26）。

皮和帛製成的鞋見之於長沙北門外的俞家沖戰國楚墓，據商承祚《長沙古物見聞記》所描述為：「履面前及右下旁合絪，兩側近首處各有大針孔十餘，殆附帛面，尾碼珠玉以為飾。革褐黃色，裡有毛辮，為牛皮底，一面相連，下折而紉於左，履底的一沿向內卷。」[1]鞋長26公釐（圖1–26），此鞋形制獨特，鞋的後跟上綴有珠玉的裝飾。在鞋上作裝飾先秦早已有之，《史記‧春申君列傳》載：「春申君客三千人，其上客皆躡珠履以見趙使。」《韓非子‧內篇諫下》也載齊景公的履就是黃金作帶，以珠玉作飾。不過，這種以珠玉作飾的鞋在楚墓中極少見，珠履應為高級貴族所用。

由楚履實物可以看出，楚履都由底和幫兩部分組成，其製作都由多種質料而合成，鞋面一般都髹漆，鞋底編成凸楞和乳狀的線結，這是由鞋的實際需求性所決定的，因為鞋底在與地面接觸時極易磨爛，用多種質料合成鞋底可增長其使用壽命，鞋底布滿凸出的線結又可防滑，鞋面髹漆無疑又可起到防水的作用。楚人在鞋上的匠心於此可見一斑。

先秦鞋的實物極少見，文獻中對鞋的稱謂極其複雜，僅以革、木、絲、草和麻不同質料製成的鞋就有不同的名稱來加以區別。由楚鞋實物看，一般都由多種質料混合製成，很難與文獻對照。不過，楚人也確有不同的名稱。如包山楚簡就有「魚皮之縷」和「緹縷」的不同稱謂，信陽楚簡也見有五種鞋名。由包山楚墓所出土的實物看，

① 商承祚：《長沙古物見聞記》，金陵大學中國文化研究所叢刊甲種，燕京學社印行，民國廿八年（1939年）版。

其鞋也不是以單一質料製成的。這些不同的稱名，可能是據其形狀的差異或是以鞋所使用的主要質料而言的。如信陽楚簡中就有「絲紙縷」，「紙」即屐，屐是一種木底的鞋，可以在雨天穿用，現在有些農村還使用這種鞋。「絲紙縷」即是一種帛面木底的鞋，它大抵等同漢代的「帛屐」。信陽楚簡中還有「詯縷」一詞。詯讀作絇，絇縷就是一種前端有鼻的鞋。可以肯定的是它們都不是單一質地的鞋。由此而知，楚鞋的不同名稱還不能以質地去區別它們，但楚人稱鞋為「縷」也即屨是可以肯定的。

足衣除屨外還應有襪，通常是襪外再套屨。襪在楚文物中暫時還沒有發現，但在西漢初年的長沙馬王堆1號漢墓中已有發現。據報道共出土有2雙，形制相同。這次出土的襪，可幫助我們了解先秦楚襪的形制。馬王堆漢墓出土的襪皆為夾襪，用絹縫製而成，齊頭，足跟後開口並附有襪帶，縫存腳面和後側，襪底無縫（圖1-27），其中一件底長23.4公釐，頭寬8公釐，口寬12公釐。

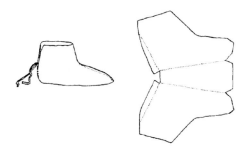

圖1-27　馬王堆1號漢墓出土的夾補襪

第六節　寢衣

寢衣即被子，《說文》：「被，寢衣，長一身有半。」又，「衾，大被。」段玉裁注說寢衣是小被，衾是大被。《論語‧鄉黨》

也有「必有寢衣，長一身有半」的記載。先秦稱被為寢衣是沒有問題的。

楚國被服的實物見之於馬山1號楚墓和包山2號楚墓。它們皆為長方形，從質地看，既有絲綿的，也有夾層的；從尺寸看，它們還存在著大小之別。這對於了解楚國的寢衣大有裨益。

馬山1號楚墓的被服共出土了3件，其中一件較小（N2），另兩件較大（N5、N7）。小的接近正方形，上端中部有凹口，並包有彩條紋綺，即文獻中的「紞」，也即「被識」。被面由25片具有不同花紋的繡絹拼成。被裡用灰白色絹，裡緣用紅棕絹繡，被邊長190公釐。另兩件大的為長方形，被面分別為鳳鳥鳧幾何紋錦和對鳳對龍紋淺黃色絹。由於被裡和絲綿已被剪掉，被識未見，其形狀已非原貌。兩件長寬分別為274×220、220×207公釐。從其尺寸看，後者明顯要小於前者。

包山2號楚墓共出土15件被服，除3件為夾被外，餘皆絮絲綿。15件中除5件有殘損，長度不足150公釐外，餘皆在150～284公釐之間。從其形制看，沒有像馬山1號楚墓所見的凹口，夾被的形制基本同絲綿被。

由馬山楚墓和包山楚墓所出土的被服的形制看，有著相同之處，即被面都由多塊不同花紋的面料拼接而成，被的一端有被識。這應是楚被服製作的通用形式。但從其尺寸看，卻存在較大的差別。由此而見，楚國在被服的使用上的確存在著大被與小被的區別。

按《說文》及段玉裁的注說，寢衣是有大小之別的，其長度也是有定制的，即小被大體相當於人體高的1.5倍，超過其長度的似應為大被。經測定，馬山1號楚墓墓主的身高為160公釐，按其定制製成的被服的長度應為240公釐，而實際所出3件被服無一件相符，但從所出的一件（N2）形制看，明顯為實用被服。包山2號楚墓墓主的身高為170.5公釐，按其定制製成的被服長度應為255公釐左右，但同墓所出的

15件被服中僅一件鳳鳥紋刺繡夾被相符，餘皆不能相合。由此可以看出，這種差別應是因其使用的不同而加以區別的。

被服的使用除了覆蓋於身外，也有用於鋪蓋於床上的。包山2號楚墓西室出土了一張木折疊床，其共存物有葦簾、草席、竹席和絲綿被等。經清理復原，床上是先鋪葦簾，再鋪草席和竹席，然後再鋪絲綿被。被的寬度正好與床的寬度相等。由這些共存物的次第可以看出，楚人床上鋪的也是被，並且其寬度與床等寬。

為了進一步說明楚國的被服大小在使用上的不同，我們還可以從楚床的實物得到證實。楚國的床目前已發現2具，分別見於信陽長臺關1號楚墓和包山2號楚墓。信陽楚墓床長225公釐，寬136公釐，包山2號楚墓的床長220.8公釐，寬135.6公釐，兩相比較，除長度略有差異外，寬度幾乎相等。結合包山楚墓床上所鋪絲綿被與床寬相等的實例看，楚被服的大小與使用區別似應受床寬的限制。這樣就可看出，凡其寬度不超過135公釐的應視為鋪墊的被，其寬度超過135公釐的都應是蓋被。也就是說，楚的被服中存在著鋪與蓋的區別。

包山2號楚墓出土了3件夾被，皆為實用蓋被之列，從實用角度而論，顯然屬季度性的被服，這是迄今已知最早的夾被，說明楚在戰國時已能根據季節的變化製作不同的寢衣了。

第七節　兵服與喪服

兵服　兵服主要是由甲和冑兩部分組成。甲是指身甲，冑相當於今天的頭盔，皆由皮革製成，是用於作戰時的一種特制服式，起戰時的防身作用。有關先秦使用甲冑的記載頗多，其起源也很早，考古發掘曾發現有商代的冑，戰國時期的甲冑在其他諸侯國的遺址和墓葬中都有發現。

楚國的甲冑發現較多，但大多殘破，唯天星觀1號楚墓和楚系的曾侯乙墓所出土的甲冑較為完整，這對於了解先秦楚甲冑的形制極有幫助。

　　曾侯乙墓出土的甲冑可分為冑、身、袖及裙四部分。各部分均由各式皮甲片編綴而成，皮胎外一般髹2～3層黑漆或褐漆，甲片上均鑽有用於編綴絲帶和革帶的孔眼，經過復原，可看出冑甲和身甲的形制、結構和使用情況。

　　冑與身甲不相連接，由冑頂、前額和垂延片三部分組成。整個冑極似今天的頭盔。僅內空而言，冑內高度為25公釐，僅頂部的高度就有16公釐，若按此尺寸推算，一般男子服戴此冑，按下緣垂至肩部而護頸，那麼，人的頭頂至冑頂就還有多餘的空間，顯然這是為防止敵人擊打頭頂時而設計的，這種設計與今天的安全帽有著異曲同工之妙（圖1-28）。

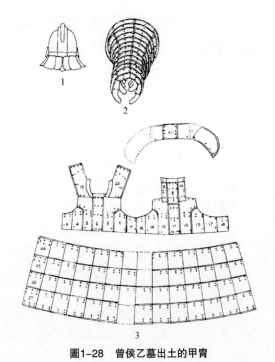

圖1-28　曾侯乙墓出土的甲冑

　　身甲由胸甲、背甲、肩片、肋片和大領等組成，它是按人體的形狀製作的，護住人體腹部以上的部位。肩甲之上立領甲以護頸，兩邊綴以袖甲，袖甲呈上大下小不封口的袖筒，每四片一組，可伸展自如（圖1-28）。裙甲呈筒狀，與身甲的下端相連，護住人體的腹、臀及大腿上部，整個身甲自領至裙底部高84公釐，肩寬48公釐，胸圍119公釐，袖長44公釐。復原後穿著既有極大的防護力，又不礙於人在戰場上各關節的活動（圖1-28）。

　　由文獻記載可知，製作甲冑的工序極為複雜。據《考工記·函人》所載，製甲時，要進行選料、處理皮革、按人體的大小進行裁製、鍛革、製模鍛壓、鑽孔和用絲線綴連組裝等諸多工序。

　　僅製模而言，不同形狀的甲片就要製成不同的模型。從曾侯乙墓出土的甲片看，全為模製，經統計，曾侯乙的一個冑就需18副模具，壓成18片，一套身甲需19副模具，壓成23片，裙甲需4副模具，壓成56片，袖甲需5副模具，壓成104片。然後再將它們組裝成一套甲衣。如此複雜的工序，其成本和耗時是可想而知的。再加上每一套兵服都是量體裁衣，其甲片的大小自當有別，所需的模具那就更多了，這對於號稱帶甲百萬的楚國來說，足見其對兵服的重視了。

　　楚甲的形式不僅完備，而且還善用不同的皮質來製作，《楚辭·九歌·國殤》就有「犀甲」的記錄，是用犀牛皮製作的。包山2號楚墓還記有「二狐甲」，是用狐皮製作的。在當陽曹家崗春秋楚墓不僅發現有皮甲，還出土了造型各異的金屬甲片飾，這是迄今為止我國所見最早的金屬甲的實物。天星觀1號楚墓還發現了木胎皮甲，即在漆甲片內襯有木片，從實物看，這種甲不僅沒有增加甲的重量，而且比皮甲更堅實。耐人尋味的是，這種甲可套疊收攏成圓筒狀，既方便收藏，又便於穿著。由此可見，楚國在兵服製作上可謂匠心獨具。

　　迄今為止，比較完整的甲冑都見之於楚墓和楚系的墓葬中。由文獻記載和其他區域所出土的人物畫像資料看，春秋戰國時期，各諸侯

國在戰場上都普遍使用兵服了，這與列國紛爭，旨在提高本國戰鬥力的環境是相適應的。各國的甲冑是否有區別，因缺乏實物無法比較，但從古文獻的稱名上看似有區別。如曾侯乙墓遣冊上就明確記有「吳甲」和「楚甲」的不同名稱。但就楚國而言，無論從文獻，還是從實物，以及在製造兵服的數量、品質和品類上都應是獨步先秦的，也正是靠這些先進的裝備，熔鑄了楚人揮師疆場、問鼎中原的雄才與氣魄。

喪服 喪服是一種特殊的服制，古人極重視喪事，凡遇喪事，對於生者的衣食住行都要一改常態。僅服而言，要更換其常服稱之為服喪。對於死者則是厚之衣衾以葬，名其為「事死如事生」。因此體現在服式上的就是生者的喪服與死者的斂服。

喪服習俗的起源已無從稽考，從文獻記載看，西周時似已納入禮制的範疇。「三禮」中對其多有記載，僅《禮記》一書，全書49篇中就有11篇專論喪服制度，足見其提挈襟領的地位了。

由於喪服在春秋戰國時期廣為流行且為生者所穿，一般不易保存，迄今為止，對其形制還不甚明了，不過從文獻記載中，我們仍能夠得到較為明晰的認識。

據「三禮」的記載，喪服的核心內容是所謂的「五服」，即斬衰、齊衰、大功、小功和緦麻五種服制。這五種服制不僅包含有頭衣，也囊括有足衣。其形制與常服大體相同，只不過是衣料的料質粗糙及在附飾上的損缺，古人穿著這些服式，一幅悲慘淒涼的景象，向人們所展示的是家有喪祭。

五種服制根據死者生前的地位及其與生者的關係又有著嚴格的等級區別，其中的斬衰服是喪服制中的最高等級，服期為3年，據《儀禮·喪服》及其注解而知，這種服制是用最粗的麻布製作的，在製作時均不縫邊，斷外露，因而得名；齊衰服為喪服中的第二等級，服喪的時間有3年、1年或3個月3種，是用稍粗的麻布製作，縫下邊；大功

服為喪服中的第三等級，服期為9個月，是五服中粗重僅次於齊衰的喪服，是用粗熟麻布製作的，其所以稱作大功，是因為這種粗熟麻布名為「大功」，故此得名；小功服為喪服中的第四等級，服期為5個月，其服所用之布的縷雖粗於絲麻之縷，而比大功之縷為細，相對於大功布製作的喪服而言，故稱作小功服；緦麻是五服中的最低服制，服期為3個月，是用熟麻布製作的，這種布名也稱作「緦」，故稱之為「緦麻」服。

喪服屢見於文獻記載，生者都是按自己的身分和等級穿著。《左傳‧襄公十九年》載，齊國的晏桓子（即晏嬰之父）死後，晏嬰穿著粗布的喪服，頭上和腰上都繫著麻帶，手執竹杖，腳穿草鞋，喝粥，住草棚，睡草墊子，用草作枕頭。這些衣食住行應是士禮，但晏嬰身為大夫卻行士禮，故而被他的家臣譏為「這不是大夫的禮儀」。由此而知，生者所服喪服應與自己的身分相適應。楚國的喪服是否也通行這些等級制度已不得而知，但楚國是一個重喪紀的國家，同諸夏相比，應不例外。無論是曾侯乙墓，還是包山楚墓及天星觀1號楚墓的遣冊都有助喪的記載，可確證楚國的喪事既紛繁又隆重，服喪定在情理之中。

楚國紡織業的發達為喪服的製作提供了原料，迄今為止在已發現的楚國實物衣服中，大多為絲織品，儘管麻織品也有發現，但一般無麻織的衣服出土。可以推想，楚國的麻織品除用於製作鞋及麻繩和用於漆器的夾胎外，大部分恐怕用於製作喪服了，因為麻布的粗細是以升為計量的，即以布的經緯密度而言的。據《禮記‧間傳》所載，喪服中的斬衰用三升布，齊衰用四、五、六升布，大功用七、八、九升布，小功用十、十一、十二升布，緦麻「十五升去半」的布。但長沙楚墓出土的苧麻布片的經密為每平方公釐28根，緯密為每平方公釐24根，按漢代度量制推算，約折合十七升布，其細密度已接近於絲織品了，如果用楚國的麻布製作喪服，極難區分喪服的等級，故此推斷楚

國的喪服可能不存在著等級之差。

斂服是死者的服制，古人死後一般都要加新衣於屍上，以親其身，示潔淨之意。加新衣於屍稱之為斂屍。其中，斂屍又分為小斂和大斂之別。小斂即在死後的次日進行，據禮書記載，無論尊卑貴賤都要為死者穿上十九套新衣服，以像天地之數。穿上衣服後，用被子將屍體裹上並捆紮，然後用布囊套上屍體，小斂即告完畢。大斂則是在小斂的次日進行，即死後的第三天進行，大斂的衣服之數也有等級之差，衣服穿畢後即移屍於棺並加棺蓋以待下葬。加蓋棺蓋後即表明大斂的完成。

楚國也極重視斂屍，儘管一些楚墓的屍體大多腐朽，但在一些墓葬的棺內或棺外殘留有一些絲織物，應為殘存的斂服無疑。江陵馬山1號楚墓發掘後，則更為明晰地反映了楚國斂屍的程式、所用斂服的數量和品類。

馬山1號楚墓的屍體雖腐朽，但斂服俱存，尤其是斂服的次第及捆紮情況都保留了當時的原樣，這對研究楚國的斂屍習俗有著重要的參考價值。

由馬山1號楚墓而知，楚國的斂服主要有綿袍、單裙、綿袴麻鞋和被服等。從斂服看皆為實用品，斂服既有穿於體上的，也有用於包裹的，還有疊置於棺內的。斂服的質地絕大多數為絲織品。據《儀禮‧士喪禮》所載，斂服中的「襲」是一種左衽袍，是專門用於死者穿的。襲應有三層，即除了給死者穿內衣外，還要在其外再套三件左衽袍，與生時的右衽服式相區別。從馬山1號楚墓看，死者穿著三件袍和一件裙，內穿一件綿袴。其中外面的一件綿袍（N19）原為右衽，但在穿著時把裡襟壓在了外襟之上，形成了左衽，這與史載的要穿左衽袍是相同的，但另外兩件仍為右衽，與史載的又不同，如此而見，楚國的斂服與史載相異。有關斂服的使用，禮書所載極為詳盡，與馬山楚墓相比較，死者所使用的衣衾數量、包裹和繫結在文獻中都可以找

到依據，但在具體的形制和方法上有較大的區別，說明楚國的斂服及
使用有自己的特色。

第二章　佩　飾　篇

第一節　領飾和蔽膝

領飾是指衣領部的裝飾，楚人的衣著除重視華麗外，還重視裝飾，其中對領部的裝飾尤其令人驚奇。楚人的領飾過去不太清楚，近年來新發現的一些資料，彌補了這一缺陷。領飾分別見於江陵武昌義地6號楚墓和紀城1號楚墓所出土的木俑上，且形制相同。雖然都是彩繪於木上，但其線條和形狀卻十分清楚。從其表現的結構看，它是用綢帶縫釘在袍領上，然後再在前領口處繫成蝴蝶結（見前圖1-18），這一結構既可固定右衽的交領處，又確實具有極強的裝飾效果，但在出土文物中還沒有發現與之相同的實物。但可以肯定的是，楚人確應有這種領飾。可以作為旁證的是，在年代稍晚的秦始皇陵秦俑坑中所出土的部分秦俑的頸間也繫有絲或者布巾，有的在前頸處還繫結成不同的形狀，具有與領飾相似的效果。當然，秦俑頸部的巾是由於甲的領口過大而用來護頸的，它也具有實用性與裝飾性，這說明中國古代對衣領部都極為講究。江陵武昌義地6號楚墓和紀城1號楚墓的年代相近，大約為西元前278年。由此可見，楚人在戰國時期就已創造了蝴蝶結形的領飾。值得注意的是，這種領飾與後來歐洲普遍使用的領結如出一轍。然而，二者在時間上卻相差達20個世紀。也就是說，當歐洲人普遍開始使用領結的時候，楚人在兩千多年前就已發明了這一裝

飾，這一點也不能不使西方人折服。

蔽膝又稱韍、芾和褘等，是正當胸前的一種衣飾，顧名思義就是遮蓋大腿至膝部的飾件，它通常是與腰帶連用。在商周的服式上常可見到，其形制大體類同於今天的圍裙，所不同的只是為窄條形，自胸前的腰帶處一直延伸到膝部（圖2-1）。目前雖還沒有楚蔽膝的實物發現，但在江陵棗林鋪1號楚墓出土的一件木俑上繪有蔽膝的圖像，可揭示出楚蔽膝的使用情況。該墓出土的木俑身著偏衣，腰部束帶，帶的正中還畫有一帶鉤，在腰帶以下的正中處垂一長方形的條飾，正好遮蔽至膝蓋處（圖2-2）。與商墓中所見的蔽膝飾件完全一致，應為蔽膝無疑。蔽膝在包山楚墓中也有反映，包山楚簡中見有「一裝被」的記載，這「被」應就是「韍」，也就是指蔽膝。可見原墓中曾隨葬有蔽膝，遺憾的是實物已經腐爛。

圖2-1　安陽殷墓出土的玉人

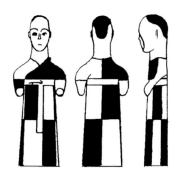
圖2-2　江陵棗林鋪楚墓出土的木俑

由楚國繪畫資料和楚簡材料可知，楚國應是有蔽膝的，可以作為旁證的是，在楚系的曾侯乙墓鐘架上的銅人胸前都鑄有蔽膝，與所見商代玉俑上的蔽膝和楚俑身上的蔽膝相比，似要寬一些，這可能反映了不同區域在服飾上的差異。可以肯定的是蔽膝在先秦較為常見，到漢代後仍很流行，且提到的地方也很多。《漢書‧王莽傳》載，王莽及其妻都以蔽膝為飾。王莽的母親得病後，一些公卿列侯派夫人去

探望，王莽的妻子出來迎接，其裝束就是衣外套蔽膝。蔽膝的起源較早，應與原始人以獸皮遮羞禦寒有關，隨著衣服的產生，這一遮羞物得以保留，進而又成了衣服上必不可少的裝飾物，並一直綿延於後世。

第二節　帶和帶鉤

帶作為體衣必不可少的附飾屢見於文獻和先秦的人物畫像中。穿衣必束帶是先秦的通例，這是因為先秦的衣服大多沒有紐扣，為使衣服穿著附體，必須以帶相束。故帶成為體衣不可缺少的附件之一，並將其納入了禮制的範疇，甚至《禮記·深衣》對束帶的位置也有明確的規定，稱之為「帶下毋厭（壓）髀，上毋厭（壓）肋，當無骨者」，即正當腰部。

從文獻記載可知，先秦的衣帶有著多種名稱，即有帶、大帶、厲、紳和絲帶等。《說文》云：「帶，紳也。男子鞶帶，婦人帶絲。」又云：「紳，大帶也。」《左傳·桓公二年》：「鞶厲游纓，昭其數也。」杜預注：「紳，帶也，一名大帶，厲，大帶之垂者。」杜預以紳來注解大帶，實則使人難以透解，形成紳帶不分的模糊概念。實際上，紳應只是帶相繫後的兩個下垂的部分而言。《禮記·玉藻》：「三分帶下，紳居二焉。」鄭玄注：「紳，帶之垂者也。」由此而知，古代的衣帶只有革帶和絲帶兩種，所謂的紳和厲只是指繫結後的下垂的部分而言。由於紳正當胸前，人們還可以用來臨時記事，《論語·衛靈公》就見有子張臨時用紳記事的記載，但這不是紳的主要用途。

楚國的衣帶作為楚服的主要附屬物，不僅有大量的實物發現，而且還有大量的圖像和木俑衣著可以證明。從出土實物看，楚國的衣帶也恰只有革帶和絲帶兩種。

　　革帶在楚墓中發現較多，既有實物，也有遣冊記錄。需要指出的是，在楚簡中，分別見有「革帶」和「緯帶」一名。二者雖都指用皮製成的衣帶，但它們有一定的區別，這就是革帶僅指素面皮帶而言，而緯帶則是指繡花的皮帶。由出土實物而知，楚國的革帶一般都較寬，既有素面的，也有鏤孔的。保存最為完好的當數江陵九店410號楚墓出土的一件鏤孔革帶。該革帶出土時對折兩次放於邊廂中，由兩層皮革粘合而成，其毛面向外，其上透雕四組二方連續的變形蟠螭紋，一端邊緣有一個三角形穿孔。帶長100公釐，寬13.9公釐（圖2-3），顯然屬一件實用品。

圖2-3　江陵九店410號楚墓鏤孔革帶

　　絲帶在楚墓中也發現較多，一般為組、繡、錦和綺等質地的絲織品製成。在馬山1號楚墓的死者的外層綿袍之上就繫有一件完整的絲帶。絲帶是由手工編的組所製成，於前腰處扣成活結。絲帶的左側繫組帶，穿繫佩飾（圖2-4）。江陵九店410號楚墓也出土了一件長條形絲帶，也為組製成，絲帶長77.1公釐，寬55.3公釐，一端有橢圓形孔，另一端有三個橢圓形孔（圖2-5）。

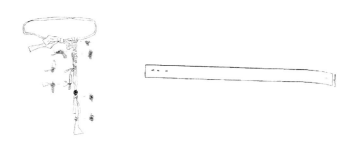

圖2-4　馬山1號楚墓出土的絲帶　　圖2-5　江陵九店410號楚墓出土的絲帶

革帶和絲帶都是體衣的附件，具有較強的實用性與裝飾性。《禮記・內則》記：「男鞶革，女鞶絲。」意思是說，男子用革帶，女子用絲帶。從出土不同的質地的帶看，楚國並非如此。如馬山1號楚墓及江陵九店楚墓所出土的一些女俑的腰帶也使用的是革帶。看來，楚國對絲帶和革帶的使用沒有嚴格的劃分。

　　與帶相配使用的為帶鉤，因為帶的繫結大多用鉤連接。帶鉤古又稱為「胥紕」、「犀比」和「師比」，《楚辭》中則稱之為「鮮卑」。過去曾經認為帶鉤是由北方草原民族傳入中原的，由考古發掘而知，北方草原民族發現的帶鉤不早於春秋末，而且數量也不多，然而帶鉤在黃河流域則最早見之於山東蓬萊村里集的7號西周晚期墓，到了春秋時期名諸侯國已普遍使用金、銅和鐵等質地的帶鉤了，因此，傳統看法已被越來越多的考古發掘材料所否定。

　　帶鉤的實物在楚墓中也發現較多，最早的帶鉤當屬淅川下寺10號春秋中期楚墓所出土的一件銅質帶鉤，戰國楚墓中則更為多見，一般小型楚墓中都出。說明楚國的帶鉤不僅普遍，而且其使用還不存在等級之差。

　　楚國的帶鉤的質地較多，金、銀、銅、鐵和玉質的都有，還有一些複合質地的。其形制也大同小異，一般鉤頭作鳥頭或獸首狀的彎曲，下端作琵琶或長條狀。鉤的正面既有素面，也有鑄刻複雜花紋的，以銅質的帶鉤最為多見。楚國在製作帶鉤上是最為講究的，江陵望山1號楚墓所出土的一件錯金銀的鐵帶鉤滿飾花紋，其弧度長46.2公釐，寬度達6.5公釐，是迄今為止楚墓所見最大的一件鐵帶鉤（圖2-6）。信陽楚墓出土的帶鉤也有長達20公釐的，這在楚墓中實屬罕見。不僅如此，一些鐵質的帶鉤製作更為精美，且超過了銅質的帶鉤。如信陽1號楚墓就出土了5件鐵帶鉤，其中的一件帶鉤上鑲嵌有4塊金質的蟠螭紋浮雕，在金屬浮雕之間還鑲嵌有3塊谷紋方形玉塊。足見楚人對這一服飾件的重視。

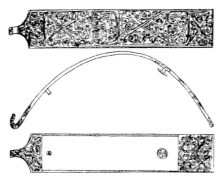

圖2-6　望山1號楚墓出土的帶鉤

　　楚國的帶鉤大小相異，反映了它們在使用上的差別。一般的小型帶鉤當為束帶之用，至於大中型帶鉤則多為佩物和佩飾用鉤。當然，帶鉤的用途主要還是用於繫連帶，因此小型帶鉤在楚墓中最為多見。帶鉤繫連的位置正當胸部，連接帶的兩端，其安裝一般是鉤的尾端固定在帶的一端，鉤頭鉤住帶另一端的孔中。長沙406號楚墓曾出土了一件革帶，帶鉤的尾端也正是插在革帶的一端的割孔中，鉤頭向外鉤住另一端的割孔。這是楚國使用帶鉤的實例（圖2-7）。證之以實物，一些木俑的衣著也正是如此。江陵棗林鋪戰國楚墓出土的木俑繪畫的革帶上還畫有一帶鉤，正與楚墓所見實物相同。事實上，這種使用方法也見於燕下都銅俑的衣著，說明帶鉤的使用在先秦各國應是相同的。

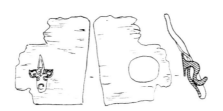

圖2-7　長沙406號楚墓出土的革帶和帶鉤

　　需要指出的是，過去認為帶鉤只與革帶相配使用，因為革帶有一

定的硬度不易繫結，然而在楚國，絲帶也有用帶鉤的。江陵九店410號楚墓出土的一件絲帶，一端有孔，另一端並列有三孔，出土時其旁還伴有一件銅帶鉤，顯然屬一件完整的配有帶鉤的絲帶，另一端的三個孔是用來調節鬆緊的。因而，至少可以說，在楚國，帶鉤的使用並不只是局限於革帶之上，相反的是，有些革帶上倒不用鉤，如江陵馬山1號楚墓和九店東周楚墓所出土的木俑身上的革帶就沒有使用帶鉤，而是兩端分別鑽孔用組帶連接。

帶與帶鉤由於位於衣袍的表面，並且還可以懸掛一些佩飾，所以它成為衣飾的一個重要部分，色彩斑斕的衣服再配以精製的帶鉤，成為當時顯貴競相追逐的風尚。《淮南子·說林訓》所說的「滿堂之坐，視鉤各異，於環帶一也」，應是當時社會生活的真實寫照。

第三節　單佩和組佩

佩飾是古人衣著外的裝飾，據《禮記·內則》載，子事父母，身的左右都有佩。佩包含有多種，即玉、刀、巾和金燧等，我們所說的單佩與組佩都是指佩玉而言的。以玉石作佩飾早在原始社會時期就已成風氣，商周時期，隨著玉石加工技術的發展與提高，佩玉之風更是盛行，再加上禮制的規定，玉石被賦予諸多人格化的解釋，並被蒙上一層神秘的道德色彩。《禮記·玉藻》就有「古之君子必佩玉……進則揖之，退則揚之，然後玉鏘鳴也」，「君子無故玉不去身，君子於玉比德焉」等之說。意思是說，古代有修養的人一定要佩玉，如此，既可聽到玉鏗鏘清脆的撞擊聲，又要自己的品行像玉一樣高潔。

考古發掘資料表明，在周代，各諸侯國都能雕鑿形制各異、花紋繁褥的玉石和佩戴名貴高雅的玉器了，但對於楚國而言，則更為突出，各地楚墓，無論是大中型楚墓，還是小型楚墓，大多都有玉器出

土，其品類之多，已達各諸侯國之冠。不僅如此，文獻中一些與玉石有關的膾炙人口的故事也都發生在楚國。如楚人卞和兩次向楚王進獻玉璞，因無識者而被楚王刖去雙足，後來楚文王派人理璞而得寶，命之為「和氏之璧」。和氏璧流傳到趙國後，秦昭王竟願以15城同趙國交換此璧，可見楚國的玉器價值連城。《國語‧楚語下》也記有貴玉白珩享譽列國。屈賦中還多見有將自己比做瓊玉，包山楚簡還見楚國設有專門的機構——玉府，足見楚國人對玉的偏愛。

在眾多的玉器中，以玉佩最為多見，以至於在諸侯國間的賓禮中往往以玉佩相贈，以示友好。《左傳‧定公三年》記載，蔡昭侯曾拿兩件佩玉和兩件裘服到楚國，就獻給了楚昭王一佩一裘，可見佩不僅是一般貴族熱衷追逐之物，也是王侯豔羨的佳寶。

東周的佩玉較為複雜，從名稱和形制看，有些雖與文獻相對應，有些根本就無法確指，從佩用方法看，更是眾說紛紜。由眾多的楚國佩飾實物和木俑身上所戴佩飾看，大體可分為單佩和組佩兩種。單佩即是以一件或多件以一根組帶相連佩掛於胸前，組佩則是以多件玉飾相連分兩組佩掛於胸前。無論是單佩還是組佩，佩掛玉飾的種類主要有璧、環、瑗、玦、琥、管、珠、觿、璣、韘和璜等。

璧、環和瑗　這三種屬同一類，皆為圓形，中間有孔。在先秦，它們是以中間圓孔的大小而加以區別的，據《爾雅》所載：「肉倍好謂之璧，好倍肉謂之瑗，肉好若一謂之環。」這裡的肉是指孔外圈的玉體部分，好是指器的中心孔，意思是說孔徑是邊徑的一半則稱之為璧，邊徑是孔徑的一半稱之為瑗，孔徑和邊徑相等的稱之為環。事實上，古人治玉並不十分重視尺寸，故而在出土文物中，幾乎沒有一件與上述尺寸相對應的，從而造成了這三種玉器命名的混亂，現在考古界對這一器類的稱謂是，凡中間圓孔徑略小，邊緣稍寬者皆稱之為璧，凡中間孔較大，邊緣窄皆稱之為環。至於瑗就不再提及了，這就廓清了人們列於這三類器物認識上的混亂。在楚國，璧和環的數量都

較多，既有玉石的，也有水晶和瑪瑙質的（圖2-8）。在先秦，璧的用途極為廣泛，除用於佩玉外，還用於喪葬和建築裝飾等。它們在外形上沒有差別，其不同的用途主要是據其出土的位置決來判定的。

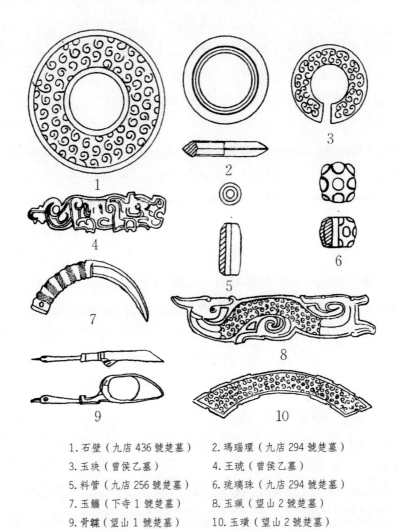

1.石璧（九店 436 號楚墓） 2.瑪瑙環（九店 294 號楚墓）
3.玉玦（曾侯乙墓） 4.玉琥（曾侯乙墓）
5.料管（九店 256 號楚墓） 6.琉璃珠（九店 294 號楚墓）
7.玉觿（下寺 1 號楚墓） 8.玉珮（望山 2 號楚墓）
9.骨鰈（望山 1 號楚墓） 10.玉璜（望山 2 號楚墓）

圖2-8　玉、石、琉璃佩飾

玦　也為圓璧形，但邊緣有一缺口。《楚辭·九歌·湘君》有「捐

余玦於江中」一語，洪興祖補注：「玦，如環而有缺。」玦在楚文物中也多見，其質地有玉也有石，一般對玉的製作最為精良，其上再刻以花紋（圖2-8）。佩玦是喻己遇事有決斷和決心。

琥 屬於古籍中禮玉中的「六瑞」之一，《說文》釋為發兵瑞玉。作為發兵瑞玉，即專指虎符，由於其隨身攜帶，漸以玉製作其形而成為常用的佩飾，楚墓中出土的琥較少，戰國中期後基本不見，但在春秋時多見，是主要的佩飾之一。曾侯乙墓出土了一件琥形玉佩，是楚系墓葬中所見最晚的一件琥形佩（圖2-8）。

管 為圓柱形，中空，在組佩中屬串飾。楚墓中主要為玉質，也有玻璃質的（圖2-8）。管一般與珠配合使用。

珠 以往楚文物中也多見，有玉、水晶、陶和玻璃等不同的質地。然而最具特色和引人關注的是一種琉璃珠，因其具有多種顏色，每一個上又有若干個點凸起，其外又飾以圓圈，酷似眼睛，故又稱其為「蜻蜓眼」。此珠一般較小，直徑不過2公釐，中有穿孔，有極強的裝飾性（圖2-8）。近來，通過化學成分的鑒定，發現珠有些與古羅馬和西亞所出的料器相同，有些則又有區別。據檢測結果而知，多數琉璃珠都是楚人自己製造的。這種琉璃珠極有可能就是《楚辭》中的「魚眼」，在佩飾中多用作串飾。

觽 為半圓弧形，《說文》釋為佩角，其尖端是用以解繩結的。楚墓中所出土的觽一般為兩端尖，也有一端尖的，而另一端作獸首狀的。在安徽長豐楊公戰國晚期楚墓中曾發現了一件雕刻精美的玉觽，其形為彎曲的龍身，一端為龍首，另一端尖細，與古籍中的沖牙有些相似。這種玉飾件在河南淅川下寺春秋楚墓中就已多見（圖2-8）。實際上觽的主要用途是用以解結，初為小孩佩戴，最後演變成組佩飾之一，亦為成人所佩戴。從其外形看，它主要與其他佩飾配合使用，通過人體運動而撞擊其他玉器，從而發出悅耳的聲音。

佩 在楚文物中最為多見，其形各異，雕刻也極為複雜，一般個

體較大，作龍形。楚墓中最主要的是單龍佩和雙龍佩兩種形制。前者全軀雕成一條龍形，軀體中部上凸，龍作反首回顧狀，尾捲曲（圖2-8），後者則是雕成反向相望的兩條龍，左右平衡，無論是單龍佩或是雙龍佩，龍的形體都千姿百態，它可能就是《楚辭》中的「蒼龍佩」。

韘　《說文》說是「射決也」，一般是戴在右手上，是射箭時用以拘弦的一種用品。其質地有玉石和骨質的兩種，由於先秦時極重視射禮，故以韘為佩是喻己已掌握了射藝。楚墓中有以韘為佩的實物，荊州楊場楚墓曾出土了一件完整的珠和韘用組帶穿成的佩飾，曾侯乙墓的墓主的右手也握有一韘。荊州望山1號楚墓出土的一件骨韘還特意製成一鳥形，比較形象地反映了韘的用途（圖2-8），可見以韘為佩飾具有特殊的含義。

璜　大體呈半弧狀，古人大多稱之為半璧。《說文》也釋璜為半璧。事實上，在楚墓中也沒有一件為半璧的，一般為璧的1／3左右，甚至有個別僅為璧的1／4。楚墓中出土的璜較多。從形制看，既有長短大小寬窄之別，也有厚薄之分。有的兩端或一端作獸首形，有的上飾雲紋和穀紋，一般在器中部的上方有穿孔，也有的穿孔位於器的兩端，說明璜的穿繫有多種形式（圖2-8）。

上述玉飾種類，既有作單佩的，也有作組佩的。有關其佩戴方法歷代經學家都曾作過專門研究並進行了種種推測，迄今莫衷一是。從楚墓出土的佩玉實物及木俑衣著外的繪畫佩玉看，可明確地解答楚人的佩玉使用情況，這就是楚人只通行單佩和組佩兩種形式。

單佩目前已發現兩件實物，皆以一根組帶對折而成，一件出自荊州楊場楚墓，上串一琉璃珠和一骨韘（圖2-9）。另一件出自馬山1號楚墓，與絲帶相連，上串一玉管和一琉璃珠（前圖2-4）。在信陽2號楚墓彩繪木俑上也見有一單佩畫像，其佩飾件是一珠、一環和一璜的組合形式（圖2-10），可見單佩所使用的玉飾件一般都較少。

圖2-9　江陵楊場楚墓出土的佩飾

圖2-10　信陽楚墓出土的佩玉俑

　　組佩實物雖未發現完整的，但從一些楚墓的佩飾出土跡象中得到證實。如安徽長豐楊公8號楚墓的玉飾就是分兩排排列的；河南淮陽平糧臺16號楚墓出土的玉璜、玉管和玉佩也是分兩排排列的；屬於楚系的曾侯乙墓內棺內皆為成雙成對的玉器，也可看出是分兩排佩戴於身的。說明組佩在楚國確實常見。若干木俑身上的所繪的佩飾則為我們解答了楚人的組佩結構和佩繫方法，這就是組佩都由兩根組帶和多件玉飾組成，但它們又分三種形式。一種是兩根組帶由腋下的絲帶處下垂至腹部繫結交連，然後並為一股下垂（圖2-11）；第二種是兩根組帶由腋下絲帶至腹部繫結交連，然後分兩股下垂（圖2-12）；第三種是兩根組帶自腋下的革帶處左右各一，直接下垂（圖2-13）。由畫像材料和出土實物的跡象而知，組佩所使用的玉飾一般較多，這應是楚國最為通行的一種佩玉裝飾。

圖2-11　信陽楚墓出土的佩玉俑

圖2-12　信陽楚墓出土的佩玉俑

圖2-13　紀城1號楚墓出土的佩玉俑

第四節　囊與佩芳

囊是一種用絲織品製作而用於裝香料的袋子，與諸夏所不同的是，楚人的服飾裝扮中不僅佩玉，而且還佩香囊，也即《楚辭》中的「佩芳」，形成楚人特有的儀容裝束。僅《楚辭》而言，在所提及的有關佩飾中，無外乎就是佩玉與佩芳兩種，可見楚人既重視佩玉，也重視佩芳。

囊　楚人稱為幃，見之於《楚辭·離騷》。《說文》：「幃，囊也。」《禮記·內則》則稱之為「容臭」。楚墓曾出土過多件囊的實物，其質地為絲、絹和皮革等。其中江陵馬山1號楚墓共出土5件，皆為長圓筒形，底部為圓片拼縫，有的縫合不另拼片，有一件中就裝有花椒，囊帶用組帶紮繫，長36.8公釐（圖2-14）。江陵九店410號楚墓出土2件，其中一件保存完好，絹質，也為長圓筒形，它由兩塊絹橫向拼接後再縱向縫合成袋，口部不是繫帶，而是挽結，長度為76公釐（圖2-14）。長沙406號楚墓還出土過皮囊，雖看不出原形，但在邊和角的地方有針縷孔，可知原曾縫合過。

圖2-14　楚墓出土的囊

　　上述幾例囊的實物除馬山1號楚墓的一件內裝有花椒外，有的有香草，有的還裝有別的東西，說明囊的用途較為廣泛，但可以肯定的是有相當多的囊是用來裝香料的，因為楚人極重視佩芳。僅《楚辭·離騷》中就記有蘭、芷等一類的香草名，姜亮夫先生在《楚辭通故》中認為蘭芷之類的香草皆為楚人所佩，這是極有見地的。

　　將香草裝入囊中佩戴稱為佩芳，在屈原賦中常藉以表現自己品行的聖潔，楚人的這一特有的風俗習慣也曾綿延於漢代。長沙馬王堆1號漢墓出土了4個香囊，其中一個內全裝茅香根莖，一個內全裝花椒，另外兩個內裝茅香和辛夷等，4個香囊皆為圓筒形，腰部有帶便於攜掛。荊州鳳凰山167號漢墓也曾出土了4件囊，從遣冊而知，有兩件內盛花椒。可見楚人的佩芳之風深為漢人所獵奇。

第五節　容刀與佩劍

　　容刀與佩劍也是楚人的服外裝飾之一，《禮記·內則》記，子事父母，「左佩紛帨、刀、礪、小觿、金燧，右佩玦、捍、管、遰、大觿、木燧。」這裡的「帨」是指去汙後用於擦手的巾，「礪」是指磨

刀石,「金燧」與「木燧」皆為取火的工具,「遰」是指劍鞘,捍是指射箭拘弦的韘。《釋名》也說:「佩……有珠、有玉、有容刀、有帨巾、有觿之屬。」

容刀 周代時早已有之,見之於《詩經‧大雅‧公劉》。它不是一種用以自衛的刀,而是一種為了表儀容的刀,所以《釋名》說它是「有刀形而刃,備儀容也」。

圖2-15 曾侯乙墓出土的玉劍

楚國的佩飾中也有容刀,河南淮陽平糧臺16號墓墓主人的腰部就有一玉匕,顯然是容刀裝束的遺物。屬於楚系的曾侯乙墓墓主人的腰間也出有一把十分考究的玉劍,劍分5節,各節用金屬物連接,不能活動折卷,無刃,明顯不是一件實用品(圖2-15),當是一件表儀容的「容刀」。之所以佩掛這種無刃的刀,是因為玉質兵器不易傷人,而純作佩飾用。從文獻記載看,它應屬羽具玉劍,《說苑‧反質》載:「經侯往適魏太子,左帶羽具玉劍,右帶環佩,左光照右,右光照左。」這裡的光亮互照顯然都是描述玉質的反光,更顯示出顯貴佩玉的身容。需要指出的是,容刀在楚墓中還不多見,其佩帶可能受身分等級的限制。

在楚國,除了佩表儀容的刀外,還有佩真兵器的,這就是佩劍。《楚辭》中多見有佩劍的描述。佩劍既見於眾多的楚墓中,也見於大

量的楚國繪畫材料上。在楚國一般中小型墓葬中大多隨葬有劍，時間大體從西周晚期到戰國晚期。當陽趙家湖楚墓共出青銅劍57件，分屬於56座墓葬，除1座墓外，其餘均為一墓一件。江陵雨臺山楚墓共出172件劍（包括劍盒、鞘和木劍）分屬於168座墓，江陵九店楚墓共出203件劍，分屬203座墓葬，也基本上是一墓一件。其他零星楚墓也有銅劍發現。從出土位置看，這些劍大多出自棺內人骨的腰部，顯為佩劍。

在楚國畫像及雕塑材料中也是如此，如長沙出土的人物御龍帛畫、曾侯乙墓漆鴛鴦盒上的人物的腰部都佩戴有劍。曾侯乙墓的鐘架上的銅人及包山楚墓的木俑腰間也是佩掛劍，這些都說明楚國佩劍之風特別盛行。

過去，人們將楚墓中的所出土有劍的墓主一概推定為武士，這是不太確切的。事實上，東周時各國都有佩劍的風習。《史記·秦本紀》載：「簡公六年（前409）令吏初帶劍。」《正義》曰：「春秋官吏各得帶劍。」從《莊子·說劍》看，似乎佩劍之風源於當時的舞劍之習，因為舞劍屬於宴樂性質的武事遊戲，所以人們的佩劍多是為了傳劍之舞容舞術。由楚墓材料看，此說應不可信，因為楚國的佩劍之風至遲在西周晚期已初露端倪，春秋後已是風行草偃了。

楚國的佩劍之風也被漢人所繼承，秦收天下兵器，但吏人士大夫的所佩之劍不在此列，眾所周知的漢高祖劉邦挾劍行大澤之中的故事，項羽學劍的故事及韓信為布衣時喜佩劍的故事皆可說明，所以《說文》在釋劍時有「人所帶兵也」之說。不過，秦漢時期是禁止大臣帶兵器見君王的。除《史記·蕭相國世家》所載的蕭何特許帶劍上殿外，其他臣僚入殿皆由警衛人員摘其兵陳於殿下（見《史記·刺客列傳》）。因而荊軻刺秦王時，只能將匕首藏於地圖中，演繹成了令世代相傳不絕的「圖窮匕首見」的故事。但在其他場合仍可帶劍，可見佩劍之風的流傳經久不衰。

容刀和佩劍都是屬於表儀容的裝飾，在楚國，佩劍之風則更廣，這是從諸多楚墓中所見的隨葬的銅劍給出的啟示。

第六節　髮式與髮飾

　　頭髮是人體儀容的主要部位，古人除了講究華麗的衣著外，也重視髮式。先秦的男女都留有長髮，因而對頭髮的梳洗就格外講究了。如果自己的頭髮長得不美，就用別人的頭髮來裝扮自己，至遲在春秋時就開始使用假髮了。《左傳・襄公十七年》曾記有這樣一個故事，衛國的莊公在城上看見已氏的妻了頭髮長得特別美，於是就派人剃光了她的頭髮，作為自己夫人呂姜的假髮。戰國時的楚國極盛行假髮裝飾，在江陵馬山1號楚墓女屍頭上和包山2號楚墓男墓主的墓內都發現有假髮。不僅如此，如果頭上染有灰塵，還要經常洗滌。楚人就有清晨洗髮的特殊習慣，《楚辭・離騷》及《遠遊》中都有清早「滌髮」的描述。

　　頭髮的裝束也體現出民族個性，《史記・吳太伯世家》所記長江下游的吳越土著居民就是「文身斷髮」；《淮南子・齊俗訓》所記的三苗居民就是「髽首」；《史記・西南夷列傳》所記的僚濮人就是「編髮」。可見不同的民族有著不同的裝束。

　　東周時期的楚國是一個多民族的國家，反映在頭髮裝扮上的也必定是多種髮式，但文獻對其記載語焉不詳，對楚人所流行的髮式還不能逐一加以分辨。所幸的是考古發掘見到了一些楚人的髮式實物以及部分木俑髮式和人物畫像資料，儘管有些細節處仍不太明朗，但也可從中窺一個大致輪廓。

　　從木俑髮際裝束和一些繪畫資料看，楚人的髮式主要有髻、編、垂髻、盤髻、偏髻和披等。

　　髺與編　髺是將頭髮梳於腦後，然後在頭髮的根部用帶紮，其髮末呈自然下垂。《淮南子・齊俗訓》載：「三苗髺首。」高誘注：「髺，以枲束髮也。」三苗是楚地的土著居民，髺髮應是楚人的一種流行髮式。它是以麻束髮而不加任何編結和盤繞的一種髮式，由於麻在古代大多用於喪服，故有喪事也大多梳理這一髮式。對照文獻記載，我們從楚墓出土的木俑頭上的髮式中可以見到其式樣。江陵馬山1號楚墓2號彩繪木俑頭上的長髮即是梳向腦後，用帶紮成一束，下端自然鬆開且下垂的，髮頂呈水波狀，兩側掩耳（圖2-16）。從束髮的結構看，這種髮式的頭髮一般都不長，其長度僅及上背部。髺首實應指的就是這種成束下垂的髮式。

圖2-16　馬山1號楚墓木俑

　　編　是將頭髮梳於腦後並編成一根辮狀，末端用絲帶繫紮並自然下垂。這種髮式在西漢時仍很流行，被稱為是少數民族的髮式。《史記・西南夷列傳》載：「其外西自同師以東，北至楪榆，名為嶲、昆明，皆編髮，隨畜遷徙，毋常處，毋君長，地方可數千里。」《漢書・終軍傳》也有「編髮」的記載。編皆為辮髮，楚國是最盛行這種髮式的。包山2號楚墓出土的2件木俑皆為編髮。其髮式是在頭部附假

髮並梳於腦後，分成三股，呈人字形編結並自然下垂（圖2-17）。江陵九店楚墓出土的一件木俑（M410：34）也是用麻作假髮而編成辮狀，所不同的是，此編髮是從後腦向左耳斜編（圖2-18），不難看出，這一編髮的形制仍屬文獻的編髮。編髮髮式的頭髮一般都較長，大多達於人的腰部和臀部。尤其值得注意的是，包山2號楚墓的木俑的頭髮在頭頂的中部向兩邊分開，形成一條中分線，餘髮集中於腦後再分三股編結，這一髮式與今天的髮式有著相似之處。編髮不見於女俑的髮式，推測應為楚國男子所流行的髮式之一。由於這種髮式極利於男子的活動，因而它應是中國後世男子所長期流行獨辮髮式的主源。

圖2-17　包山2號楚墓出土的男辮髮俑　　　　圖2-18　江陵九店410號楚墓木俑

垂髻與盤髻　垂髻是將頭髮向後梳成一束，在髮下端挽成一有空間的髻，並自然下垂。垂髻的髮式不見於記載，但這種髮式在楚墓出土的木俑的髮式中多見。其中最為明顯的是江陵雨臺山354號楚墓出土的一件木俑。俑頭作長假髮並編成一束，在髮束的下端作挽髻，明顯為垂髻散開後的式樣（圖2-19），與髻髮所不同的是它不以帶結，而是以髮纏繞後再用簪固定。這種髮式的頭髮一般都比較長，長可及腰部。而且其髮式大多數見於女子的頭上，可見，應是楚國女子所流行的髮式之一。這一髮式也對後世的髮式有著深遠的影響，長沙馬王堆1號漢墓所出土的舞俑及女侍俑皆為這種髮式。江蘇徐州北洞山西漢楚王墓所出土的女俑也是這種髮式（圖2-20）。

圖2-19　雨臺山楚墓出土的垂髻俑

圖2-20　江蘇徐州北洞山西漢楚
王墓出土的女性垂髻髮式

　　盤髻是將頭髮集中梳至頭頂或腦後，盤挽成一個圓形的髻，這種髮式在楚墓中多見，既有楚髮盤髻的實物，也見於一些畫像資料，可見，楚國極通行這種髮式，而且也為女子的髮式。盤髻的髮式實物見之於馬山1號楚墓墓主的頭上，據報告所述，該女子頭髮保存完好，頭髮分真髮和假髮兩部分，近髮根處的真髮長15公釐，向後梳成一束。其上接一束長約40公釐的假髮，然後分成兩股，用黃色組帶繫住後用餘髮盤成圓髻，最後用簪固定，由於屍體長期仰臥，圓髻已壓成圓餅狀，但其所盤之髻仍保留了原狀。江陵九店410號楚墓墓主的真髮盤髻則更為清楚。其盤髻方法是先將頭髮集中梳至頭頂，然後下折，以所束的髮根為中心，自左向右盤挽，形成一高聳的圓形髻，最後用木簪橫向固定（圖2-21）。

圖2-21　江陵九店410號楚墓墓主的盤髻髮式

圖2-22　長沙陳家大山楚墓帛畫中人物

盤髻的髮式並不是單一的，大多數除了盤之於頭頂外，也有在腦後另盤一髻的，長沙陳家大山楚墓帛畫中的女子除了在頭頂有一髻外，在腦後也有一髻，其實它仍屬盤髻（圖2-22）。盤髻的髮式上大多配有幘，結合馬山1號楚墓出土的巾幘實物，我們還可以得到對盤髻更為明晰的啟示。巾幘實物的正中部有一圓形孔，顯然是用來容髻的，但在幘的後部還有兩個小孔，它也是用來容髮的，盤髻時，當有兩股頭髮分別從幘後端的兩個小孔中穿出，或結之於頂，或結之於腦後。由同墓出土的幘的使用看，也正有兩股頭髮是由這兩個小孔中穿出而至頂後盤成圓髻的。長沙出土的漆卮上女性的頭頂上就是在盤髻上再戴幘的明例。由楚髮式實物及若干繪畫資料而知，盤髻的頭髮一般都較長，馬山1號楚墓墓主的真髮較短，是接假髮後再盤的。盤髻後不是以帶結，而是以頭髮自結，然後以簪固定。《史記・酈生陸賈列傳》中的「為髻一撮似椎而結之」的「椎」即是指圓髻，「結」則是指用髮結。《楚辭・招魂》中的「激楚之結」的「激楚」也應是盤髻的髮式，其「結」也當為以髮自結。盤髻的髮式在其他國家也流行，秦始皇兵馬俑坑中所出的步兵軍吏俑的頭上也見有這種髮式，然而就楚實物而知，楚國的男子似不流行這一髮式，這或許是楚國在髮式上體現性別差異的裝束之一。

偏髻與披　偏髻是將頭髮梳向一邊後成束而盤的髻，其形制與上述盤髻相同，區別只是所盤之髻偏向一邊。偏髻的髮式較為獨特，在楚國的人物造型資料中多見，最為明顯的是包山2號楚墓出土的一件持燈銅俑，俑的頭髮梳向右上角，形成一束後再下折盤結，其盤結的程式與江陵九店410號楚墓墓主的盤髻完全相同，可以看出是用髮尾端纏結的（圖2-23）。另外，江陵九店楚墓出土的2件繡衣木俑也是偏髻，它以麻製的假髮向後梳成一束，於腦後左側用紅色絲帶繫住（圖2-24）。所不同的是，假髮所使用的是帶結，這可能是與受麻質假髮長度限制而不易盤結有關，但偏髻的位置卻極為明顯。

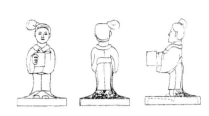

圖2-23　包山2號楚墓出土的偏髻銅俑　　圖2-24　江陵九店410號楚墓出土的偏髻俑

　　偏髻的髮式起源較早，流行區域也比較廣。迄今所見最早的偏髻見於春秋時黃國的黃君夫人孟姬的髮型。經過復原，是一個典型的左偏髻。髻以髮結後用兩根簪固定。具有特點的是在盤髻前，其髮末皆用絲線編成若干小髮辮（圖2-25）。黃國後為楚所滅，這一先辮後盤的髮式也不排除在楚地通行。偏髻的髮式還見之於秦始皇兵馬俑的男俑頭上，其形制和盤結方法與楚俑所見相同。迄今為止，還沒有材料證明楚國的男子也流行這種髮式，但楚女子多以偏髻裝扮應無疑問。由楚俑偏髻髮式而知，髻有向左偏的，也有向右偏的，這應是楚人據其愛好而所致。楚人尤其是楚國的女子最工於髮式，善於裝扮自己。《楚辭·招魂》就有「盛鬋不同制」一語，意思是說女子的鬢髮下垂有著不同的方法，目睹楚人這些異趣的髮飾，可見屈原筆端所描述的應是真實的。

1.偏左高髻　　　2.盤髻前用絲帶纏繞的髮辮

圖2-25　春秋時黃君夫人孟姬髮型復原

76

披是指將頭髮直接梳於腦後而不加任何束結，這種髮式在文獻中稱之為「被髮」。被髮是長江下游吳越民族所流行的一種髮式，楚國似也流行這一髮式。《楚辭·大招》就記有「被髮」。這種髮式的特點就是長而亂，給人以不修邊幅之感。但在楚文物及人物繪畫中還很少見到，唯一一例是望山2號楚墓出土一件銅人騎駱駝持燈俑的髮式，其頭髮正是向後梳的。由於該俑是青銅鑄成，其髮末端未表現出來，但頭頂部明顯與披的髮式相同（圖2-26）。實際上，目前所見楚俑頭上的髮式還並未全部認識。一方面，由於一些實物保存較差；另一方面，一些俑頭不是用假髮來裝飾，而是以墨塗或刻線來表現，因而很難區分其髮式的種類。但楚國存在著披應無疑問。

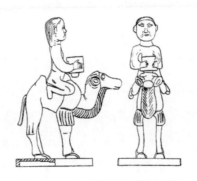

圖2-26　望山2號楚墓出土的披髮俑

第三章　飲　食　篇

　　飲食是世界各民族都極為重視的一種生存物質，不同時期的飲食，既反映一個社會群體的風習，也反映出當時社會生產力的發展水準，同時還可折射出人的精神面貌。《管子》一書甚至說「民以食為天」，《尚書‧洪范》及《禮制‧王制》都把飲食列為「八政」之首，足見飲食的重要。中國是一個注意飲食的國家，其飲食之考究，烹飪技術之高早就聞名於世，千百年來烹飪技術的不斷演進和提高，成為華夏燦爛文化的一個重要組成部分。

第一節　飲食與種類

　　在先秦，楚國的飲食系統基本屬華夏系統的一個分支，在食譜內容和烹飪手法上大致與中原諸夏相同。但由於受地理環境、民族嗜好的影響，楚國的飲食又體現出明顯的楚風來。這主要表現在主食的構成、副食的品類、烹飪的口味和食物的加工方法等方面。

　　楚國是一個地大物博的國家，民族眾多，經過不斷交流和吸收，融合了各民族的飲食風俗，可以說楚國是一個挾南北民族飲食系統之精，攜東西烹飪技術之長的美食之鄉，精於飲食則又成了楚國之長。

所以《戰國策‧楚策三》中的蘇秦說「楚國之食美於玉」，意思是說楚國製作食物的精美感已超過了精雕細刻的美玉了，這並不是遊說之士的粉飾之辭，楚人自己也是這樣認為的。《楚辭‧招魂》稱楚國貴族的飲食就是「食多方些」，意思是說楚國的飲食真講究，至於漢人對楚人飲食的評價那就更多更高了。

有關楚人的飲食文獻記載較多，其中比較全面和集中的要數《楚辭‧招魂》了，其堪稱是楚人的食譜。更為重要的是，數以萬計的楚墓發掘出土了為數眾多的楚國飲食實物及簡牘文字所記載的有關飲食品類，使我們對楚國的飲食有了一個全新的認識。

1. 主食類

我國自進入農業社會後，就以糧食作為主食，文獻中有關先秦的糧食記載頗多。糧食古統稱五穀，比較可信的說法是黍、稷、麥、菽和稻或稻、稷、麥、豆、麻五種糧食。這種排列順序的差異，可能反映了區域種植和主食嗜好的不同。楚人是以稻為主的。《楚辭‧招魂》就是把稻放在首位的，可見楚人更重視稻，那麼楚人的五穀就應是稻、稷、麥、豆和麻。

稻　屬細糧之一，作為主食，在我國南方至少有七千年的歷史。在新石器時代早期至兩漢時期的遺址和墓葬中都有發現，最早的稻見之於長江下游的河姆渡新石器時代的遺址，在長江中游的澧縣城頭山也發現有稻，在長江中游的屈家嶺新石器時代遺址的紅燒土中也發現有大量的稻穀遺跡。文獻中也多見有楚地種稻的記載。在荊州紀南城遺址的陳家臺鑄造作坊內就發現有成片被火燒過的稻米遺痕，有的厚度達5～6公釐。《淮南子‧泰族訓》載吳王闔閭五戰入郢後曾火燒楚國的高府之粟，這粟就是指稻穀。《史記‧滑稽列傳》還記有楚國食馬肉還要「佐以糧稻」，這些都說明楚國是大量種稻及以食稻為主的。西漢時，楚地仍以種稻為主，江陵鳳凰山167號漢墓的陶倉內就出土有四束成熟的稻穗，稻穗上的長芒和剛毛都十分清楚，經鑒定為粳稻。

馬王堆1號漢墓也出土有稻穀，經鑒定為秈、粳、粘、糯四種。西漢與楚的年代相距不遠，從側面也可反映楚人的農業狀況和主食構成。

稷　即小米，像黍而黏，是楚人的主食之一，《楚辭》稱之為「粢」。與稷相近的還有黍，即現代北方所謂的黍子，又叫黃米，色黃而黏，似小米。楚國也種黍，《楚辭·天問》：「咸播秬黍。」「咸」為皆意，「秬黍」即黑黍。在古籍中黍稷通常連用，稷的地位通常要高於黍。稷還被尊為穀神，它同祭祀的場所「社」一起構成了「社稷」一詞並進而代表國家。可見重視稷是由稷在人們社會生活中的地位所決定的。稷和黍的實物在楚墓中有發現，信陽楚墓曾出土了1000餘粒小米的實物，雖未鑒定，但屬於黍和稷一類的小米食物似無疑問。在長沙後塚漢墓和馬王堆1號漢墓都曾見到有黍的實物，這些都說明楚人的主食有黍和稷。

麥　屬旱地作物，又分大麥和小麥，其地位沒有黍和稷那麼突出。《詩經·周頌·思文》有大麥和小麥的記載，說明其與人們的生活關係密切並早已種植。《楚辭·招魂》也有麥的描述，麥雖然在楚墓中還沒有被發現，但在長沙馬王堆1號漢墓中已見有大麥和小麥的實物。

豆　也稱菽，原指大豆，是豆類的總稱。據《說文》段玉裁的注解，豆是漢時的稱謂，菽是古語，即先秦的稱謂。實際上，豆也有大豆和小豆的區別。豆之所以作為主食，可能是其不受南北地理因素的差異而易於種植的緣故，並更為下層庶民所食用。《詩經·小雅·小宛》就有「中原有菽，庶民采之」之說。望山2號楚墓還出土了81粒芸豆，馬王堆1號漢墓也出土了大豆和小豆的實物，說明楚國不僅種豆，而且其品類也較多。

麻　也是古代的主食之一，其之所以列為五穀之一，是因為麻籽不僅可以充饑，而且麻莖還是紡織品的原料。其種植是極其廣泛的，在距今四千年以前，我國勞動人民從生產實踐中就能鑒別出麻的雌雄異株，把雄麻稱為枲，雌麻稱為苴，《詩經·豳風·七月》：

「九月叔苴。」意思是夏曆的九月正是麻籽成熟的季節，拾起來「食我農夫」，可見麻是當時農民的主食品。楚地也曾大量種麻，《尚書・禹貢》記載荊州就盛產貢麻，楚墓中還出土有大量的麻織品即是明證。

上述「五穀」的品類都是楚人所種植的，《楚辭・大招》曾描述楚的糧食是「五穀六仞」，仞是高度計量單位，一仞約合七尺，六仞即四十二尺，戰國的一尺約合今0.23公尺，六仞就相當於今9.66公尺了，這是形容楚國的糧食堆積如山的景觀。這既可以說明楚的主食種類之多，又可說明楚的糧食產量之高。當然，可供楚人食用的品類也並不限於上述五種，春秋戰國時常稱「五穀」，較之更早的還有「六穀」、「八穀」、「九穀」乃至「百穀」之說。「百穀」並非指穀類真有百種，不過只是言其多罷了。五穀的確立反映了先秦在糧食栽培技術上的進步以及人們對食類品種的選擇與需求已相對穩定，對楚國而言，稻則是五穀中的重中之重，這是楚人在主食上的特點。

2. 副食類

楚人除主食外，副食品類也眾多，其食物的來源也極其廣泛，除了自身耕作種植的外，採集和捕撈也兼而有之，食物的構成幾乎是無所不包。

楚人種植的副食品類主要是蔬菜和瓜果，蔬菜主要是種植在園圃內，楚國盛行園圃種植並以其收成來維持其生存。《楚史檮杌・虞丘子》記楚莊王賜虞丘子菜地三百戶；《莊子・天地篇》記子貢南游於楚返回晉國時，經過楚漢陰之地，就曾看見一老人在園內澆水；《韓詩外傳》也記楚國有一個叫申鳴的士人靠園圃種植來供養父母。這些也都說明楚國的園圃種植較為發達。

楚國種植的蔬菜和瓜果的品類絕大多數與今天所見相同，因為在一些楚墓中出土了眾多的蔬菜和瓜果的果實。不僅如此，一些墓葬的遣冊也記錄了一些用種植的蔬菜和瓜果製成的食品和輔料。因此，我

們決不能低估楚人在種植蔬菜和瓜果方面的成就與業績，在種植的品類上甚至足可以同我們今天的種植作物等量齊觀。

迄今為止，有關楚國的蔬菜瓜果品類的發現已達到了數十種之多，隨著楚墓的不斷發現和發掘，並還將不斷增加。就品類而言，見諸報導的有蔥、韭、生薑、花椒、葫蘆、梨、梅、栗、櫻桃、大棗、小棗、柿、松塔、杏、柑橘等。這些品類大多見於信陽楚墓、包山楚墓和望山楚墓。其中僅包山楚墓就見有12種之多，並且大多為人工栽培。毫無疑問，這些品類還不能代表楚國種植的全部。從文獻記載看，楚國的種植品類當更多。《新序》就記載楚與梁的邊亭還種有瓜，這瓜的種類實在太多了。《呂氏春秋・本味》和《戰國策・趙策》皆記有楚國還是橘柚的產地。可見其種植的品類遠不止目前楚墓所發現的這些，只不過是有些植物的果實迄今尚未發現而已。

需要提到的是，有關常見的蔬菜種類如白菜和莧菜等的種子在楚墓中現尚未被發現，這是因為，這些種子的顆粒一般都較小而不易保存的緣故，但不能因此而否定楚國曾種植過這些蔬菜的事實。在屬於楚故地的長沙馬王堆1號漢墓的簡文中就記載該墓隨葬有白菜、冬莧菜、芋和芥等蔬菜，由此而知，楚國種植的蔬菜品類應是很齊全的。

採集和捕撈也是楚人副食的來源之一。採集的對象主要是水生植物，當然也不乏一些旱地的植物果實和苔蘚，然而楚墓中所見較多的是水生植物果實。包山2號楚墓就見有藕、蓮子、荸薺和菱角等，這些水生植物既有人工栽培，也有野生的。其共性特點是皆可生食，具有較高的營養價值，楚人以這些水生植物為副食自當是情理之中的。有些水生植物楚人特別愛食，譬如菱角在楚墓中多見，文獻中也見有楚人對菱的嗜好之極的記載。《國語》和《左傳》皆記有楚令尹屈到吃菱的事，《楚辭・招魂》中還提到「采菱」曲，即是採摘菱角時所唱的歌。這不僅說明了楚人喜食水生植物，而且菱還進入到楚國的高等貴族的社會生活中。

　　捕撈主要集中於水中，大到揚子鰐，小到龜、鱉、魚蝦和蛤蚌，楚人可謂是盡攬已食。楚國的水產極其豐富，《呂氏春秋·本味》就說楚有洞庭湖的鯿，東海的鮞，澧水的鱉。《宋衛策》也說江漢地區所產的「魚、鱉、黿、鼉」是天下最多的。《史記·貨殖列傳》還記有楚越之地食「果隋蠃蛤」，「果隋」即包住，「蠃蛤」即淡水中的螺與蚌一類的硬殼水生動物。張守節《正義》也說：「楚越之多，足螺魚鱉，民多採捕而積聚，棰疊包裹而食之。」包山楚墓還出土了一件完整的蛤蜊殼，顯然是食用後又將其製成裝飾品了。這些都反映了楚地水產豐富並為楚人所捕食。

　　在眾多的水產中，楚人對魚則更喜歡，既大量捕獲，也喜歡食用，還入市買賣或送人。《說苑·貴德》就記有這樣一個故事，孔子到達楚國後，有一個捕魚的人，想送魚給別人的心情特別強烈，當他要把魚獻給孔子時，孔子執意不要，捕魚人卻說：「天氣炎熱，又遠離市場，即使賣也賣不出去，想丟掉，還不如送給您。」從這則故事中我們可這樣認為，捕魚人所說的賣不出去，是因為楚人都有魚，自己不吃，大概是因為自己吃膩了魚，故而，他只好送人了。然而在魚類中，鯽魚又以其肉質的細嫩和味道的鮮美而備受楚人青睞。《楚辭》中所說的魚類就有「鰿」，這「鰿」就是指鯽魚。包山2號楚墓東室16號罐內就出土了兩條魚，經鑒定也為鯽魚。

　　無論是種植，還是採集和捕撈都是楚人副食來源的手段，它既為楚人提供了眾多的副食品類，也使楚人在實踐中獲得了一些相關的技術。僅種植的蔬菜和瓜果而言，其間就足以令今人深研細究。包山2號楚墓出土的一些果實，如梨、板栗、棗、梅、柿、藕、菱、荸薺和生薑等，它們的成熟和收穫期都不盡相同，尤其是梅、藕、荸薺極易腐爛，其他果類如不處理也不易保存。但在墓中它們都以鮮果樣子同時下葬，說明楚人在種植和採集這些副食的同時也掌握了高超的儲藏和保鮮技術。

3. 肉食類

　　肉食也屬楚人的副食，在這裡之所以將其列為專章敘述，是因為肉食是楚人副食的主體。楚人的肉食品類極其繁多，既有飛禽走獸，也有家禽家畜，其中的肉食來源是以畜牧和狩獵兩種手段為主。

　　畜牧是楚國肉食的來源之一，起源於新石器時代的家庭畜牧業，到了春秋戰國時期，無論其飼養的品種和數量，還是其飼養的技術都大大超前了。僅楚國而言，此時不僅有了專門的屠宰場——肆，而且還有了專門管理畜牧的官吏——豚尹。前者見於《莊子·讓王篇》一書，後者見於《說苑·奉史》一書。

　　楚國畜牧的種類主要有牛、馬、羊、豬、雞和狗等，這些品類既散見於浩繁的典籍裡，也屢見於眾多已發掘的楚墓中。

　　牛是大型牲畜，對牛的飼養極早，進入戰國後，隨著農業生產的發展，牛又成了農業生產的重要工具，對牛的飼養就更為重視了。《禮記·王制》規定：「諸侯無故不殺牛。」「故」是指祭祀，這是說諸侯沒有祭祀是不准殺牛的。但對於楚國而言，好像不是如此。楚國飼養的牛較多，不僅民間放養，官方也放養。考古發掘還表明，楚國不僅殺牛，而且，還殺未成年的幼牛。包山2號楚墓出土了眾多的牛骨，一些牛骨上還遺留有刀砍的痕跡，經鑒定皆屬未成年的水牛，值得注意的是，這些牛體都是肢解後經過精選出好的部位而隨葬於墓中的，可見楚國畜牛之多且並不受禮制的約束。

　　馬也是大型牲畜之一，楚國對馬的飼養也極為重視，官方和民間都養馬，這是因為馬肉不僅可食，馬還可以駕車，是車戰中不可缺少的牲畜。楚國號稱萬乘之國，如果每輛車僅以四匹馬計算，就可見其馬數之多了。河南淅川下寺、江陵九店、湖北荊門和宜城楚皇城都發現了楚國的車馬坑，都是以真馬殉葬的，僅殺殉的馬匹就足以讓人稱奇，可見馬在楚國也極易飼養。

　　羊是人們最為常見的肉食物件，比起牛和馬則更易於飼養。楚國

養羊之眾，可以從楚國有專門屠養的職業和專門的屠宰作坊中略見一斑。《莊子・讓王篇》就記有這樣一則故事，楚昭王喪失國土後，有一個名叫屠羊說的人隨昭王一起外逃，後來昭王復國返回楚國後，打算賞賜跟隨他一起外逃的人，屠羊說自當在其列。後來昭王多次要賞賜和加封屠羊說的俸祿和官爵，都被屠羊說拒絕了，最後他還是操起了他原來屠宰羊牲的職業。從這則故事中可反映出楚國養羊是極為普遍的。在古代，羊肉中的上品是幼羊肉，也即羔羊，通常用來祭祀。《詩經・豳風・七月》：「四之日其蚤，獻羔祭韭。」「蚤」即早，是對司寒之神的祭祀，用羔是最上等的祭品。楚國也是以羔羊為上品，包山2號楚墓的腰坑中就隨葬有一整羊，經鑒定為一未成年的山羊。

豬和雞也是古人最常見的肉食，其養殖歷史那就更長了，春秋戰國時期仍為人們所重視。《孟子・梁惠王上》記：「雞豚狗彘之畜，無失其時，七十者可以食肉矣。」「豚」即小豬，「彘」又稱豕，這是說對雞、豬和狗的飼養不失掉其繁殖的機會，七十歲的老年人都有肉吃。楚國也大量飼養豬和雞，楚墓中還見有大量的豬和雞的遺骸，並以小豬和小雞最為多見。望山2號楚墓的一件竹笥裡出有許多雞大腿骨，顯為專門挑選的上等雞肉。在包山2號楚墓所出土的竹笥中大多裝有雞肉，其中有6件竹笥裡是雞和豬共存，經鑒定皆為家畜，豬為幼豬，雞為仔雞，且都是煮熟後分置於不同的竹笥裡的。足見楚國是以未成年的豚和仔雞為上等肉食的。

狗也屬古人飼養的家畜之一。狗屬寵畜，既可看家，其肉也可食用，故《孟子》一書把它同豬雞並提。楚墓中現還沒有食狗肉的明例，但楚人有祭祀用狗的例子。在屬於楚系的曾侯乙墓就見隨葬有狗，並且還用一木棺裝殮。可以推見，楚人是有養狗習俗的，並極珍愛狗。在人們的傳統觀念中，大多賤視狗肉，素有狗肉不上正席之說，其實吃狗肉在文獻中屢見。《左傳・昭公十三年》就記有魯國的

大夫叔孫被晉國扣留，叔孫就帶有一隻狗，負責看守叔孫的晉國治獄官吏與叔孫在箕地居住時，就向叔孫要狗吃。叔孫當時沒有給，但當叔孫即將回國時，卻又主動將自己的狗殺了給晉國的治獄官吏吃。叔孫事先不給，是因為他當時身陷囹圄而避賄賂之嫌，後來他得以釋放又主動殺了自己的狗則是表明並不是捨不得。從這則故事中我們可以看出，狗肉是古人所好並可隨意宰殺的。《晏子春秋》也載有齊景公的獵狗死了，他準備用棺葬並還要為其祭祀，後來晏嬰提了意見，結果景公敦促廚師將其烹飪，招待了客人。由於食狗之眾，同食羊一樣，文獻中也有專門屠狗的職業——狗屠。《史記・刺客列傳》中的聶政和《樊噲列傳》中的樊噲都是從事這一職業的。可見狗肉確為古人所嗜好，不過從文獻記載和考古發掘看，楚人食狗似稍遜於他國。

除畜牧外，狩獵也是楚人獲得肉食的手段之一，其品類要比家畜的多得多，僅見之於《楚辭》的就有鴀、鴻、鳧、鶉、鷺、鶬等，一些稀有的動物都曾為楚人所食。《左傳・文公元年》載楚成王曾「請食熊蹯而死」。「熊蹯」即熊掌，是極為難得之物。《呂氏春秋・本味》還載：「肉之美者，猩唇之味。」這稀有的猩唇之味楚人也品嘗了。《戰國策・楚策四》還提到了黃鵠和兔。從近十年來兩湖地區的考古發掘看，已發現先秦和西漢時期的野生動物就有華南野兔、梅花鹿、雁、鴛鴦、雉、鶴、斑鳩、喜鵲、麻雀和竹雞等。事實上，還有很多楚墓中出土的動物骨骼尚未鑒定和公佈，其種類當遠不止上述這些。包山2號楚墓銅戟裝飾有羽毛，經鑒定為白鵬的尾羽，可見所有飛禽走獸都應是楚人所捕獲的物件。

第二節　釀酒與飲酒

我國釀酒的歷史久遠，可以說是與種植同步的。到了東周時

期，釀酒技術進一步提高，飲酒也成為社會風尚，形成中華特有的酒文化。

在周代，各諸侯國都釀酒和飲酒，然而對於楚國來說似乎更突出，這一方面表現在楚人的釀酒技藝與方法上，另一方面還表現在楚國濃郁的尚酒風習中。

楚人的釀酒技藝與方法既精且高，其製造的品類也較多，主要有茅香酒、醴酒、瑤漿、瓊漿、桂酒、椒漿和楚瀝等。最具楚國特色的當是茅香酒，即是用一種茅香草過濾而成的酒。

《左傳・昭公四年》記載管仲代表齊桓公率領諸侯之師伐楚時，就向楚宣佈了罪過，其中的一條就是：「爾貢苞茅不入，王祭不貢，無以縮酒。」其中的「苞」即裹束，「茅」是青茅，意思是說楚國成捆的青茅沒有向周王朝交納，周王的祭品得不到供給，祭祀時沒有用來縮酒的東西。所以這成了諸侯之師攻伐楚國的藉口之一。從這一則記載中可以看出，苞茅僅為楚國所有，並成為楚向周王室交納的主要貢品之一。古人製酒大都以主食為原料，經過發酵而成去其糟後必須過濾，而用青茅過濾是因為過濾後的清酒具有茅香味，顯然，這一技術是楚人所發明而傳入周王室的，因其成為酒的上品，同時又成為祭祀的專用品。

瑤漿是一種低度的白酒，見於《楚辭・招魂》。瑤是一種玉，因玉多為白色，以玉為名是用來形容酒色之白。清人胡文玉在《楚辭掌故》中將其解為白酒，因漿在古代通常是指解酒的甜飲料，但其成分含有酒，故仍稱之為酒。瑤漿當是楚人製成的一種低度酒，其成分當是以飲料為主，再兌以少許酒，從其名漿看，應是經過過濾後而不含酒糟的酒，大體類同於今天的汽酒。

瓊漿是一種低度紅酒，見於《楚辭・招魂》。因瓊為淡紅色，形容酒的顏色淡紅，清人胡文玉在《楚辭掌故》中將其解為紅酒。從其性能和配製方法上看，與瑤漿應是相同的，只是顏色相異而已。

桂酒和椒漿皆是一種低度的酒，它們分別見之於《楚辭・九歌》。桂和椒皆為香料，其製作方法應與上述的瑤漿和瓊漿相同，只是在酒中再摻入了桂或椒的香料，大抵類同於今天的香檳酒。

　　楚瀝是一種含酒精度較高的酒，見之於《楚辭・大招》，其特點是米與酒母發酵的時間要長一些，它可能即指《楚辭・漁父》中的「釃」。當然這種酒不是宋以後出現的烈性酒，但過量也可以醉人。《左傳》中曾兩次記有楚國醉酒的事，一例是魯成公十六年（前575）楚司馬子反醉酒於軍中；另一例是魯昭公二十一年（前531）楚國在申地招待蔡侯，將其灌醉後而俘獲。這兩次醉酒的事都應與飲用了濃度較高的酒有關。楚人不生產像後世的烈酒，但也有烈酒。《楚辭・大招》中的「不歠役只」之「役」，過去不得其解，今人于省吾認為應讀為「烈」字，意即烈酒，意思是不喝濃度高的酒。事實上，這種烈酒只是指一種經多次釀成的酒。《楚辭・大招》中就有「四酎並熟」一語，這「四酎」就是指的多重釀造法，即是指用三次釀成的酒再加水發酵而成。由於這種酒所需時間較長，故其濃度就自然偏高了。「四酎」釀造法反映了楚人具有高超的釀酒技術。

　　從上述一些楚酒的品類看，楚國既有濃度較高的酒，也有濃度較低的酒；既有紅酒，也有白酒；既有經過過濾的，也有未經過濾的。在製造的方法與技術上應各有所異，它應是據人們對酒所需的不同場合和口味而製成的。《周禮・酒正》把酒分為三類，一是事酒，二是昔酒，三是清酒。鄭司農說：「事酒，有事而飲也；昔酒，無事而飲也；清酒，祭祀之酒也。」楚人所釀造的酒應是多種的，從文獻記載看，楚人仍是以釀造和飲用低度的酒為主。

　　高超的釀酒技藝，形成了楚人對酒的偏嗜，可謂飲酒之風於楚為烈。僅文獻記載而言，有關楚人飲酒的記載比楚人膳食的記載要多得多。從已發掘的楚墓看，一些大中小型墓葬中都隨葬有盛酒和飲酒的器具，足見上至楚國高等貴族，下至楚國一般士人無不以飲酒為樂。

〈招魂〉所記的就是楚貴族不分日夜沉湎於酒色中的真實一幕。更要令今人引以為戒的是，作為楚晉鄢陵之戰的主帥子反，竟因醉酒而貽誤戰機，導致了軍事上的失敗。

楚國風靡的飲酒之風，也造就了楚人特有的飲酒風習，這就是凍飲和溫飲。

凍飲，即是以冰鎮，使酒冰涼後再飲。《楚辭‧招魂》：「挫糟凍飲，酌清涼些。」「挫糟」即是濾其酒滓而使其成為純酒，意思是「冰凍的純酒，滿杯進口真清涼」。〈大招〉也有「清馨凍飲，不歠役只」一語，意思是願喝清淡馨香的酒，不喝純濃酷烈的酒，可見楚人常飲凍酒。冰凍後的酒更清甜可口，這應是楚人在夏季的一種飲酒方法。

溫飲，是與凍飲相對而言，也就是將酒加熱後再飲用，這種方法雖然不見於屈賦，但是在曾侯乙墓中出土了兩件冰鑒，冰鑒為方形，內置一方壺，壺底用插銷固定在鑒的內底上，鑒與壺的四周皆有空隙可以置冰和盛水，具有冰溫兩種功用，故考古學界稱之為冰（溫）酒器。將酒加溫後再飲用，應是楚人在冬季飲酒的一種方法。

凍飲與溫飲是楚人在長期的飲酒生活中所摸索出來的兩種方法，它適宜楚地的氣候變化規律，這與我們今天在酷熱的夏天喜飲冰飲料，在寒冷的冬天喜吃滾燙的火鍋有著相似之處。它既反映了楚人特有的飲酒習尚，又揭示出楚人早就摸索出一套科學的生活方法。

第三節　食物加工技藝與方法

食物作為人類生存的必需品，歷來都注重味道和營養，這味道和營養就體現在食物的烹飪技術上。東周時期，我國烹飪技術已經達到了相當高的水準，楚人的烹飪技術可堪稱是中國上古烹飪水準的典

範，其烹飪技術不僅只是表現在食物的味道和營養上，而且還表現在製作食物的花樣上。可以毫不誇張地說，我們今天流行的很多食味與製法，楚人早就在成熟地運用著。這既可從文獻考證，也可從大量的考古發掘中得到證實。

有關楚人的烹飪技術，楚人自己已經將其描述得淋漓盡致了。我們先節錄《楚辭·招魂》中的一段，然後再作詳述。需要說明的是，譯文節選自郭沫若的《屈原賦今譯》，其中原文有一句漏譯，為使讀者完整地了解其意，筆者作了補譯並標括弧以示區別。

室家遂宗，食多方些；	家族相追隨，飲食真講究：
稻粢穱麥，挐黃粱些；	大米、小米、新麥、黃粱般般有，
大苦咸酸，辛甘行些。	酸甜苦辣樣樣都可口。
肥牛之腱，臑若芳些；	肥牛筋的清燉噴噴香，
和酸若苦，陳吳羹些；	是吳國司廚做的酸辣湯。
胹鱉炮羔，有柘漿些；	紅燒甲魚、叉燒羊肉拌甜醬，
鵠酸臇鳧，煎鴻鶬些；	煮天鵝、燴水鴨，加點酸漿，
露雞臛蠵，歷而不爽些。	鹵雞、燜鱉，味可大清爽，
粔籹蜜餌，有餦餭些。	油炙的麵包、米餅漬蜂糖。
瑤漿蜜勺，實羽觴些；	（清甜的白酒用耳杯盛裝，）
挫糟凍飲，酎清涼些；	冰凍甜酒，滿杯進口真清涼，
華酌既陳，有瓊漿些。	為了解酒還有酸梅湯。
歸來反故室，敬而無妨些。	回到老家來呀，不要在外放蕩。

讀完上面的一段文字，說它為先秦最具典範的一部文學詩篇是當之無愧的，說它是先秦的一份楚人的食譜，也不算是言過其實。這是出自兩千多年前楚人自己的筆端。如此豐富、完整地記錄有關烹飪的食類，這在先秦的文獻中實屬鳳毛麟角。

91

反映烹飪技術之長是多方面的，除用料的選擇、刀工、製作方法外，還在於加工和調料等。製作的成品要達到色、香、味俱全，這些似乎楚人都做到了。僅從包山2號楚墓看，在選料上，一些肉食品的原料不僅專挑幼仔，而且還專挑肉多味鮮的部位；在刀工上，很多食品不僅切成極細的絲條，而且在作肢解時，幾乎很少留下痕跡，確有游刃於間之工。至於加工、火候、調料和烹飪方法那就更多、更複雜了。

楚人的烹飪方法主要有炮、煎、蒸、黏、臑、炙、膾等。

炮　即是將牲合毛裹燒，是一種間接的致熟方法，與我們今天在急火中用油炮炒不同。據《禮記‧內則》載，古代炮的製作工序是較為複雜的，大致是先將牲宰殺，去掉內臟；在腔內填滿棗子，用草在外面裹住，並塗上泥用叉子叉住放在火中燒；火把泥燒乾後，再掰開泥並揭去皮肉上的薄膜，這樣泥草就都去掉了；然後在肉上塗上米粉類的作料，放在油裡煎炸；撈起後再放在器具裡蒸，最後拌上醋或甜醬等作料食用。這種方法製作的肉食味道鮮美，看來楚人極善於用炮的方法來製作肉食。但這種方法只適應於一些小型的牲畜，如羔羊、仔雞和野兔等。《楚辭‧招魂》中就有「炮羔」，它是拌以甜醬食用的。實際上，炮包含了煎、蒸等製作方法。

煎　即把肉類放在油中熬，煎時油一般要沒過肉，與今天的炸有點相似，這種方法多用於製作魚和鳥類的肉。《楚辭》中就有「煎鰿」和「煎鴻鶬」。「鰿」即鯽魚，「鴻」和「鶬」皆鳥類，包山2號楚墓竹簡就記有乾煎魚兩笥和乾煎雞兩笥，說明楚人在烹飪中常用煎。

蒸　是將食物放在有箅孔的食具內，其下放水，通過蒸汽使食物熟爛。也稱之為丞。這方法與今的蒸完全相同，《楚辭》中有「丞鳧」，包山楚簡中還見有「蒸豬」，都是使用的這種方法。楚墓中還都見有一種甑和甗的器具（詳見後），是專門用於蒸的。

黏　就是將食物放在器具中加上作料利用水將食物煮熟，這種方法

與今天的煮大致相同，其特點是不加其他佐菜，保持食物的本味，楚墓中鼎大多就是用於這種方法，黏的物件主要是飛禽走獸，這在《楚辭》中比較多見。

臑　也是指加水煮爛食物，大體相當於今天的煨，其與黏的區別就在於製作食物時間的長短和火候的大小上。臑的主要對象是不易煮爛和所需時間長的一些食物，如動物的腱肉、黿和甲魚等。《楚辭》中有「胹鱉」和「臛蠵」都是指經過很長時間的燒煮而製成的羹。文獻中還有「胹熊蹯」之說，熊蹯即熊掌，也是不易煮爛的食物。

炙　即用火烤肉，這種方法與今天的烤肉是相同的，從這個字的結構就可以知道其方法。炙的上半部是肉的變體，下半部是火字，即以火烤肉。《楚辭》中的「炙鴰」即是烤鴰鴿，包山楚簡中所記的「炙豬」也是指烤豬。炙的方法應是遠古原始人類加工食物方法的一種遺留。因其加工的食物味道鮮美，故這一方法一直為後世所沿用。需要說明的是，與炙相同的方法還有「燔」，「燔」是指火燒之名，因可烤肉，也有燒烤意。據《詩經‧小雅‧楚茨》孔穎達的解釋是，離火遠的稱炙，離火近的稱燔。也就是說，易熟的肉食遠火烤為「炙」，難熟的肉食近火烤稱「燔」。從楚簡而知，楚人多採用這種方法。

膾　是文獻中常見的一烹飪方法，但由於史載缺佚，對其製作方法不明，推測與今天的炒相近，因為膾字據《釋名》的解釋是細刀切，即將肉切成極細的絲狀，並且越細越好，所以《論語‧鄉黨》有「膾不厭細」之說。《楚辭‧大招》中就有「膾苴蒪只」，「苴蒪」即「蘘荷」，即是將「蘘荷」切成細絲後再炒，由於膾與炙分別為兩種不同的方法且為人們所常食，故而成語有「膾炙人口」，意即如膾和炙做出的菜肴那樣為人所好。

上述的一些方法都是用於製作類似於我們今天的菜，即文獻中的膳類。其實一些主食也可採用不同的加工方法製成甜美的糕點，文獻中稱之為「羞」，類似於我們今天的點心或乾糧，這就是糗、餈、粔

粁、蜜餌、脯和脩等。

糗　是以主食加工而成的熟食品，即隨時可食，類似現在的炒豆、炒米和炒玉米等。《國語・楚語》曾記載成王每天送子文一束脯（乾肉）和一筐糗。包山2號楚墓和江陵望山楚簡皆記有「糗」，且都是用囊或笥裝，這與《詩經・大雅・公劉》所謂的糗「于橐于囊」是相吻合的，可知它確為熟主食。糗的工序已不得而知，但其製作是複雜和費時的，《莊子・逍遙游》曾記：「適千里路者三月聚糧。」這糧就是指糗，意思是說要走千里路的人，三個月前就要動手準備乾糧，由此而見，其製作非一日或幾日可成功。由文獻和楚簡而知，楚國特別善於製糗，不僅用主食製糗，還用一些果品來製糗。不過果品糗大多為蜜製成，稱之為「糖糗」，但一般只用竹笥盛裝。包山2號楚墓就出土了很多果糗，其中有梨、棗和荸薺等。馬王堆漢簡也見有棗和荸薺糗，顯然應為楚人的遺風。

餭　即是將主食碾成粉而製成米粉糕。《楚辭・離騷》有「精瓊靡（粉）以為餭」一語，意思是將大米碾成粉屑，再蒸成米糕。楚故地迄今仍有這種做法。

粔籹　是一種合成的糕點，即膏環，據《齊民要術》記載，膏環是用米粉合糖，做成環狀，然後在油裡煎炸，形狀類似於今天「焦圈」的合糖炸糕。

蜜餌　餌即餅，即為米粉製成的餅，蜜餌即放有蜜的餅，其製作是用微火烘烤而成。包山楚簡中就記有餅，稱之為「稻餅」。馬王堆漢墓竹簡也記有餅，糗與餅應是楚人所常製作的兩種熟食品。

脯　是楚人常製作的一種乾食，其製作的原料不僅是牛、羊、鹿、豕、魚等，就連一些果品如梨、棗、荸薺等也可製成脯。以肉食製成的脯稱肉脯，以果類製成的脯稱果脯。它們的共同特點是將新鮮的食品洗淨，加鹽或糖後通過陽光暴曬，使其乾燥。製作肉脯時要把肉切成條狀，曬乾後就類似於今天的乾臘肉。《禮記・內則》上就有「鹿

脯、田豕脯、麋脯」等。包山楚簡也記有「豕脯」和「桃脯」。脯一般用竹笥盛裝，也有成束捆紮後吊掛的。一根脯稱為一脡，十脡稱之為一束。《國語・楚語》就有楚成王贈子文「脯一束」的記載。漢人也承襲了楚人喜食脯的遺風，江陵鳳凰山167號漢墓和馬王堆漢墓的遣冊皆有隨葬脯的記錄。

脩　其製作原料和方法與脯相同，即皆為乾食，由於它們在外形上又相似，所以古籍上常是脯脩並稱，實際上，它們在配料上是有區別的。《周禮・臘人》注曰：「薄析曰脯，捶而施薑桂曰鍛脩。」「薄析」即是將肉切成薄條狀，意思是不加桂薑一類的香料而曬乾者稱之為脯，經捶擊後而加香料的稱之為脩。《周禮・膳夫》正義也說：「不加薑桂用鹽醃後曬乾即為脯。」包山楚簡既記有脯，也記有脩，可見楚人在脯和脩上是有區別的。

從楚人的烹飪食物方法上我們還可以領略到楚人的食味，食味包括植物作料和通過一些植物作料所加工成的調料。

楚人的作料從文獻和考古發掘所見實物看，主要有蔥、韭、薑、蒜、辣椒、花椒和桂等。這些作料是在烹飪時將其切碎或搗碎而摻入菜羹中，使用與今天相同。然而，反映楚人講究食味的應該是在烹飪前按比例配製成的一些調味品——調料。

楚人的調料是由鹽、梅、醋、酒、椒、飴、蜜製成的鹹、酸、苦、辛（辣）、甘（甜）五種味道。按《楚辭》王逸注及洪興祖補說，五味中的鹹味是得之於鹽，酸味得之於醃製品，苦味得之於膽、豆豉和荃菜，辛味得之於椒、薑和蒜，甘味得之於飴糖、蔗汁和蜂蜜。古人十分重視烹飪中味道的調和，《呂氏春秋・本味》專門談到了這五種味道的具體使用方法，《左傳・昭公二十七年》還講到烹調魚肉時所使用醋和肉醬是：「齊之以味，濟其不及，以泄其過。」「齊」是調配，「濟」是增加，「不及」即味道不足，「過」是指味道太酸和太鹹。這段話是說調配味道應酸鹹適中，如果酸鹹不足，則

加梅鹽，如果太酸太鹹，則加水減其味。《呂氏春秋》所說的是使用調料所要達到的要求，《左傳》所說的是調料在烹飪中的作用。從《楚辭·招魂》看，楚人這五種味都具備了，說明先秦對五味已有了深入認識，並能在烹飪中嫻熟應用。在眾多的調料中，楚人最善於製作各類醬。

醬有多種稱謂，以肉製成的古稱「醢」，以主食或果類製成的多稱醬。肉醬的製作較為複雜，一般是先把肉製成乾肉，然後剉碎，加進稻米製成的酒麴和鹽攪拌，再用酒浸漬，密封在瓶子裡，經過一百天以上才能食用。實際上，對於楚國而言，不僅以家畜的牲肉製醬，也用野生的飛禽製醬，包山楚簡見有以鳥製的「醢」。當然製作更多的還是以穀物和果類製成的醬，如信陽楚簡就見有「一瓶食醬」和「一瓶梅醬」的記載，食醬的「食」不是指可食用的意思，它應是指用麥或豆類主食製成的醬，同樣，梅醬則是用「梅」製成的甜醬。漢代以後製醬就更多了，馬王堆漢簡就見有「瓜醬」、「豆醬」，江陵鳳凰山8號漢墓簡也記有「豆醬」，顯然這製醬的工藝與方法應與楚不無聯繫。

醬作為調料一般不單獨使用，它常與用炮、炙、膾等製作好的食物配合使用。當然，它也可用來醃菜，即今天的醬食。包山2號楚墓東室16號陶罐內就出土了一條用醬醃過的魚，《楚辭·大招》還有「醢豚」。由楚簡名物慣例而知，這「醢豚」不是指用小豬製成的肉醬，而是以醬醃剉碎的小豬，否則就應稱為「豚醢」。醬食應是楚人最常見的食用方法，反映了楚人所特有的食味。

作為調料，五味的配用在古代是極其講究的，一般是「春多酸、夏多苦、秋多辛、冬多鹹，調以潤甘」，但在具體製作食物時，常常是相互搭配，前引《左傳·昭公十二年》所記的烹飪魚肉時就是鹹與酸的搭配。由《楚辭》而知，楚人在烹飪食物時對味的搭配是苦與辣、鹹與酸、酸與甜、酸甜與苦等多種搭配法。比較而論，楚人對甜

和酸這兩種味道更嗜好，僅《楚辭・招魂》中所記錄的一些菜肴中就多見酸和甜味，如「和酸」、「鵠酸」、「甘雞」、「蜜餌」、「柘醬」等，包山楚簡還見有多種「苴」（即酸菜），如「蔥苴」、「藕苴」等，即是以蔥和藕等製成的酸菜，這些都是楚人尤偏愛甜和酸的明證。

第四節　享神飲食

　　楚國是一個重鬼信祀的古國，大凡戰爭、喪紀、災荒、疾病等都要占卜和祭祀，所祀的對象既有自然界的大山名川、日月星辰，也有與人們居處相關的門神和灶神，同時還有自己的祖先。所祀的目的就是乞求神靈和祖先的保佑，以安邦撫民，消災滅禍。楚人濃郁的祭祀之風不僅見之於諸多的文獻記載，而且還為大量的考古發掘材料所證實。

　　祭祀是中國禮樂文化的核心內容，在夏商周三代備受統治階級的推崇，它是以祭祀天神、地祇、人鬼三元神為主要內容的，故又統稱為「三禮」。凡舉天地、山川、百物、祖先之神都要按一定的等級進行祭祀，所以古籍對其記載的名目繁多。其中最主要的是一年四季的常祭，即春祠、夏礿、秋嘗、冬烝（《周禮・春官・大宗伯》）。由文獻記載看，楚人也實行常祭。其中春祭稱「媵祭」，《說文》：「媵，楚俗二月祭飲食也。」《國語・楚語下》還記有「烝祀」。包山2號楚墓所出土的四組祭禱簡，其所記的祭祀日月與秦簡《日書》所記的秦楚月名對照推算，還有與文獻中的「秋嘗」和「冬蒸」相當的祭祀，更為重要的是，楚簡所記的禱祭神祇也是按天、地、人的順序排列的，無疑應是文獻中的常祭。這為我們了解楚國的祭祀情況提供了彌足珍貴的材料。

祭祀的目的是乞求神靈保佑，祭祀時都要向所祀對象進薦物品。物品的種類包括飲食和器用兩大類，這就是《左傳‧莊公十年》所說的「犧牲玉帛，弗敢加也」，意思是說，祭祀用的牲畜、寶玉和絲綢，我都按規定供奉給鬼神，不敢虛報。在向鬼神進薦的物品中，飲食是主要的，飲是指酒漿，食則是指牲類和主、副食。《周禮‧地官‧肆師》：「凡師甸用牲於社宗則為位。」這裡的「社宗」是指社廟和宗廟，「為位」是指負責用牲的人。楚人祭祀除用牲外，也有用酒和食的，《國語‧楚語下》：「諸侯宗廟之事，必自射牛、刉（即割）羊、擊豕，夫人必自舂其盛。」以及「敬其粢盛」，「禋其酒醴」等都是所述祭祀時的享神飲食。享神飲食與人的飲食在品類上大體相同，為了表明對神的恭敬與虔誠，其區別就在於對飲食的精選、豐盛和潔淨上。前引《左傳》中的「犧牲」就是一例。文獻中的犧是指毛色純正的牲畜，牲是指身子完整的牲畜。這是說用牲的精選。包山楚簡記有「一犧馬」，即指一匹毛色純正的馬，說明楚國的祭祀用牲也是經過挑選的。《左傳‧襄公五年》：「吾享祀豐潔，神必據我。」意思是我享神的祭品豐盛和潔淨，鬼神一定會保佑我。這是指享神飲食的豐盛與潔淨。從包山楚祭禱簡看，薦神飲食也是如此。

除了上述外，享神飲食品類的多少據進薦者身分和地位的不同，有著嚴格的等級規定，如古人以牛羊豕三種牲畜俱全的稱太牢，只用羊豕稱少牢。太牢是最隆重的祭禮，《禮記‧王制》載：「天子社稷皆太牢，諸侯社稷皆少牢。」由於這些牲畜大多用鼎盛裝，故而用鼎的多少也成了等級的象徵。即天子用九鼎，諸侯用七鼎，大夫用五鼎等。在春秋戰國時期，這一用鼎規定並不十分嚴格，出現了很多僭禮的現象，儘管如此，但祭祀用鼎盛裝牲畜自始至終都存在。使用太牢的大多見於高規格的墓葬，使用少牢的大多見之於中型楚墓。可以確證，楚人祭祀時的享神飲食既十分普遍，又存在著等級之差。

由楚簡而知，楚國的祭禱分三種，即舉禱、嗣禱和饋禱。享神飲食主要為犧牲和酒食。其中的犧牲為牛、羊、豬、馬和犬五種，用馬應是楚人用牲的特點。從進供鬼神規則看，無論是犧牲，還是酒食，似有一定的規律，即先記所薦犧牲，酒食緊附於後，無單獨供祭飲和食的例子：只是在使用牲畜的種類和數量上與所進薦神祇身分和地位相關。

舉禱即是殺牲盛饌舉行的一種祭祀，祭祀的對象主要是先祖、父母、兄弟及山川和各種神祇。嗣禱是晚輩對先輩的祭祀，祭祀的對象僅限於近祖及直系親人。饋禱即是對神賜於福佑後給予神回報的一種祭祀，它大體與文獻中的「秋嘗」是相同的。從包山楚簡看，這些不同的祭祀以及進獻不同的神祇都有相應的飲食，不過，用牛祭祀，自始至終都是高規格的享神飲食。

第五節　飲食器具

飲食器具的出現是歷史發展到一定階段的產物，一般而言，飲食器具產生於農業經濟以後。飲食與器具是相輔相成的，有了飲食，就必須有相應的器具盛裝，從這個意義上講，飲食帶來了器具的產生。當然飲食和器具又有動態的一面，即飲食是隨著社會生產力的發展和烹飪技術的不斷提高而變化的，所以器具也隨著飲食的這些變化而變化。就生產力的發展而言，最初的人們所使用的是石質或陶質的器具，但隨著人們掌握了採礦和冶煉技術，就相應地使用銅質和鐵質器皿；就烹飪技術而論，最初的人們是「茹毛飲血」，但隨著火的發明以及煮、蒸、炙等不同方法的出現，就必須有相應的器皿來實現，故器具可以折射出人類文明發展的程度。

不同時代有著不同的器具，不同的人群也有著不同的器具，尤其

是炊具最能反映不同群體的社會風俗習慣。如長江中游的大溪文化是以釜和罐為主要炊具，故大多流行圜底器，而稍晚的屈家嶺文化是以鼎和鬲為主要炊具，故而大多流行三足器和平底器，從而形成了兩個考古學文化的顯著差異。由此反映了不同時代、不同人群的文化淵源關係。

東周時期的楚國極重視烹飪技術的多樣化，製陶、冶煉、髹漆等百工行業的出現，使得飲食器具得到了長足發展。無論從其實用性，還是從其工藝來考察，都是前代所不可比擬的。楚國的飲食器具既有陶質的，也有銅質的，還有銅鐵混製的。從其用途看，主要有炊具、食具和酒具三大類。需要說明的是，古人存在著一器多用的事實，有些器具兼有幾種用途，這種劃分是相對的，只是從主要用途而加以區別。還需要提到的是，這三類器物中又分若干品種，限於篇幅，我們只能擇其要者而介紹。

1. 炊具

炊具是屬於加工食物的器具，主要有鼎、鬲、甑、甗、釜、爐等。至於這些名稱的來歷，一是根據文獻記載，二是根據一些器物的自身所帶的銘文「自名」。尤其是楚國簡牘材料的不斷增多，使我們對楚國的器名有了更多的認識。

鼎 主要用於煮肉或盛裝肉食，其形制一般為圓腹，下附三足，口部有兩個立耳，是用來抬舉的。因其主體為三足所支撐而顯得平穩，故成語有「鼎足而立」，或俗語「鼎足」、「鼎立」來形容力量三分或三家對峙。鼎的起源甚早，作為炊具可上溯至距今七千年左右的新石器時代早期的磁山文化。當人類進入階級社會後，人們產生了對天、地、山川等神祇和祖先崇拜的意識，到了商周之世已達到極點，凡有大事都要卜問、祭祀種種神祇和祖先。《左傳‧成公十三年》所謂的「國之大事，在祀與戎」就反映了這一事實。人們祭祀時，必然要向鬼神進獻食物，而這些由神鬼享用的「食」也必須要用

某一器皿來盛裝，於是，鼎又成了盛牲之器，隨著祭祀的頻繁和隆重，鼎又衍生出體現身分的標誌。

由於鼎兼有實用與禮制的功效，進入春秋戰國後，從外形上就開始出現區別。就楚鼎而言，不僅外形有別，而且從自身銘文和楚簡記錄中就有多種稱謂。如升鼎、于鼎、湯鼎、饋鼎、繁鼎、匜鼎、喬鼎、貫耳鼎、石沱等。從這些古文字的結構看，它們大多帶有表義符的「鼎」，可見它們仍都是鼎屬。這些名稱都是楚人自己的稱謂，其之所以有這些名稱，除了反映了在外形上的差別外，更主要的是它們在功用上還有不同。

楚升鼎就是一種束腰平底鼎，一般多件並出。與周鼎相比，它沒有大小之別，它是楚人所創造的一種新形制，是專門用來盛裝牲肉的（圖3-1）；其名為升鼎，是因為大多有自名為「升」的。從楚墓隨葬品看，使用升鼎應存在等級上的差別，升鼎一般只見於高規格的墓葬之中，等級越高，所使用的升鼎就越多。目前所見出土升鼎最多的安徽壽縣楚幽王墓、曾侯乙墓和擂鼓墩2號墓，分別為9件。其次是安徽壽縣蔡昭侯墓和淅川下寺2號楚墓，分別為7件。在一些稍低等級的墓葬中還沒有突破這個數字的，說明其使用應有等級之別。

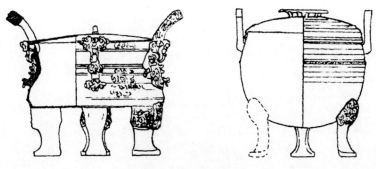

圖3-1　楚升鼎和繁鼎

于鼎即文獻中的鑊鼎，是用於煮牲的，一般形體較大；湯鼎是用

於煮肉羹和熱水的；匜鼎是專門用於煮開水的；饋鼎則是用來祭祀和享宴賓客。至於喬鼎、繁鼎（圖3-1）、貫耳鼎和石沱只是以其外形而得名，屬於典型的楚式鼎。但其用途也多是與炊煮有關。總之，楚國的鼎名和鼎式是多種多樣的，僅從各式鼎就可看出楚人精於對飲食的製作。

鬲　是用於煮粥用的器具，形狀與鼎相似而無耳。這種炊具在中原和楚地都使用，但在外形、製作與結構等方面楚與中原相比有著較大差別。楚地的鬲使用比較廣泛，一般貴族和平民都用這一炊具。僅就外形而看，中原的鬲大多為袋足分襠，而楚鬲則多為高柱足連弧襠（圖3-2），具有明顯的楚風，故而常以「楚式鬲」之名來與中原的鬲相區別。

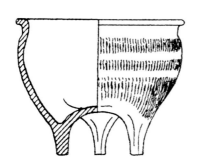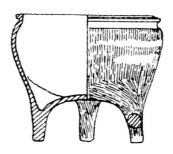

圖3-2　楚式鬲

甑　是用於蒸食物的，形狀似大碗，有寬沿，平底，底上有透穿的箅孔。這種器物一般放在鬲或釜上使用，食物放在甑中，鬲或釜內放水，水蒸氣通過箅孔蒸熟食物。甑不包含下面的鬲和釜。

甗　屬蒸煮套器，由鬲和甑兩部分組成。楚甗有兩種形制，一種為連體的，一種為分體的。分體甗的甑底部一般都有箅孔（圖3-3）。連體甗的甑腔和鬲腔相通，相連處較細，使用時應在甑和鬲的相交處另置一箅子（圖3-4）。甗的使用是在下部的鬲中放上水，由水蒸氣透過

箅孔蒸熟食物，與今天的蒸完全相同。甗包含鬲和甑兩種器物，連體甑的出現說明該器的用途更專一，並且蒸食更為人們所器重。

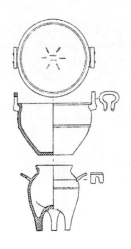

圖3-3　望山1號楚墓出土的分體甗

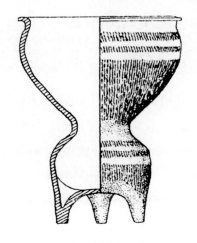

圖3-4　望山1號楚墓出土的連體甗

釜　是一種用於煮粥的器具，也偶爾與甑相配合使用，它與鬲的性質是相同的。楚墓中所出土的這一類器具較少，見於江陵紀南城內的一件鐵釜的形制為小直口，圜底。它與甑在外形上相似，文獻上常是釜甑連言。《孟子‧滕文公上》：「許子（許行）以釜甑爨，以鐵耕乎？」釜在史前較通用，進入戰國後，由於炊具的改進，尤其是鬲和甑相結合的複合甗出現後，釜基本上就很少派上用場了，故這也是楚墓少見的原因。同時釜兼有量器的功用，《論語‧雍也》記孔子的弟子公西華出使齊國後，孔子的另一弟子冉有為公西華的母親請粟，孔子就說給她一釜的糧食，這是釜又作量器的例子。

爐盤　是一種煎炒器，由雙層盤組成，下層盤為爐，形似有三矮腳的炭盆，盆底有通風的孔，上層盤為煎炒的鍋，兩邊各有一提鏈環（圖3-5）。從曾侯乙墓出土的實物看，下層盤內裝有木炭，上層盤內有鯽魚骨，說明應為煎魚之器，應屬一種複合用器。

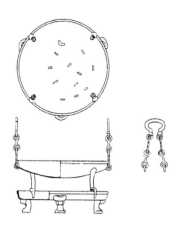

圖3-5　曾侯乙墓出土的爐盤

　　炭爐　是一種用於炙烤的器具，其形制與上述的爐盤相似，但無上層盤，這一器具在楚墓中多見。由曾侯乙墓出土的實物看，盤內不僅裝有數塊木炭，而且還同時伴有用於添炭和除炭灰的銅箕和漏鏟。望山楚墓也有出土，形制近長方形（圖3-6），其用途也當為炙烤的器具。過去一般認為這一套用具為取暖的用具，由眾多的楚實物及出土位置看，它們皆與用於烹飪的鼎等放置在一起，故而實成為用於炙烤的炊具。

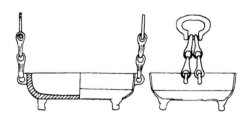

圖3-6　望山2號楚墓出土的爐

2. 食具

　　食具是專門用來盛裝食物的器具，這一類器具較多，主要有簋、簠、盞、豆、琦等。

簋　是盛裝熟食的器皿，其形似今天的大碗，底有圓座或方座（圖3-7）。這種器物出現較早，此器在祭祀時也是用來向鬼神進獻食品的，同鼎一樣也具有禮器的功用。並且是顯示等級的象徵。它在與鼎相配使用時常以偶數出現，如九鼎配八簋，七鼎配六簋等。曾侯乙墓就出土有八簋，它正是與九鼎相配。由於它是體現等級的標誌，故小型楚墓中一般沒有這類器物。

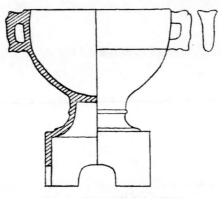

圖3-7　望山2號楚墓出土的簋

簠　也屬盛食器之一，它與簋的功用相同，但形制有別。簠一般為方形，四角下各有一矩形足，蓋與身的形制及大小完全相同，兩相扣合後極似一個帶足的方形盒。將蓋揭開後翻置又是兩件一樣的方形盤。簠所盛裝的主要是稻或梁一類製成的熟食。《禮記·公食大夫禮》記：「宰夫膳稻於梁西。」鄭玄注：「進稻梁者以簠。」《周禮·舍人》：「凡祭祀，共（供）簠簋，實之（裝滿它）陳之（把它陳列好）。」由此而見，其功用也有禮制的性質並且在文獻上經常是簠簋並提。用簠的數量多為偶數，但要少於簋，如天子諸侯用四簠，上大夫用二簠。曾侯乙墓在使用了九鼎八簋的同時也使用了四簠，這與禮制是相符的。由於簠的實用性較強，故楚墓中多見。戰國楚墓中多見陶質的，且上面繪有菱形紋（圖3-8）。

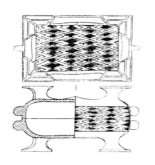

圖3-8　望山2號楚墓出土的簠

　　盞　亦稱「敦」或「盌」，是一種盛熟食之器，與簠和簋所盛的
食物相同。其器形極似今天的大蓋碗，其下有三足，近口部的兩端各
有一環，耳蓋上也有三足或圓形的抓手。蓋打開後翻置也可作食具使
用。大體說來，楚盞的形制有兩種：一種是蓋要矮於器身；另一種是
蓋與器身形大小完全相同，扣合後呈圓球形，打開後翻置又是相同的
兩件器物。需要說明的是，這種器物的名稱文獻上多稱為「敦」，楚
轄以外區域所出土的銅器上也大多自名為「敦」（圖3-9）。但在楚銅
器和楚簡牘中大多稱其為「盞」，也有少數稱「盌」的，這應是楚與
他國在食具稱謂上的相異之處。

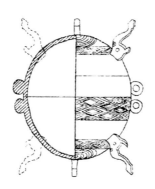

圖3-9　望山2號楚墓出土的盞

　　盒　也稱「會」。其形制與盞有相似之處，區別主要是平底，底

下無三足。這一類器物在楚墓中多見，但大多為漆盒。盒與會應是同物異名，稱會則是指帶蓋的盒。《儀禮·土虞禮》：「命佐食啟會。」《說文》：「會，合也。」包山楚簡稱蓋豆為盒豆。楚國也有稱其為「會」的，信陽楚墓出土了兩件平底盒，同墓竹簡所記的正是「會」。

豆 是盛裝肉醬和糧食的器具，其形制是上為一圓盤，下有一柄和一座，有的還帶有蓋，但大多數不帶蓋（圖3-10）。這種器具在各類楚墓中都有發現，每座楚墓中所出土的豆大多超過兩件以上，其質地有銅、陶和漆木三大類，是最為常見的食具之一。文獻和楚簡中都稱其為「豆」。豆的用途較多，既可用作盛裝糧食，也可用作盛裝肉醬而享祭鬼神，還有將其用作量器的。不過將其用作食器是主要的，在河南洛陽燒溝戰國墓內出土的一件豆內就發現殘存的粟米。

圖3-10　楚幽王墓出土的豆

琦 文獻上稱為「簠」。它與豆的形制大體相同，只是上部的盤為方形，所以古代注家都有「圓為豆，方為簠」之說（圖3-11）。楚國稱這種器具為「琦」，信陽楚簡就記有「方琦」，正是指同墓所出土的方豆。河南固始侯古堆所出的銅方豆自名為「盍」，實應都

是一名。它的發端可能與古代的宥坐之器有關。由於豆與琦（籩）所盛食物相同，因而古代時常是籩豆並提。從相關文獻看，使用豆與琦（籩）享獻客人似有等級區別，《左傳·昭公六年》就記有晉侯在接待季孫宿時既使用了豆，也使用了籩，季孫宿認為這是違背了大國與小國之間的禮儀，終於請求晉侯撤去了為他所加的籩。

圖3-11　騰店1號楚墓出土的琦

匕　是古代從食具中提取食物的器具，其功用相當於今天的匙或鏟，其形狀一般多為鏟形，尾部帶一長柄。這一類器物楚墓中多見，楚簡中稱之為「比」或「匕」。

勺　其性質和功用與匕相同，形狀與今天的匙相同，但柄多比匕短。楚簡中稱之為勺。楚墓中多見，應屬常用器。勺也兼有飲具的功能，《楚辭·招魂》中就有「瑤漿蜜勺，實羽觴些」。意即以勺提取甜酒，盛裝在酒杯中。

3. 酒具

由於楚國飲酒之風盛行，楚國的酒器較多，各類楚墓中都有酒具出土。酒具可分為盛酒器、挹酒器和飲酒器。種類主要有尊、缶、鑒缶、壺、盉、耳杯等。

尊　為盛酒器，形制為敞口，高頸，底有圈足，因其上多飾有各種動物紋飾，因此文獻上又有犧尊、象尊和龍虎尊等多種名稱。楚尊實

物較少見，只在楚系的曾侯乙墓中出土了一件尊。該尊採用失蠟法鑄造，花紋繁縟，並置於一盤中（圖3-12），堪稱迄今同類器中的精品。

圖3-12　曾侯乙墓出土的尊

　　缶　為大型盛酒器，但形制比尊大，一般為矮頸，大圓鼓腹，底部有圈足，腹部有兩耳或四耳。缶的器形較大，《說文》稱其為「盛酒漿」之器。這類器物在楚墓中多見，淅川下寺楚墓和蔡昭侯墓皆自名為「𦉩缶」（圖3-13）。還有一類缶要比「𦉩缶」要小些，戰國楚簡上有的稱為「迅（沐）缶」，有的稱為「卯缶」，這是據其形和用途之別而稱名的（圖3-14）。目前所見的最大的銅缶為曾侯乙墓所出土，其中一件高達126公釐，重達327.5公斤，堪稱缶王。

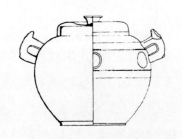

圖3-13　淅川下寺3號楚墓出土的𦉩缶　　　　圖3-14　包山2號楚墓出土的卯缶

　　鑒缶　為冰酒器，是一種複合酒具，它由鑒和缶兩器組成。這類器物目前僅見於楚系的蔡侯申墓和曾侯乙墓，通常是缶置於鑒中（圖3-15），因鑒與缶周圍有較大的空間，夏天在其內放置冰塊可凍酒，冬天在其內放置熱水可加熱酒，因此它應屬冰（溫）酒器。楚人善於飲凍酒和溫酒，《楚辭》就有「凍飲」，應是使用這種器具製成的。曾侯乙墓出土的鑒缶外還附有勺，顯然是用來從缶中提取酒的器具。

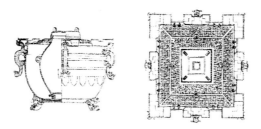

圖3-15　曾侯乙墓出土的鑒缶

　　壺　為盛酒器，器形有大有小。一般為高頸，大圓鼓腹，底下有圈足，其形制有方有圓，有的還有提鏈。此器在楚墓中最為多見，《詩經·大雅·韓奕》中的「清酒百壺」就很清楚地說明了壺是用來裝酒的。目前所見最大的壺為曾侯乙墓出土的一對銅聯禁壺，壺置於禁上（圖3-16）。中小型楚墓還出土有銅壺（圖3-17），但大多只出土陶壺，一般成對出土，但器形都不大。壺是楚墓中最常見的隨葬品之一。

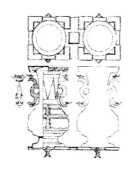　　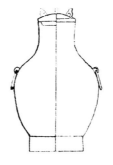

圖3-16　曾侯乙墓出土的壺　　　圖3-17　望山2號楚墓出土的壺

盉　為斟酒用器，類似今天的斟酒用的酒壺。器形一般不大，底下有三足，腹的中部設有一流嘴，肩部還有一提梁（圖3-18）。這種器物在楚墓中也多見，在規模較高的墓葬中一般為青銅製成，墓主身分較低的墓葬大多只出陶質的。

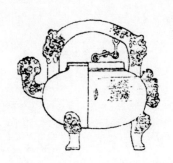

圖3-18　淅川下寺1號楚墓出土的盉

耳杯　又稱羽觴，屬飲酒器，器形較小。楚墓所見多為木質，橢圓形，平底，口部兩邊各有一耳，因以為名（圖3-19）。耳杯大多髹漆，繪彩。這種器物在楚墓中也多見，一些墓主身分較高的楚墓還有成套的耳杯出土，出土時還用精製的木盒盛裝，考古學界一般將裝有成套耳杯的木盒稱為酒具盒。

圖3-19　九店楚墓出土的漆耳杯

瓚　屬勺類，有青銅和木質的，也有陶質。其形為一杯狀的斗，一

側帶有一長寬平的柄，楚墓中所出土的大多為木質，《左傳·昭公元年》杜預注「瓚」為勺。過去大多稱其為勺，其自名為「瓚」，包山楚墓、天星觀楚墓、曾侯乙墓及當陽趙家湖等楚墓都有出土，包山楚簡上徑直記為「瓚」，其用途主要是用來盛酒和宴饗賓客。

第六節　飲食習慣

飲食習慣也是隨著社會的變化及經濟條件的變化而變化的，同時，不同民族和不同等級人們的生活習慣也有相異之處，因而飲食習慣是複雜的。大而言之，飲食習慣包括日常飲食的次數、使用的餐具和食用方法等。

楚人的日常飲食次數應包括有日食二餐和日食三餐兩種習慣。每日二餐的習慣起源較早，大體源於原始人類的狩獵時代。殷代的甲骨文中就有「大食」和「小食」的記載，這是最早關於每天吃二餐的記載。春秋戰國時期，這種習俗仍存在，它與人們「日出而作，日入而息」的生活方式是相適應的。

每日二餐在文獻中多見並有專門的稱謂。第一餐稱為「朝食」，又稱「饔」，大約相當於上午9點左右。《左傳·僖公二十七年》記楚令尹子文在睽地帶兵演習「終朝而畢」，就是指從天亮到吃第一頓飯這一段時間。《左傳·成公二年》在記齊晉鞌之戰時曾引了齊侯的一句話是：「余姑翦滅此而朝食！」齊侯的意思是說自天亮開戰到吃第一頓飯時結束戰鬥。第二餐稱為「餔」又稱「飧」，大約相當於下午4時左右，即古代的申時。《說文》：「餔，申時食也。」《淮南子·天文訓》說：「日至於悲谷（傳說中西南方的大深谷）是謂餔時。」由於朝和餔分別指每天進餐的餐名，所以它們又常以單音詞聯合的形式見之於文獻中。《後漢書·王符傳》：「百姓廢農桑而趨府廷者，相

續道路，非朝餔不得通，非意氣不得見。」其中的朝是指朝食時，餔是指餔食時。它們就是以「朝餔」成詞而出現的。楚國也有餔食的習慣，《楚辭・漁父》：「眾人皆醉，何不餔其糟而歠其醨。」這裡的餔雖引申為一般的吃，但它表明楚人有餔食的稱謂和習慣。

　　每日三餐的習慣也見之於文獻記載，尤其在周代較為常見。《莊子・逍遙遊》：「適莽蒼者，三餐而返，腹猶果然。」意思是說到近郊去的人，往返一日吃三餐飯就不感到饑餓。《周禮・膳夫》：「王日一舉……王齊（齋）日三舉。」其中的「舉」就是「殺牲盛饌」的意思，「王日一舉」是說一日有三餐飯，每餐都吃同一饌中的牲。因為周王每天吃早飯時都要殺牲以為菜肴並用饌裝，但中、晚飯就不再殺牲，而是繼續食用「朝食」所剩下的犧牲。「王齋日三舉」是說，為了齋戒時的莊重，不吃剩餘的牲肉，必須一日宰殺三次牲，即每餐都吃新鮮的牲肉。這與《論語・鄉黨》所謂的「齊（齋）必變食」是相同的。當然在平時中餐一般都是吃朝食所剩的東西，《禮記・玉藻》載：「皮弁以日視朝，遂以食，日中而餕。」這裡的「餕」就是指吃剩餘的東西，意思是官人們在朝廷上理事，然後吃早飯，中餐則吃早餐剩下的食物。尤其值得注意的是「日中而餕」一語，說明古人不僅有中餐，而且與今天中餐的時間大體相同。

　　楚人每日三餐習俗比較確定，儘管沒有像一日二餐那樣的「朝食」和「餔食」的專名，但在具體的每日時間界標中則可以體現出來，即楚人將每日劃分為「雞鳴」、「日中」和「日入」三大段。《左傳・宣公十二年》：「楚子為乘廣三十乘，分為左右，右廣雞鳴而駕，日中而說；左則受之，日入而說。」這裡的「說」同「舍」，意即休息。它是描述楚莊王的兩組衛兵車隊在日中時刻換班的情況。這可能就是因為日中需要吃中飯才作為換班的界標。此處的日中與前引《禮記》中的日中是一樣的含義，與我們今天中餐時間應是相當的。

日食二餐和日食三餐這兩種習俗在古代並存，到漢代後仍得以延續。已故史學家陳直先生在《漢書新證》中得出「漢代的統治階級日三餐，一般人們日兩餐」是正確的。事實上，這一習俗至遲在春秋時就已存在。

楚人製作食物還有專門的房屋，史稱庖廚，類似於今天的廚房，這與史前的灶大多位於房子的中間是有區別的。從陝西鳳雛西周甲組建築發掘看，至遲在西周時就有了專門炊食的庖廚之地。《孟子·梁惠王上》也曾說講仁義的人應遠離庖廚，包山楚簡所記的祭祀五神中就有灶神，這灶也無疑是在專門的庖房內。炊食的燃料主要是柴草和木炭，草木灰燼在楚文化遺址中屢有發現，一些炊具如鼎、鬲等的器底在出土時仍可見到煙炱痕，當是柴草燃燒後的熏痕。木炭作為燃料在考古發掘中也多見，曾侯乙墓的一些炊具內不僅放有木炭，而且在槨外還鋪有重達數百噸的木炭，說明當時的木炭極為普遍。至於是否已用煤作燃料，現尚無實物說明，但從黃石銅綠山古礦冶遺址發掘看，煤早已用於冶煉了，因而也不能排除楚人用煤作燃料來炊食。

食物煮熟後當放在專門的房子內吃，這專門的房子楚人稱之為「食室」，即存放食物和用於飲食的地方。包山2號楚墓的遣冊對各個不同的室都有不同的名稱，諸如「大兆（庖）」、「食室」和「相徙」等，所有隨葬品都是按類別分放在不同的室中，而「食室」所存放的正是不同類別的食具和以不同方法製成的食品。長沙五里牌406號楚墓竹簡也有相似的記載。古人事死如事生，槨室的結構是地上建築的反映，這些室名當來源於地面的相應建築。「食室」不見於文獻記載，包山楚墓發掘後，豐富了我們對楚人飲食習慣的認識。

食物製作完畢後，即盛於食具內用長方形的案移至於食室。這案就相當於今天的托盤。需要指出的是，楚人的案有兩種，一種是矮足的，一種是高足的。矮足案是專門用來托盛裝食物的器具，高足案的面則是平的，其用途比較廣泛，除供存放物品外，還可能是用於書寫

的家具，類似今天的桌子（圖3-20）。曾侯乙墓的一件高足案在出土時其上放置有弋射用器，河南唐河電廠西漢畫像石墓中所見一拜謁圖，其中兩個高足案邊各刻一跪坐執笏的人（圖3-21），這對了解高足案的用途極有幫助。矮足案的四周一般都有凸出的邊框，這是以防食具滑落的一種設計，目前所見最為精緻的矮足案要算是荊州望山1號楚墓出土的一件漆案了。案面上用黑漆繪有36個排列整齊的圓渦紋，以象徵案內所置的菜肴（圖3-22）。漢代以後，這種用於托盤的案下四足就已消失而成為平底，並飾以繁縟的花紋，稱之為「畫案」。馬王堆1號漢墓中的一件漆案出土時，內置杯、盤、巵和竹筷等各種食具，這是案上所盛物品的真實寫照。

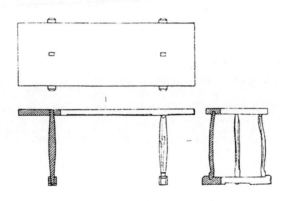

圖3-20　包山2號楚墓出土的高足案

圖3-21　河南唐河西漢畫像石上的高足案

第三章　飲食篇

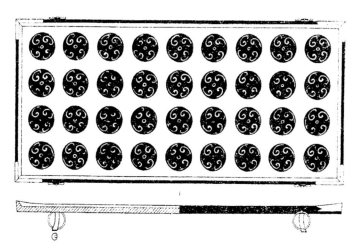

圖3-22　望山1號楚墓出土的漆案

　　食室的矮足案一般不止一個，《孟子‧盡心下》所謂的「食前方丈」就是形容食案和菜肴的眾多。同時，高足案也不止一個，除了有放置食物的案外，還有放置酒具的案。楚墓中一般都出土有2件以上的高足案。這是因為食具與大型盛酒器一般不同置於一個案上，而大型盛酒器一般放在梮或禁上而置於另一高足案上。梮和禁的形制與案相同，但大都無足，其名稱的差別似有等級之別。《禮記‧玉藻》：「大夫側尊用梮，士側尊用禁。」這尊就是盛酒器，望山1號楚墓和包山2號楚墓分別出土有禁（圖3-23）。十分相近的是，禁面的左右各有一方框，這是確定酒具放置的位置的。由此而知，梮和禁上一般只置2件盛酒器。尤其是望山1號楚墓出土的禁，在禁面的兩個方框內還各加繪有一圓圈紋，出土時，禁面的方框內各置一件陶方壺，可見禁確為放置酒器的並且只放置2件。值得一提的是，曾侯乙墓和淅川下寺2號楚墓都出有大型銅禁，這種禁是特置大型盛酒器的。曾侯乙墓出土時，禁上正放置一對大型壺。因這種大型壺太重，所以這種禁就不能放在高足案上，因而禁下就有足，當另置於食室中。

116

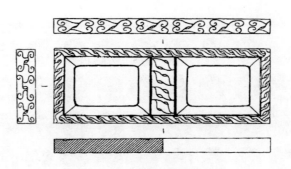

圖3-23　包山2號楚墓出土的禁

　　酒器置於禁或梡上其擺放是有專門的位置和方向的，一般是放在食室的東部，並呈南北方向排列。《儀禮・特牲饋食禮》：「壺、梡、禁饌於東序，南順，覆兩壺焉。」曾侯乙墓的連禁壺正是緊貼中室東壁的中部，也呈南北方向排列，這與史載是相吻合的。由此，我們可進一步推定出，曾侯乙墓的中室相當於楚人的食室。中室所伴出的編鐘、編磬等樂器及食器是古代上層貴族鐘鳴鼎食的再現。

　　楚人的飲食習慣是席地而坐，地上鋪竹席，圍案而食。在楚墓中發現有大量的竹席，竹席還編織成不同的花紋，有的還加以彩繪，這些竹席有相當一部分是用於飲食而坐的。因席子容易卷起，故鋪於地上的席子的四角一般都用「鎮」壓。鎮一般為半球形，厚重，是專門用來壓席的。鎮分玉和銅兩種。《楚辭・九歌・東皇太一》有「瑤席兮玉瑱」一語。「瑱」即鎮。王逸注：「以白玉鎮坐席也。」最早的鎮見之於新石器時代的良渚文化，為半球形的玉質鎮。曾侯乙墓出土了4個半球形的銅鎮。這是迄今首次所見用青銅所製鎮的實物。

　　食物放於案上，食用時還使用一些助食的器具，這就是匕、勺、斗、刀和俎等。匕主要是用於從食具內取出飯或肉。《儀禮・少牢饋食禮》鄭注：「匕，所以匕黍稷也。」這是用於取飯的匕。《詩經・小雅・大東》毛傳：「匕所以載肉食也。」「載」即「撈」意。這是說取肉的匕。勺主要用於取羹，與今天匙的形狀和功用是相同

的。斗則是從大型酒器中取酒用的，楚墓中所見的斗柄一般都較長，正反映了該器具有挹取的功能。

勺、匕、斗在楚墓中發現較多，從其出土位置看，它們大多與食具和酒具相伴出土，可折射出楚人的飲食習慣和方法。需要說明的是，刀和俎在楚人的飲食中是不可缺少的器具。刀主要是在吃飯時用來將大塊的肉切碎，切肉時不是在案上，而是在俎上。所以在吃飯時，案旁還放有俎。俎相當於今天的砧板，形制類似於今天的小板凳，比案要矮（圖3-24），這與當時人們席地而坐的飲食習慣有關。俎經常與食具並提，在文獻中也稱為房。《詩經·魯頌·明宮》：「籩豆大房。」「大房」即大俎，包山楚簡也記有「房」，其之所以稱為房，據《詩經》鄭玄箋，是因為俎下的兩足各為一立板做成，這一特徵與房的形狀相似，故因以為名。楚墓中所出的俎也正是這一結構。由於刀和俎相配合使用，所以刀俎在文獻中也是常連言。《史記·項羽本紀》中的「如今人方為刀俎，我為魚肉」即其例證。知道了刀和俎的用途，就不難理解其含義了。

圖3-24　包山2號楚墓出土的俎

楚人助食的用具還有「箸」，也就是今天的筷子。筷子之名始於

明代，是因為「箸」與「住」音相似，人們諱其有滯意，而反呼其為「快」，因其為竹製，進而派生了「筷」字。過去人們一直認為，古人吃飯是不用筷子的，即用手抓食，其實這是錯誤的，我國人民很早就知道使用筷子了。《史記·宋微子世家》：「紂始為象箸。」即說明至遲在商代就已開始使用筷子。1989年在湖北清江香爐石遺址就出土了商周時期的骨筷和牙筷。當陽金家山2號楚墓中也發現了竹筷，說明楚人的飲食習慣並不是用手抓食，而是以刀在俎上將肉碎開後，再用筷夾食，其食法應與今天相同。助食的用具除「箸」外，還有筴，在曾侯乙墓中共發現了3件竹筴。其中酒具箱內2件，食具箱內1件，形制大體相同。皆為長竹片自中間彎成夾形，並利用竹子的彈性可收攏或擴張，極似今天的鑷子。酒具箱內的竹筴長29公釐，寬1.8公釐，食具箱內的竹筴長38.6公釐，寬1.8公釐。它們都與酒具和食具共存，可確知為助食器具。「筴」被認為是古代的「筷」字，但對於其形制過去一直不知，曾侯乙墓發掘後，才使我們對其形制有了比較清楚的認識，進一步證實了楚國的飲食習慣是夾食，而不是用手抓食。

第四章　車　馬　篇

　　車和船是我國古代陸行和水行所依憑的主要工具，其出現具體年代已無從稽考。從甲骨文字看，當時已有了車和船的象形文字，據此可以認為，我國至遲在商代就已有了完備的車和船。從考古發掘看似應更早，在新石器時代中晚期的遺址中，普遍發現了一種中間有孔的圓形紡輪，這種紡輪與車輪不無聯繫。因為輪是車的重要部件，也是車的特徵之所在，只有發明了圓形的輪後，才能製造車。另外在長江下游的河姆渡新石器時代遺址還發現了迄今最早的木槳，在長江中游的湖南澧縣城頭山大溪文化遺址（距今6000年以前）也發現了木質船槳和船艄等。所以說，車和船在新石器時代就已出現應是無疑問的。

　　東周時期，車和船已高度發展了，其標誌是，車船的數量和種類不僅增多，而且形制更加完備，同時都分別用在了助行、運輸和戰爭等各個方面。楚人最善於製造車船，僅車而言，楚莊王時曾下令改車，形成獨具一格的楚車。據《左傳·宣公四年》載，其形為「銳上斗下，號曰『楚車』」。楚車的數量也多，戰國時，楚國國內僅陳、蔡、不羹幾個封邑的車就有千乘之多，楚國全境的車那就至少在萬乘了。

　　先秦的車主要由馬來牽引，故而常是車與馬連言。當說到馬就

意味著有車，談到車就包括有馬，車馬俱全的則稱為「一乘」。用馬駕車時所使用的馬數是有區別的，並有不同的稱謂。如駕兩馬的稱為「駢」，駕三馬的稱為「驂」，駕四馬的稱為「駟」。文獻上還見有駕六馬、八馬或十六馬的，由於受道路的限制，再加上馬多後反而不便，所以往往受到非議，《晏子春秋・內篇諫上》就針對用成倍的馬去駕車時說：「田獵則不便，道行致遠則不可，然而用馬數倍，此非御下之道也。」不過古代以駕四馬最為常見，這與當時的道路是相適應的。《詩經》中所見的「四牡」和「四介」都是指四馬所駕之車。從目前所發現的楚國車馬坑和一些畫像資料看，楚國駕車的馬數不等。一輛車既有一馬、二馬、三馬、四馬駕的，也有六馬駕的，但仍是以四馬駕為多見。四馬所駕之車時各馬也有專名，駕轅的馬一般為兩匹，叫做「服馬」。服馬兩邊各一匹，叫做「驂馬」。由於古代常以左為尊，所以，如果需要解馬作他用，習慣上就是解左驂，以示對對方的尊敬。再則，馭手居中，轅由兩服馬駕著，解下一驂後，仍不妨礙駕馭。

由於車主要是以四馬駕馭，故「駟」與「乘」又成了車的計數單位。擁有車的多少，不僅表示國家在軍事上的強弱，也表示某人的經濟實力和貧富程度。楚國號稱「萬乘之國」，是指楚國的軍事實力。《國語・晉語》：「秦后子來仕，其車千乘，楚公子干來仕，其車五乘。」這是說秦后子比楚公子干富有。《左傳・襄公二十二年》：「楚觀起有寵於令尹子南，未益祿，而有馬數十乘，楚人患之，王將討焉。」這是說楚令尹子南把持國政。培植個人勢力，使其親信觀起沒有官祿就擁有了大量的車馬，這顯然是對楚國有威脅，所以楚王要討伐他。可見楚人極重視車和馬。

車是財富的象徵，所以古代只有地位較高的人才有車或乘車。《晏子春秋・內篇諫上》載：「有車之家，是一國之權臣也。」說的就是車與財富和地位相連。不過所擁有的車數，根據其地位的

高低，一般都受到限制。在楚國也是如此，前引《左傳》中的楚觀起沒有官祿就擁有數十乘車，所以驚動了楚王，甚至遭到楚王的討伐。考古發掘也證實，只有等級較高的一些楚墓葬才隨葬有車馬，從墓葬分類看，在楚國似乎只有大夫級以上的墓葬才有車馬，並且等級越低，數量就越少。如河南淅川下寺令尹子庚墓，為上卿級，僅低於楚王，就有專門的車馬坑，坑內共葬7乘車。天星觀1號楚墓墓主官至楚國的封君，也為上卿級，墓內共出有22件龍首車轅，代表了22乘車。包山2號楚墓墓主官至左尹，主管楚國的司法，為上大夫級，墓內所隨葬的車數也只有5乘，望山2號楚墓墓主為下大夫級，所隨葬的車僅3乘。當然，上述幾個典型墓葬代表了楚國各階層，儘管所隨葬的車並不能說完全代表其生前擁有的實際車數，但在所葬車數上是隨著墓主級別的遞減而遞減的，這一方面說明了楚國在喪葬中有著嚴格的用車等級制度，另一方面，也說明了各階層受所擁有車數的限制而不可能去僭越等級而多隨葬車。因而墓葬所反映的差異應是客觀的。

　　需要說明的是，在楚國，除了一些特殊墓葬設置有專門的車馬坑，並隨葬整套的車馬外，一般墓葬都不設專門的車馬坑，由於受棺槨空間的限制，只將所需隨葬的車馬部件和附件撤下後葬入墓中，如車軸上的軎，馬頭上的銜和鑣等。考古學中稱為車馬器。實際上，兩個車軎代表了一乘車，一套馬具代表了一匹馬。雖然在一些墓葬中只見有車馬器，未見車箱和車轅及馬等，但仍說明墓主在葬前擁有車和馬，只不過是受槨室限制而未全葬而已。考古學家正是通過這些車馬器的數量來判定墓主曾經葬有多少輛車的。

　　還需要說明的是，車馬還可以贈送他人，這只是局限於送死人，也即助喪，文獻上稱之為「賵」，死者身分等級越高，他人所送的車馬就越多，曾侯乙墓、包山楚墓和天星觀1號楚墓的遣冊上都記有他人所饋贈的車和馬。

第一節　楚車形制與種類

　　楚車實物發現較多，主要見之於河南淅川下寺、淮陽、湖北荊州、荊門和宜城等地，這些車都是屬於墓葬附屬的車馬坑中所出且車形都較為清楚，同北方出土的魏國車、虢國車、齊國車和晉國車相比大體相似。不過，見得最多的是戰車。從目前所發現的楚車看，其主體為木質，有一長方形的帶圍欄的車箱，車箱後留有一可供上下的缺口，箱下有一軸，軸兩端各有一輪，在軸的中部也即兩輪的正中處向前伸出一轅，轅首彎曲，轅首端橫一根衡。以江陵九店車馬坑所出土的2號車為例，車箱長152公釐，寬100公釐，高36公釐。軸全長271公釐，轅長340公釐，衡長136公釐，輪距184公釐，輪徑126公釐。在淮陽還發現一乘雙轅車，雙轅車可能是駕一匹馬的車。迄今發現最早的雙轅牛車見於陝西鳳翔戰國早期的墓葬中。雙轅馬車除河南淮陽楚墓外，在甘肅秦安戰國晚期的墓葬中也有發現，但數量相對於單轅而言仍屬少數，至西漢後才開始增多。不過在楚國仍是以單轅車為主，楚車的名目較多，用途各異，其差異主要在車的大小和局部結構上。

　　西周中期以前，楚國還處在草創階段。據《左傳・昭公十二年》載，楚先王熊繹初封於荊山山地時，還是「蓽路藍縷」。「蓽路」就是一種用於山行極簡陋的柴車，這是說楚人初期創業的艱辛，也是楚人當時社會生活和社會生產力發展程度的真實寫照。但進入春秋中期後，隨著楚國領土的擴展，楚國不僅能製造各種各樣的馬車，而且還組建了一支馳騁疆場的車戰部隊。

　　文獻中對楚車車名的記載較多，尤其是大批楚簡及楚車實物發現後，不僅揭示了楚車的形制與結構，而且還豐富了我們對楚車種類與用途的新認識。綜合文獻記載和楚簡記錄，楚車可分兵車、運輸車和騁遊出行乘車。

1. 兵車

兵車是用於作戰的車，文獻中有不同的叫法。《考工記》中稱兵車，《六韜》、《衛繚子》、《戰國策》和《史記》中稱為戰車，《禮記》、《韓非子》稱為武車。《左傳》除稱兵車外，還有戎車和閩車之稱等。我國車戰始於商代，進入春秋後，車戰最為盛行，戰國時各國都擁有步兵、騎兵、水師等多兵種，但戰車仍是主要的作戰工具。這是因為戰車的速度快，機動性強，衝鋒時的破壞力大，對於當時只有青銅兵器的軍隊而言，對付這種勇猛的戰車，尤其是由多輛戰車組成的車陣是相當困難的，因而車戰控制著當時戰場的主動權。文獻中所見的楚與三晉及秦的幾次大戰，包括秦最後滅亡楚國靠的都是車戰。當然，戰國時的車戰與春秋不同的是，已經發展為包括步兵和騎兵在內的多兵種協同作戰了。

楚國的兵車始於何時已不得其考，確切見於記載的當是楚武王時。《左傳・桓公六年》記楚鬥伯比對楚王說：「吾不得志於漢東也，我則使然。我張吾三軍而被吾甲兵，以武臨之，彼則懼而協以謀我，故難間也。」鬥伯比的意思是說我們楚國不能在漢東這一帶達到目的，是我們軍事上的失策造成的。我們擴充我國的軍隊，裝備精良的武器，用武力脅迫漢東的小國，他們害怕，只好同心協力來對付我們，所以很難離間他們。鬥伯比所說的「三軍」就是指戰車而言的，因為當時的戰車是分為左中右三軍，三軍就是車戰的主體。當然，作為兵車而言，還可以分很多種類，如直接參與作戰的攻車，用於臨時補充的閩車，用於偵察的樓車和巢車以及用於後勤的守車和輜車等。

攻車 即攻擊型的車，由於這種車靈活、快速、輕便，文獻上又常稱之為輕車。其特點是，戰時乘者不求舒適，車上不設傘蓋和帷幕。不僅如此，所駕之馬也披甲。車上還插有旗和設有盛裝武器的櫜和扃等。

攻車在文獻中也有多種稱謂，如戎車、廣車、馳車、沖車等，

曾侯乙簡和包山楚簡中還見有其他一些車名，其實它們有很多都是攻車中的不同名稱。古代的兵車作戰一般是列陣而行，車陣中有不同的車名，列陣後的車統一稱為廣車。《左傳・宣公十二年》記鄴之戰時說，楚「其君之戎分為二廣」。其中的廣就是指列隊後的戰車而言的。文獻中對楚國的廣車隊形、名稱、各車所在隊形中的位置很少記載，從曾侯乙簡中似可看出廣車的基本隊形。該墓120號簡記載有「凡廣車十乘又二乘」對照簡文，這十二乘廣車名稱是：乘廣、少廣、大斾、左斾二乘、右斾二乘、大殿、左殿二乘、右殿二乘。其中的斾和殿都是相對的，斾是軍車中有大旗的驅兵車，殿是殿後之車，左、右斾是位於斾的左和右，左右殿也無疑是位於殿的左和右。從這種排列看，顯然為三列，大斾和大殿則是一前一後居正中。經過復原，可以看出這十二乘車的基本隊形是：共三列四排，一列即左、中、右，每列四乘，正好是十二乘，斾車位於前，殿車位於後。不過楚戰車也有分兩列的，《左傳・宣公十二年》記：「楚子為乘廣三十乘，分為左右。」如果分為兩列，那麼每列就應是十五乘了。車陣在秦俑坑中也有發現，其2號坑出土的一個方陣就是八排八列，共64乘車，這是一個標準的方陣。文獻中還沒有反映楚人有這種陣容的。看來廣車的車陣並不是單一的，應是根據作戰的需要而佈設的，其間可能受戰爭規模、戰爭場地等限制。

楚人攻擊型的車中比較清楚的有正車、轅車和沖車。

正車　即車陣中的指揮車，其名見於曾侯乙簡和包山楚簡，從曾侯乙簡看，它在斾車之後，在殿車之前。殿有君長之意，它應是王帥所乘的指揮車。

轅車　即車陣中的護衛車，其名見於包山楚簡，轅讀衛，它相對於正車而言，在車陣中起保護作用。

沖車　是一種不列入車陣中的攻擊型車，其名既見於文獻，也見於曾侯乙簡，史載的形制是輪有刃，車前衡上的兩端有劍。從曾侯乙墓

出土實物看，墓中正出土了一件帶矛的車軎（圖4-1），應即簡中所記的沖車。軎正好在車輪的轂端，與輪上有刃相合，但衡上是否有劍還沒有發現，從車的運行而言，軎上的矛處於輪的中心位置，並伸出輪外與地平行，矛離地高60～70公釐，沖入敵陣時，通過輪的轉動，殺死近車下的徒兵，可見沖車是沖散和殺死敵步兵的。

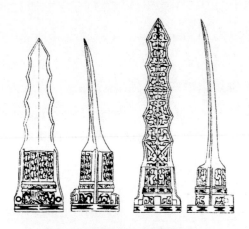

圖4-1　曾侯乙墓出土的帶矛車軎

闕車　屬攻車之列，但屬備戰攻車，它是用於補充車陣中因戰時損壞而闕位的車。古代車戰講究車陣，且車陣在作戰時要求對稱、完整。破壞對方車陣是制勝的一個關鍵。如西元前638年（魯僖公二十二年），宋人與楚人戰於泓時，在楚人渡河時，宋國的將士請求宋襄公此時攻打楚軍，宋襄公沒有同意。當楚軍渡河後，還沒有排列好車陣，宋人又提出趁此機會攻擊，宋襄公仍沒有出擊。當楚軍渡過河，並排列好車陣後，宋襄公才出擊，結果宋軍大敗。這是說宋襄公沒有把握戰機，如果趁楚人渡河時或渡河後還沒有排列好車陣時出擊楚國，恐怕不至於大敗，但當楚人的車陣排好後已為時過晚。作戰難免會造成車的損失而出現闕位的現象，為了保持車陣的完整，就必須用闕車補位。鄢之戰時，「使潘黨率游闕四十乘，從唐侯以為左拒」。

這是說楚派潘黨所率的闕車四十乘去補唐侯的左翼方陣。這裡已將闕車的作用說得很清楚。同時闕車還有防衛的作用，這是因為車戰一般遠離營地，當軍隊宿營和調動時，因闕車不在陣中，這時的闕車就擔當警戒任務。銀雀山漢墓所出的漢簡《孫子兵法》中就有：「車者，所以當壘〔也〕。」就是用這種車圍成營壘起到防護作用，這也體現出了闕車的機動與靈活的性能。

樓車與巢車　都是作戰時用於瞭望的一種車，其車形應較高，可用於偵察敵情。《左傳・宣公十五年》記楚圍宋，宋告急於晉，晉派「解揚如宋，使無降楚」。誰知解揚又被楚國捉住，楚人用重金收買了他，使他「反其言……登諸樓車，使呼宋人而告之」。站在樓車上同宋國人喊話，既可使遠在城上的宋人看見他，又可使聲音傳得更遠、更清楚。樓車只有高，才能夠看得遠，才能同遠處的人談話。巢車的形制和用途應和樓車差不多，《左傳・成公十年》載鄢陵之戰時，「楚子登巢車以望晉軍」。這也說明了巢車高，只有登高才能望遠。古人沒有望遠鏡，而作戰前要了解敵軍陣的情況，只有通過一種高車來窺探對方，其他車都不能，顯然只有樓車和巢車才能有這一功能。這兩種車都是見之於與楚國相關的史料，且都是在作戰時出現的，可見楚國應有這些車，並且只為戰爭服務。遺憾的是目前還沒有發現這種形制的車。但在東漢畫像石中大體可見到其形，如孝堂山石祠出行圖中的鼓吹車的車箱就分上下兩層，形如層樓，上層擊鼓，下層奏樂。《隋書・禮儀志》也說「鼓吹車上層飾層樓」。這種層樓雖為晚出，但它極有可能就是從古代的巢車發展而來的。

守車　即是一種專用於戰時防守的車，其車形比較大，《周禮》等書中稱為蘋車，蘋即屏，有阻礙意，它與《左傳》中的軘車應是一回事。《左傳・宣公十二年》記邲之戰時「晉人懼二子之怒楚師也，使軘車逆之」。即用軘車來阻截楚師。文獻中雖未明確提到楚有軘車，但楚晉兩國在軍事上實力相當。晉國有的，楚國也必定有。軘車、守

車與攻車雖都屬戰車之列，但在外形上應存在一些差別。攻車一般要求輕捷，車型要小些，守車則要求笨重，車型要大些。這樣才能發揮各自的作用。《左傳·襄公十八年》記晉齊平陽之戰時，齊敗後，齊國的宦官夙沙衛就是用大車阻擋敵人進攻的，這大車就是一種專用於戰時防守的車。

　　輜重車　即是用於運送軍需物資的車。《左傳·宣公十二年》：「乙卯，王乘左廣以逐趙旃，……丙辰，楚重至於邲。」「乙卯」與「丙辰」為干支記日，分別為西元前597年的七月十三和十四兩天。「重」即指用於軍需物資的車。這是說楚先頭部隊到達邲時，第二天楚國的軍需物資車就到達了。據《七國考》所載，楚國有軍法，軍需車一般在先頭部隊之後，二者不能太近也不能太遠。太近會影響車戰的空間，造成軍陣混亂，太遠則會被敵人所截襲，造成軍需供給的困難而導致失敗。可見楚有輜重車，並緊跟部隊之後，相距的路程以一日為限。

　　從上述兵車車類看，楚人用於作戰的兵車品類齊全，因此說到兵車，並不只是指用於衝鋒陷陣的車，而是包括了與戰爭相關的其他各種車輛。

　　2. 運輸車

　　這裡所說的運輸車是指專門運送貨物的車，雖然兵車中的輜重車也屬運輸車，但那是專門運送軍需物資的，屬兵車之列。民間也有專門運送貨物的車，稱為大車。大車也即文獻中的牛車，其名見於《考工記》。據鄭玄注：「大車，平地載任之車。」這種車為直轅，駕牛，方形車箱。與輕車相比，低輪而輈深，也就是車欄較高。其之所以稱為大車，是與小車相對而言的。從《論語·為政篇》及注中我們知道它主要為牛駕。《周易·繫辭下》所說的「服牛乘馬」中的「服牛」就是指用牛駕車。因運輸車主要是用來運輸重物，講求載重，不像兵車那樣講求速度，牛雖行走慢，但能負重耐勞，所以牛多用來駕

貨車。其之所以稱為大車，就是因為載物多，車輿較大。大車究竟可載多重呢？安徽壽縣出土的「鄂君啟節」就較清楚地記錄了大車所載的大致重量。

「鄂君啟節」分車節和舟節兩種，青銅製成，是楚國封於鄂（今湖北鄂州市）的封君名叫啟的人所持有的節。節又稱符節，是古代使者經關所必須要交驗的憑證，相當於通行證，為官府所頒發，多為竹製成。據《鄂君啟車節》所載，馬和牛每十頭可當做一車，挑夫每二十擔當做一車。這就是鄂君啟每車所限載的重量，它是以馬、牛和挑夫所承重量的相比而確定的。據已故學者于省吾先生考證，古代的挑夫每擔約為一百斤或稍多一點，那麼一車的重量就約為兩千斤了。顯然用於作戰的車箱是裝不了這麼重的，只有大車箱才能容得下這麼重。當然運物的車也不排除有用馬拉的可能。

大車在楚墓中也有發現，河南淮陽馬鞍塚楚國車馬坑除見有小車輿的兵車外，也見有大車輿的車，這種車箱的形制奇特，車箱分兩部分，呈凸字形，前面的車箱較小，僅能容一人，顯然為駕者的位置，相當於駕駛室。後車箱為長方形，面積較大，達3.5平方公尺。如果乘人，可容納8~12人。而當時的戰車上只乘3人，相比之下，顯然只能是一種專門用於運輸的車了。

蜃車 又稱「遣車」、「團車」和「端轂」等，是一種專門運送棺材的車。其名見於包山楚簡和曾侯乙簡。其形制已不得而知，但從文獻記載來看，蜃車是因為它的車輪奇特而得名。據《說文》說：「有幅曰輪，無幅曰輇。《周禮》又有蜃車，天子以載柩，蜃、輇聲相近，其制同乎。輇崇蓋半乘車之輪。」這是說車輪有輻條的稱輪，無輻條稱輇。蜃車就是天子用來運棺材的，蜃、輇聲相近，形制相同。其輪的高度只有乘車車輪的一半。《儀禮・既夕禮》鄭玄注進一步說：「其車之輿，狀如床，中央有轅，前後出。」可以明顯看出，蜃車就是一種獨轅長方形的大輿車，輿周邊有欄，前後都開有缺口，

輿下為實心的矮輪。從這一形制看，正可以運棺。楚墓中的棺材的長度大多在2公尺左右，如果縱置於車箱中，車箱的前後都必須要不設車欄，這與史載的「前後出」是相吻合的。蜃車大多有彩繪帷幔一類的裝飾，據等級的不同而有不同的花紋和飾物，目的就在於遮蔽棺材。因為棺為凶具，行於道中，生者所見都有一種「惡」的感覺，所以要遮蔽。這就是文獻中所說的「以華道路及壙中，不欲眾惡其親也」。

3. 出行乘車

出行乘車是指用於聘問、遊樂、田獵等乘坐的車。楚國這一類的車較多，主要有安車、軺車、祥車、女乘等。

安車 是貴族所乘的一種舒適的小車，其名見於曾侯乙簡，文獻中也多有所載。《禮記·曲禮上》：「大夫七十而致事（離職）……乘安車。」鄭玄注：「安車，坐乘，若今小車也。」唐代的孔穎達疏：「適四方謂遠聘異國時乘安車，安車，小車也，亦老人所宜然，在國及出皆得用之。」安車的實物在楚墓中未見，它多為四馬或兩馬駕車。曾侯乙簡記有舊安車駕二馬，新安車駕四馬。秦始皇陵所出土的2號銅車馬的一條彎繩上刻有「安車第一」四字。此車自名為安車，為四馬所駕。原江陵鳳凰山168號漢墓的遣冊上也記有「案（安）車一乘，馬四匹」。同墓所出的也恰有一輛四馬所駕的木車。說明至漢代，仍有安車，且以四馬駕為主。值得注意的是，在曾侯乙簡中，將安車歸在遊車之列，說明它確為出遊巡行所乘之車。不過這種坐仍是在車輿中鋪席的一種跪坐。

軺車 也是一種專供出行載人的車，在先秦早已出現了這種車。《國語·齊語》：「服牛馬，以游四方。」「軺」有遙遠意，實際上是一種可遠望四周的車。《漢書·平帝紀》顏注引服虔曰：「軺音遙，立乘小車。」楚國的軺車實物還沒有被發現。從上述記載看，它是以四面露敞為特點的一種車。與安車所不同的是，其乘者皆立乘，即站在車箱中。漢代的畫像磚和畫像石上以及漢文物中已見有不少的

輜車。在江陵鳳凰山的5座西漢墓中就出土了5乘輜車，與遣冊所記相吻合。從形制看皆為雙轅，其中有3輛駕二馬，有2輛駕一馬。值得注意的是，在楚國的畫像中也見有輜車，不過它為一轅。包山2號楚墓漆奩上所見的《迎賓出行圖》共繪有4輛車，包括御者在內，車箱內共乘3人，且皆立乘。其中有2輛駕二馬，有2輛駕三馬。由繪畫立意而知，這是一幅描述出使他國聘行的場面，可看做是一幅寫實作品。古代聘行所乘的主要是輜車，因而，這幅畫中所表現的車應是楚國的輜車。

祥車 也稱作羊車，其名見之於包山楚簡。羊車並不是用羊拉的車，羊與祥屬通假字，是一種平時所乘的車，因祥車屬吉車，取其吉祥意，又多用於喪葬時所乘。《禮記·曲禮上》孔穎達疏：「祥猶吉也，吉車為平生時所乘，死葬時用為魂車。鬼神尚吉，故葬魂乘吉車也。」由楚簡而知，楚國應有這種車。祥車的形制已不明，但它也為平時所乘，與其他乘車所不同的是，它還多用於喪葬時乘坐。

女乘 是一種婦人所乘之車，其名見於望山楚簡。從簡文描述看，它是一種四周用帷幔遮蔽嚴密的車。《詩經·衛風·氓》有「漸車帷裳」一語，毛傳：「帷裳，婦人之車。」裳是帷下垂的部分，因像人的下裳，故因以為名。《釋名》一書還將婦人所乘之車稱為「容車」，將四周所飾之帷說成是「隱蔽其形容也」。「女乘」之名不見於其記載，應為楚國的車名，經對望山2號楚墓墓主的屍骨進行鑒定，墓主正好是一位50歲左右的女性，與所乘之車相符，應是專門為墓主備葬的。從文獻記載看，婦人所乘之車一般都為坐乘，這與車的四周設帷不易立乘有關。當然，這種車的御者自然就應在車的帷幔之外了。

另外，在楚簡中還見有很多車名，如田車自當為田獵之車，遊車自當為遊樂之車等等。這些車也可能就是上面所述乘車的不同稱謂。當然田獵出行也不乏乘兵車，如《戰國策·楚策一》載：「楚王游於雲夢，結駟千乘旌旗蔽日。」旌旗多為兵車所設，顯然這裡面無疑有

兵車。需要說明的是，楚國還有傳車，即郵車，文獻中稱為「馹」。
《左傳・昭公五年》：「楚子以馹至於羅汭。」是楚有傳車。傳車的
特點就在於輕而快，應與上述小車無多大差別。

第二節　楚車部件和附件

　　車是由若干部件和附件組成的，在文獻上有專門的名稱，僅《楚
辭》中提到的楚車上的部件和附件就有輪、轂、軫、軔、軸、輈、
衡、轅、軛等。了解它們對於認識楚車乃至更好地理解《楚辭》都極
有幫助，我們依楚車形制附圖說明（圖4-2），由於車上的部件較多，
這裡只對主要部件和附件略加介紹。

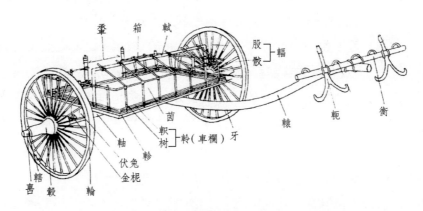

圖4-2　江陵九店第104號楚墓車馬坑出土的楚車復原圖

　　車箱　也稱輿，是載馭者及乘者的箱。楚車輿是由軫、軨、較、軾
等構成。軫即車輿底下四周的框木。框上一周立小圓柱，然後立柱上
用橫向小圓木捆紮，形成車的圍欄。框上的立柱稱「樹」，小橫圓木
稱「軹」，圍成的車欄就稱「軨」。輿的左右稍粗的立柱可以憑倚的
稱「輢」。輿的前端有一高於車欄的橫木，可以扶手，稱作「式」，

又寫作「軾」。行車時，途中遇人表示敬意就扶軾低頭。輿欄兩邊的彎木稱「較」。輿後的正中部留有一缺口，即無車欄，是供上下車的門，稱為「軬」，缺口的兩邊各有一根木柱稱為「軬柱」。輿內一般都鋪有竹席，車內的竹席稱為「茵」。

楚國車輿的形制大體相同，除河南淮陽馬鞍塚2號車馬坑的13號車的車輿較大且分為前後室外，餘皆為一完整的長方形的箱，即乘者和馭者同處於一箱中。但在車輿的圍欄裝飾上有一些區別。如江陵九店楚墓所見的車輿圍欄用小圓木縱橫捆紮成圍欄。淮陽馬鞍塚所出的4號車在車輿的後半部還鑲有80塊銅甲板，其中輿欄後半部的左右作橫6豎4排列法，各24塊，輿欄後部也即門的兩側作橫4豎4排列法，各16塊。毫無疑問，這些銅甲甲片裝飾都是為了保護車輿內的乘者和馭者而加設的，顯然，河南馬鞍塚的4號楚車更具有戰車的特點。

車軸和車輪橫貫於輿下，軸一般是中間粗，兩端稍細。輿底下安裝有兩塊木頭，用繩子把軸綁在上面使車輿固定在車軸上，因這兩塊木頭像趴著的兔子，所以稱之為「伏兔」，或寫作「輹」。軸兩端分別插在兩個車輪的轂中。轂是車輪中心有孔的圓木，中心孔就是用來貫軸的。轂中心孔稱為「藪」，也叫「壺中」。轂較長，中間粗兩端細，車軸由轂中穿出後，在軸的兩檔接以銅飾件套住，這銅飾件就叫「軎」。軎套住車軸後就使車輪不外脫。由於車輪頻繁轉動，軎上還要加卡將其穿在車軸上，這卡就叫「轄」。轂外最粗處的一周鑿有榫眼。榫眼是容輻條的。輻是連接轂與輪的木條，與我們今天自行車鋼絲的功用相同。《老子》一書所說的「三十輻共一轂」中的「輻」即指此木條，楚車的輻條一般為26根，最多的32根。輻條近轂處的一端稱「股」，近輪處的一端稱「骹」。車輪的圓框是用有韌性的木料加火煣出弧度後拼成，一般為兩段木材拼成，輪圈外弧內方，輪接地的一面稱「牙」，也有稱之為「輞」的，牙的內側一周也鑿有榫眼，稱為「蚤」。輻條就是一端插在轂的榫眼中，一端插在牙內側的榫眼

（蚤）中的。兩車輪之間的距離稱為「軌」。

　　楚車的軸與車轂不像今天的軸承，車輪的轉動主要是通過車軸插入轂中的空隙而轉動的。所以車輪轉動時，轂的承受力就較大。這是因為轂既承受車輿的重量，又要不停地轉動，同時還要承受車輻轉動時的張力，因而轂就成了車上最重要的部件。所以楚人在製作轂時，工序就特別複雜。從九店楚墓出土的楚車看，在製作轂時就採用了若干種加固方法。其具體程式是，先在轂上塗一層底漆，在漆半乾時，用皮條和麻線作螺旋式的滿纏繞一層，使纏繞的皮條和麻線與半乾的油漆粘貼在一起，待它們乾後再在其上塗漆、纏麻線。如此循环三次後，再在表面塗一層漆，使其平整光滑，這樣就堅固耐用了。

　　楚車的特點是長轂，這是因為轂愈長，支撐面也就越大，車行時就更穩。但也有一個缺點，由於轂的一端是伸出輪外，在兩車相錯時容易互相碰撞，即所謂的車轂相擊。桓譚《新論》中的「楚之郢都，車轂擊，人肩摩」，就是說的郢都街道上車撞車、人擠人的場面。轂長容易撞車也容易傷人，所以古人在製車時把這一特點用在了戰車上，即將車轂的軸外加上一個長矛車𫐄，通過車的快速前進，可以殺傷靠近車的敵步兵，這種車稱之為「沖車」（詳前），曾侯乙墓就出土了2件帶矛車𫐄，遣冊也正是稱為沖車。

　　轅　也稱「輈」，為一根長圓木製成，頭端微彎曲，是牽引車的。尾端稍粗，插入車輿下，與軸垂直相交並伸出輿後。轅頭端橫綁一衡。楚車對轅的製作較講究，其頭端一般都做成龍形，稱為「龍輈」。《九歌·東君》：「駕龍輈兮乘雷。」其中的「龍輈」就是一種龍形轅的車。天星觀1號楚墓出土了12件龍首形車轅，代表了墓主擁有12輛車。淮陽馬鞍塚楚墓還出土了一件錯金銀的龍首轅頭。這應都可以稱為「龍輈」。「龍輈」應是楚車最顯著的特點之一。

　　衡與軛　轅的前端綁有一橫木稱作「衡」。由於車多由兩馬駕轅，對於獨轅而言，衡綁在轅上時左右距離相等，可平衡馬力。衡上

端附設有四個銅質方孔，是用來穿彎繩的。衡上再綁軛，左右各一。「軛」呈人字形，是用來卡馬頸的。由於軛的兩個末端作反鉤狀，上端卡住馬頸後，下端通過繩子套在兩邊的鉤上，這樣就將馬固定在車衡上了。駕車時只有服馬的軛是固定在衡上的。左右的驂馬一般無軛，少數驂馬有軛的也不固定在衡上。顯然，車的方向是由軛上的兩匹服馬控制的。

車上還有一些附件主要有傘、軔和旌等。

傘 也稱蓋，與今天的傘形相同，但要大一些，裝在車上是為了避雨和遮陽。楚車上的傘一般由傘蓋和傘柄組成，柄的頂端較大，像一個圓盤狀，稱為「部」，也稱「保斗」和「蓋斗」。環繞蓋斗的側面鑿有一周榫眼，榫眼內插有蓋弓，蓋弓上蒙覆絲織的帷，弓末端裝銅弓帽以張帷和固定帷。據《考工記》和《大戴禮記·保傅篇》的記載，蓋弓一般為28根，以象徵二十八宿。從已出土的楚傘看，一般為20根左右，與史載不同。傘柄稱為「杠」，楚傘柄一般較長，分為兩節，這是為了便於拆卸。車上都配備有傘，但不是固定在車上，而是根據需要可隨時安裝或取下。如在君王乘車中，因事下車，隨從應將傘取下而隨君王遮擋。戰車參戰時也是要將傘去掉的，因為有傘不便於作戰。

軔 是停車後阻止車輪滑動的一種木墊，古代的車沒有制動裝置，停車後為了防止車輪的滑動，在車輪下塞木以固定。這木即「軔」。《楚辭·離騷》有「朝發軔於蒼梧兮」一句，其中的「軔」即指這一附件。不過迄今楚墓還沒有見到這一實物。

旌 即車上的旗，無論是戰車還是乘車都設有旗，文獻中對其記載較多，其名稱也紛繁。《楚辭·國殤》：「旌蔽日兮敵若雲。」是說車上的戰旗遮蔽了太陽，形容車多旗也多。包山2號楚墓漆奩畫中的車尾部有一飄逸物，顯然應屬於旗一類的附屬物。當然，戰旗還應有一些特殊的標識物。淮陽馬鞍塚2號車馬坑發現了6面旗，其

中尤以貝旗最為罕見。旗為紅色，旗面綴貝殼。有一面旗上用8枚海貝，另一面上用4枚海貝，皆排列成四瓣形的花紋用線綴在旗面上，這可能是楚軍陣指揮用旗的標識。楚人的各將帥應各有不同的標記，其作用就在於使全軍都能看到將帥所在的位置。據《左傳》記載，晉楚鄢陵之戰時，晉國的欒緘一眼就看出了是楚國將帥子重的旗幟。在古代的戰爭中，一方最善於攻取另一方主帥的指揮旗，這一方面是主帥的指揮旗有特殊的標識，易於識別；另一方面是全體作戰的軍卒，都看主帥的指揮旗進攻和退守，鄭國攻伐許國時的一場戰爭就是這樣的。《左傳・隱公十一年》：「潁考叔取鄭伯之旗蝥弧以先登，子都自下射之，顛。瑕叔盈又以蝥弧登，周麾（揮）而呼曰：『君登矣。』鄭師畢登。」「蝥弧」即是鄭伯旗的專名。潁考叔和瑕叔盈都是拿鄭伯的旗去指揮士卒的。

第三節　馬具和馬飾

馬是驅車的主動力，先秦極重視馬具和馬飾，尤其是用於駕馭戰車的馬。駕車的馬具也稱為鞍具。從發掘的楚墓材料看，用於戰車上的馬還佩戴有馬甲，可見像保護人體一樣來保護馬體了。馬具和馬飾是不可分割的，很多馬飾就是在馬具上再加金屬和玉石的飾件來裝飾的。《左傳・僖公二十八年》：「晉車其百乘，韅、靷、鞅、靽。」其中的韅、靷、鞅、靽都是馬具，這是說晉軍的馬具整齊鮮明。由楚簡記載看，楚車不僅裝飾華麗，而且馬具和馬飾也眾多。我們從楚墓所見的馬具和馬飾中擇其主要而介紹。

馬甲 楚墓中多見，較為清楚的是出自曾侯乙墓。馬甲同人甲一樣也分冑甲、胸甲和身甲三部分。冑甲是由整塊皮料按馬面形狀模壓而成。兩旁面頰對稱，套住整個馬頭，雙眼處留有孔，以便馬能向外

視物，兩馬鼻處還各留一蛋形孔，以便馬能呼吸。馬面的其他部位則模壓成凸凹相間的紋飾，其上再飾以彩繪。胸甲分5排，每排5片編綴而成護於馬的前胸和頸部。甲片上下編連時留有餘量，故便於馬的活動。身甲也由若干小甲片編連而成，分左右兩部分，並相對稱，護住馬的背部和腹部。所有甲片上都加有彩繪。

　　勒　由銜、鑣、節約和鍨等飾件組成。它們由項帶、額帶、鼻帶、咽帶、頰帶繫結，帶一般為革帶，套住整個馬頭（圖4-3）。帶上穿有銅管，這管就稱鍨（圖4-4）。帶子的縱橫交叉處都裝有十字形的四通的圓泡，這圓泡就稱為節約。節約的外面光滑，底部為十字形穿孔，勒的帶就是從這些孔中穿過，楚墓中的節約在出土時仍可見殘留有勒帶的交叉穿連痕（圖4-4）。節約就是使勒帶在相交處既可不需要扣結，也可起到堅固和美觀的作用。銜和鑣是附在馬口部的東西，一般為青銅、木或骨製成。銜為兩節青銅棒的兩端各附一銅環相銜而成，橫置於馬口中（圖4-4），鑣則是插在銜兩端的圓環中以使其不至於從馬口中脫出（圖4-4）。銜和鑣是連在勒上的。楚墓中的銜和鑣一般為成套出土，即一銜配兩鑣。彎即牽引馬的繩，有些工具書上也將其稱為韁繩，實際上彎和韁是兩種東西，彎是繫在馬口部的銜和鑣上以調動馬頭的一根繩，而韁則是繫在驂馬頭上並與服馬處的銜相連的一根繩，它是控制驂馬左右晃動的，二者各有不同的用途（圖4-5）。

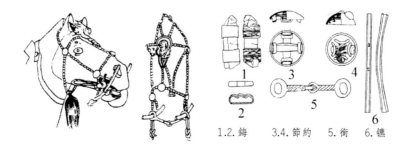

圖4-4　部分勒飾件圖

1.2.鍨　　3.4.節約　　5.銜　　6.鑣

圖4-3　馬頭部勒的示意圖　　　　圖4-4　部分勒飾件圖

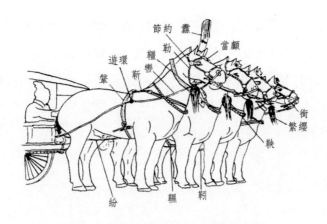

圖4-5　主要馬具及馬飾的名稱和所在部位

　　轡是較為複雜的，其一端繫在銜鑣上，另一端為駕車者所執。由於銜橫貫馬口中，銜的兩端都應繫轡，這樣每匹馬就應兩轡，兩根轡都有專名，即靠車轅的一邊稱內轡，另一根就是外轡。兩馬駕車就是四轡，所有的轡都平均分執在御者的左右手中。一些銅器上的兩馬駕車圖案也正是四轡（圖4-6）。如果四馬駕車的話，馭者所握的就應為八轡。但在文獻中所記的四馬駕車時，馭者所執的都只有六轡，這與兩馬駕車所執轡數有別，這在《詩經》及《左傳》中多見。其實，這是因為兩匹驂馬的內轡是繫在服馬上，一些銅器上的圖案也正是如此（圖4-7）。所以馭者所執的轡就只有6根了，左右手各執3根，具體的分配是，左手執右服馬的內轡和左服及左驂的外轡，右手執左服馬的內配和右服及右驂的外轡（圖4-8）。如果是三馬駕車，就應是6根轡。除去驂馬的一根內轡外，執於御者手中的轡就只有5根了。那麼一手握3根，另一手就只有握2根了。至於哪一隻手握3根，這就要看是使用左驂馬還是使用右驂馬來決定了。包山2號楚墓漆畫所見的三馬車的御者一概都是右手握3轡，左手握2轡（圖4-9）。根據圖4-9可進一步確定，包山2號楚墓漆奩畫中的三馬皆為兩服馬加一右驂馬，看來虛其左驂應是楚人駕車的特點。由於銜是含在馬口中，轡繩的一端就繫在

銜上，這就控制了馬的野性，任憑馭者以轡繩調動馬頭了。

圖4-6　淮陰高莊戰國墓出土的
銅器刻紋中的車

圖4-7　戰國銅器上所見之
驂馬轡的繫結法

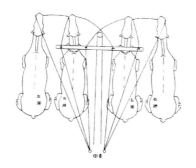

圖4-8　四馬六轡的繫結示意圖

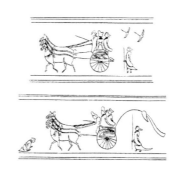

圖4-9　包山2號楚墓漆奩畫中的軺車

　　勒上還有很多飾件，馬頭正面的正中處還加有一青銅或錫的飾件，稱為當顱，馬頭上還有冠飾，稱為纛。不過這些都沒有實用性，只是起裝飾馬頭的作用。從楚墓勒飾看，製作都極為精緻，大多有圖案。曾侯乙墓勒飾上還貼有金箔。可見勒飾在具有實用性的同時，還具有觀賞性。

　　鞥、靷、鞅、鞁　這些都是駕車的馬具。鞥是驂馬的馬腹帶，其上也有很多飾件，位於馬前腹。從曾侯乙墓出土的馬身甲看，正在腹甲的外側留有一孔，顯然應是為鞥的打結而設計的。包山楚墓漆奩畫上的馬也清楚地繪有鞥。靷是引車的皮帶，經過馬腹與車木相連，類似於今天的長套，曾侯乙墓的竹簡中就記有靷。鞅即馬前胸的寬帶，也

140

即頸靻，是與車軶相配使用的，當軶卡住馬頸的上部後，還要用繩和皮帶自馬頸下拴在軶兩邊的鉤上，這樣才能將馬固定在衡上，這節繩或皮帶就稱為靷。包山2號楚墓漆奩畫中馬的頸部也繪有靷，並且還繪有清楚的結飾。靽是從兩馬腿間穿過拘系馬尾的索帶。

靳與鞶　靳是驂馬當胸拉車的套索。鞶是盤繞於馬前腹背間的腰帶，其作用是將靳與彎固定在適當的位置。靳和鞶在包山楚墓所出土的漆奩畫上都有反映，應是最主要的馬具之一。

第四節　乘車禮俗

1. 立乘與馭馬

　　古代車上的人分乘者和御者，乘者分立乘和坐乘兩種。立乘主要為男子，男子無論在兵車還是在出行所乘的車上一般都為立乘。包山2號楚墓漆奩畫中的男子都為立乘。當然也有少數車屬坐乘的。如安車就是坐乘，這種坐也只是一種跪坐，這可能與安車多為老者所乘有關。婦人主要為坐乘，這是因為婦人之車多飾帷幕而不便於立乘。

　　御者一般位於車輿的中部，主要是為了便於掌握車的方向，以利於車行於道中。從包山2號楚墓漆奩畫的駕車圖像看，它大多與文獻記載相同。前已談到，控制駕車的馬主要是通過繫於馬口部的彎控制的。古代每馬兩彎，左右各一根，除兩驂馬有一內彎繫在服馬上外，四馬駕車時就是6根彎。彎繩匯總後，分執於御者的兩手中。如果是四馬駕車，御者手中的彎就是6根，左右手各執3根彎。這就是《禮記·曲禮上》所說的「分彎」。如果只有兩服馬駕車。那麼御者手中的彎就是4根，左右各2根。如果是兩服馬再加一驂馬駕車，那麼御者手中的彎就是5根。這是與四馬駕車有區別的。包山2號楚墓漆奩畫所表現的就是如此。並且所見三馬駕車都是兩服馬加一右驂馬。兩手分

執轡繩就是為了均勻而協調地控制馬。《詩經・小雅・皇皇者華》中的「六轡既均」說的就是這個道理。當然如果遇到特殊情況，也有將轡繩合於一手中的，這種情況稱之為「並轡」。《左傳・成公二年》記晉國的主帥郤克負傷後無法擊鼓指揮，於是御者解張將所有的轡都合在左手中，空出右手來擊鼓。六轡合於一手駕車，另一手還要擊鼓指揮，可見其駕馭水準之高。但這種並轡只是應急而為，文獻中也少見，迄今所見楚國的一些畫像及他國的畫像資料的御者都是雙手握轡。

御者控制車速除雙手都握有轡外，其中一手還要握趕馬的鞭。鞭分兩種，竹條的稱為策，皮條的稱為鞭。由包山2號楚墓漆奩畫看，楚車中的御者一般都握有驅馬的長物，從表現手法中可以看出是竹杖，也即文獻中的策，並且策是握在手中，這是過去所不見的。由於鞭和策都是用於趕馬的，鞭策成詞後又引申為對人的鼓勵。同時鞭和策又都是為身分低下的御者所執，所以「鞭策」一詞又有服侍他人，為他人所驅使的含義，《史記・管晏列傳》：「假令晏子而在，余雖為之執鞭，所忻慕焉。」其中的「執鞭」即為此意。

御者駕車時極重視馭馬的技術和姿勢，一般為站立，也有跪駕的，但上身直立，目視前方，如遇前方有情況，則應迅速收轡勒馬。包山楚墓漆奩畫上車行進時的御者就是如此。如有一輛車的前端畫有一跪拜的迎者擋住了車路，御者作躬身收轡勒馬狀，極準確和真實地表現了楚人駕馭的姿勢和技術。

2. 乘車位置

車中的乘者不僅有相應的位置規定，而且還有若干相關禮儀。這就是車中的乘者不僅體現出尊卑位置，而且車在行進中遇有尊者或途經他國都有一些特殊的禮儀。

古代的車中一般只乘三人，三人的位次平時都是尊者在左，御者居中，車右在右。楚墓中所見乘車位次也是這樣排列的。文獻中還

少見有乘四人的，這用今天的話來說應是屬擠乘，不過文獻中稱這個人為「駟乘」，從已發現的古代車輿的實物看，這個「駟乘」只能是站在車後，當然乘四人的現象極少見。作戰時車上的乘員都有分工，在車左位置的是一車之首，稱為「甲首」或「車左」，一般是持弓主射。在車右位置的稱「車右」或「戎右」或「驂乘」。驂乘既是專職的戰士，也是車左位的輔佐，手中執長杆的兵器和盾牌。古代對車右有一些要求，這是因為車右既要參加實戰，又要保衛車左，還要在車遇到險情時下車排除故障和推車。所以車右一般是勇而有力的人才能居其位。《史記·商君列傳》：「多力而駢脅者為驂乘。」意思是說力大且身體健壯的人為「驂乘」。可見對車右有著特殊的要求。楚人尚左，乘車的位次與諸夏無異。當然在作戰時，有時為了迷惑對方，會故意調換一些位置，結果鬧出一些令人啼笑皆非的故事來。如《左傳·成公二年》在記鞌之戰時，韓厥在前一天的晚上夢見他父親告訴他，打仗時要躲開車輿的左邊和右邊，待第二天交戰時，韓厥真的站在中間御者的位置追趕齊侯，儘管如此，還是被齊國的邴夏所識破，邴夏建議齊侯射中間的御者，齊侯固執己見，不相信韓厥會在中間的位置，結果使韓厥避免一死。如果車中有國君，那麼國君就應當居中，御者就當居左了。在鞌之戰時，齊國的逢丑父也迷惑了韓厥，他與齊頃公換了位置，站在車的正中冒充齊頃公，結果韓厥真的把逢丑父當齊頃公給俘虜了。通過這些故事，可以確證古代乘車是有一些位置規定的。至於戰時的臨時換位，所體現的只是戰術的靈活與機動。

楚國不僅乘車有著具體位置規定，而且還有一些相關的禮儀，最常見的就是「超乘」。超乘就是在車的行進過程中，如遇到尊者，為了表示對對方的尊敬，車上左右立乘的人要從車上跳下，然後再迅速地跳上車。跳車時並不是亂跳，而是從車箱後的車門處跳，因為車的周圍沒有車欄。由於是在車行進過程中跳，所以就體現了乘者的勇猛。這一技藝常會博得他人的讚許，在楚國這一技藝還用在了相

親上。《左傳·昭公元年》記有這樣一個故事，鄭國的大夫徐吾犯有一個漂亮的妹妹，楚國的子南和子皙都想娶她，結果令徐吾犯無所適從，最後決定由子南和子皙二人分別進去請他妹妹來決斷。子皙穿著華麗的衣服進去，手捧豐厚的禮品出來。子南一身戎裝乘車而入，自中庭「左右射，超乘而出」。結果楚國的子南以獨到勇猛的「超乘」技藝打動了美女的心，子南最終被選中了，這則故事說明，楚國子南的超乘技藝是相當嫻熟的。

古代的兵車經過他國的城門，車上的甲冑之士不僅要脫下頭盔行超乘之禮。而且還要把甲冑脫下，把兵器捆綁起來，以示對對方的友好，稱之為「垂橐」。「橐」即是裝弓箭和甲的袋子。《左傳·昭公元年》記楚公子圍到鄭國聘問，武舉為副使。「武舉知其有備也，請垂橐而入，許之。」楚公子圍進入鄭國，收藏起兵器，就是向鄭國表示友好。如果乘車經過他國城門不「垂橐」，就會受到譴責。《左傳·僖公三十三年》載，秦國的軍隊在經過周王的北城門時，只是行了「脫冑」的「超乘」之禮，但沒有脫去甲衣，也沒有收捆兵器，被周王譏諷為無禮。

古代的將帥如遇君王，即使是遇敵國的君王也要下車，但不跪拜，只是脫去頭盔，向前快步走，以示尊敬，稱之為「趨」。這是因為甲冑之士身著兵服不易下拜。晉楚鄢陵之戰時，晉國的郤至多次與楚國的軍隊交鋒，但每次遇到楚共王的乘車時，他每次都「必下，免冑而趨風」。這趨風就是乘車者也即下對上所行的一種常禮。

第五章 出行篇

第一節　楚國的舟楫與水路運輸

楚人不僅具備陸路運行的車，而且還有用於水上行駛的船。考古發掘證實，船在新石器時代就已出現，在位於長江中下游的湖南澧縣城頭山和浙江余姚河姆渡遺址就分別出土有船槳，可以肯定長江流域是船的發源地之一。

楚人製作船是以其所處的特定地理位置所決定的。楚人居住在我國南方，南方河流縱橫，湖泊密布，如果離開了船，可謂是寸步難行。楚國造船的歷史可追溯至西周時期。據《左傳・僖公四年》載，周昭王南征江漢楚地時，居住在漢水之濱的老百姓恨他腐敗，故意用一條膠粘的船渡他，結果船到江心後散開，周昭王一行葬身於漢水，這竟成了後來以齊國為首的中原諸國征伐楚國的藉口之一。春秋戰國時期，楚人向外拓展疆域，已大量使用了船，楚國攻伐南方的濮地，征討長江下游的吳越，都使用了船。

楚船的實物迄今尚未發現，但屢見於文獻中，並以《楚辭》為多見。其中就見有舟、船、舲船、桂舟、揚舟以及船的附屬設施「楫」等。在這些船中，以舲船最為精緻和奇特，舲船就是開有窗戶的一種船，也就是說，船構築成木結構的艙房和室，室旁開有透雕的木格窗櫺，猶如地面上的房屋，既防曬又防雨，可以居住。顯然這是一種用

145

於遠行的船。

　　楚人不僅製造船，而且還有專門的造船作坊。據《水經注·江水》所載：「江陵縣城，楚船官地也。」這「船官」就是專門用於造船的作坊。楚船官的規模雖無法知道，但從秦漢的造船工廠的規模就可見一斑。1978年，考古工作者在廣州發現了一處秦漢時代的造船作坊遺址。船場上有3個平行排列的造船臺，說明當時已採用船臺與滑道相結合的結構原理可以製造載重達50～60噸的大型木船。這作坊的時代雖屬秦漢時代，但在戰國中期以後，嶺南一直就隸屬於楚，這巨大的造船作坊不能不說與楚國的造船術有著千絲萬縷的聯繫。

　　楚船的形制和結構還可從西漢出土的實物中得到啟發。西漢的船在江陵紀南城鳳凰山、廣州皇帝崗和長沙伍家嶺的漢墓中皆有發現。這些船雖為模型的明器，但結構清楚，都屬平底的內河航船。船的形制是，船面較平，兩端微上翹。船首設櫂，船尾設舵。船的中後部都有艙房，房壁上還開有窗。這種結構就相當於《楚辭》中所說的「舲船」。尤其是鳳凰山漢墓所出土的木船，在遣冊上還記有「大舟皆二十三槳」幾字。由於槳都是成雙成對而排列的，經復原，故知漢人所謂的大舟設有11對槳和1個舵，這正好與二十三槳相合，只不過是將舵也稱為槳了。舵的使用是中國造船史上具有劃時代意義的發明，鳳凰山位於楚南郢城內，這件船的形制所體現的無疑應是楚制。

　　船的發明不僅帶來了交通便利，而且還緩解了陸路運輸的緊張。因為船的運輸量無疑要大於車的運輸。1957年在安徽壽縣共出土了5件鄂君啟節，其中除前已談到的2件車節外，還同時出有3件舟節。舟節也是由楚王頒發給鄂君啟經關通行的免稅憑證，舟節的發現使我們對楚國的造船和內陸航運有了比較清楚的認識。

　　舟節上滿鑄金文，銘文規定：「屯三舟為一舿，五十舿。」這是說鄂君一人就擁有150只的免稅商船。不僅如此，舟節還規定了商船所載的某些物品已由楚國中央徵稅，地方關卡不得再徵稅，更為重要的

是，舟節還詳細載明了這些商船所行經的路線和終點。所述的運輸線路皆為內陸河流，即從鄂（今湖北鄂州市）出發，經漢水、夏水、長江和湘、資、沅、澧等水系，最南處直抵今湖南南部，幾乎包括了楚國境內的所有大水系。

鄂君啟舟節的發現，不僅再次證明了戰國時的楚國具有製造大型船舶的能力，而且也說明了楚轄境內縱橫交織的河流並未阻隔楚人的交通。可以這樣認為，楚國內陸航運運輸同陸路的貨物運輸一起構成了一個輻射四域的龐大運輸網路體系。

第二節　特殊兵種——舟師

楚國船舶業的發達，不僅體現在具備有貨物的網路運輸體系，還在於興建了一支特殊的兵種，即以船在水上作戰的「舟師」。

舟師一詞屢見於有關楚國的文獻記載，如《左傳·襄公二十四年》（前549）載：「楚子為舟師以伐吳。」《左傳·昭公十九年》（前523）楚平王「為舟師以伐濮」。《左傳·昭公二十四年》（前518）：「楚子為舟師以略吳疆。」《左傳·昭公二十七年》（前515）：「（楚）令尹子常以舟師及沙汭而還。」這些都是說楚人以船在水上作戰。

從文獻記載看，春秋戰國時期，各國大多已採用了水上作戰。其中以南方的楚、吳、越三國最為常見，這是由南方所處的獨特地理位置所決定的。水上戰爭的規模和場面雖不見記載，但在一些青銅器的圖案中卻能使我們一領其景觀。反映古代水上戰鬥的圖像見之於河南汲縣山彪鎮出土的《水陸攻戰紋銅鑒》、故宮博物院收藏的傳世品《晏樂銅壺》和四川百花潭出土的《百花潭銅壺》。上述器物上皆飾有金屬鑲嵌的水陸攻戰紋樣，尤其是汲縣山彪鎮出土的花紋最為清

晰，船上有士卒搖楫、執戈、射箭和擊鼓，所有士卒都佩有短劍。根據圖案中人物不同的服飾和髮飾可區分為兩個部族，即可能就是以高髻裝飾的楚部族和以圓髻裝飾的吳越部族的交戰，所表現的內容相同的是，都是以高髻裝飾的部族獲勝。這與《春秋大事表》所說的「吳越交兵數百戰，從水則楚常勝」是相吻合的，所以作器者可能為楚人。由圖案的表現過程看，應是當時水上戰爭的戰爭規模和場面的真實表現。

楚人舟師的具體情況目前還不太清楚，但楚人舟師的建立應是得益於長江下游的吳國。換句話說，長江下游的吳國常以舟師進攻楚國的邊陲，為了保證楚國東域的安全，迫使楚人迅速建立一支在裝備和作戰能力上都優於吳國的部隊，這就是舟師。因為吳人擅長於水上作戰，但楚人有陸上作戰的優勢，水上部隊一如陸上車戰來部署，使得楚人的舟師作戰能力迅速超過了吳人。這僅從西元前549年至西元前473年的76年時間來看，楚和吳就發生了20餘次戰爭，僅水上戰鬥就占了1/3，而且都是楚獲勝。其原因就在於楚人不僅按陸戰製作了各式的戰船，而且還總結了一套適宜於水上戰鬥的水戰兵法，同時還使用了專用於舟戰的水戰之具。

據《文選》李善注引《越絕書》來看，楚人舟師的種類有大翼、中翼、小翼、突冒、樓舡、橋舡五種。這五種戰船在水戰中各有所用。據《太平御覽》引《越絕書‧逸文》中伍子胥的一句話說得比較清楚，他說：「令船軍之教，比陵軍之法，乃可用之。大翼者，當陵軍之重車；小翼者，當陵軍之輕車；突冒者，當陵軍之沖車；樓船者，當陵軍之輕足驃騎也。」「陵軍」即陸地上的車戰，伍子胥將戰船全比做陸地上的各種戰車。這段話是吳王闔閭在接見伍子胥時問吳國的水軍該如何配備，伍子胥所說的，所反映的無疑是吳國的舟師情況。但伍子胥原是楚人，因其父兄受讒被楚所殺，於西元前552年逃到了吳國。伍子胥深諳楚國的兵法，他所教吳人的舟師部署無疑都是

楚人的一套。事實上，吳國地僻國遠，是一個落後的小國，早在春秋時，楚國的一些叛臣外逃到別國後都輔助吳國，以對付楚國。《左傳・成公七年》記原楚申公巫臣（屈巫）入吳後「教吳乘車，教之戰陳（陣），教之叛楚」。後使得吳國迅速強大起來，成為與楚抗衡的一支勁旅。所以吳人按楚人的舟師部署後，使得楚人在水戰中處於不利的態勢。吳楚柏舉之戰時，吳國以舟師快速出擊，攻入楚都，給楚國以重創，這很大程度上也是楚人舟師的水戰兵法被吳人掌握後所導致的結果。

楚人的舟師所擁有的當時最先進的水戰之具就是「鉤拒」。據《墨子・魯問》記載：「公輸子（魯班）自魯南游楚焉，始為舟戰之具，作為勾強之備，退者鉤之，進者強（拒）之，量其鉤強之長而制兵。」這「鉤拒」就是一種長杆的兵器。它的作用有多種，即在與敵船相遇時，可刺殺敵船上的士兵，在敵船敗潰時，又可鉤住敵船，使其不能脫逃，然後攀上敵船以短兵交戰。戰國水戰圖中的士兵除執長杆兵器外，還佩有短兵的刀劍。由此而知，水上戰鬥的最後勝負是由短兵相接的拼殺來決定的，楚人的鉤拒之具就在於控制了短兵相接的主動權。

如果說陸路運輸的車和水路運輸的船加速了楚人的經濟的發展，那麼，楚人陸路的車兵和水上的舟師又是楚國版圖得以穩固和拓展的重要保證。

第三節　楚國的交通

楚人與外界和本域內的聯繫以及往來，主要是通過交通，交通又分陸路和水路兩種。兩種交通既貫通了楚轄全境，又將楚與周邊四域聯成一體。陸路的交通是伴隨著楚國領土的不斷拓展而開通的，其中

北可通上國，西可達巴蜀，東可抵海濱，南可達嶺南。水上交通主要是楚國境內的一些水系，尤其是長江和淮河兩大水系又貫通了楚國同中原、吳越和巴蜀等區域的聯繫。

陸路的交通主要是道路，道路的名稱在古代稱謂較多。《爾雅·釋宮》：「一達謂之道路，二達謂之歧旁，三達謂之劇旁，四達謂之衢，五達謂之康，六達謂之莊，七達謂之劇驂。八達謂之崇期，九達謂之逵。」「達」即通，一達是沒有岔道的路，二達是指有岔道的路，三達是指丁字形的路，四達就是指十字交叉形的路。至於五達、六達乃至九達還很難說清它的形狀。從文獻記載看，凡車和人可行的道都可稱為路。一般而言，比較寬的路稱為康、莊和逵等。尤其是逵在文獻中多見，還不能以更多的岔道口來解釋。不過，楚國境內大路和小路都應有，其中以可以通車並貫通與周鄰國家的大道最為重要。

楚人的陸路交通由郢與外界貫通的主要有四條，一條是與北方中原相通的大道，它大致是經今荊州、襄樊、南陽，出南陽後就可與中原各國相通了。這是一條最重要和較古老的大道，春秋時楚與中原諸國的戰爭都是走的這一條大道，如晉楚城濮之戰、晉楚鄢陵之戰等。值得注意的是，這些戰爭都是大規模的車戰，可以肯定這一道路應較寬；一條是西北通秦國的大道，它大致經由今襄樊至酈城、淅川、丹鳳、商縣、蘭田、咸陽，這也是一條古道。西元前505年，當吳國攻破郢都後，楚國的申包胥入秦求救，以及秦派子蒲、子虎率車五百乘救楚也就是走的這一條大道；一條是南達黔中的大道，它大致經由今公安、臨澧、常德、益陽，包括了今湘西和湘北地區；一條是西通巫郡（即今四川）的道路，它大致經由今荊州、荊門、保康、房縣、竹溪，再由陝西的安康南下入四川。當然，由楚郢都到達周鄰國家的道路遠不止這些，我們這裡所列舉的只是四方最主要的通道。

楚國境內的道路那就更多了，幾乎所有的州郡和里邑都應有道路

可通，這可從出土的漢地圖中得到證實。1973年，長沙馬王堆3號漢墓出土了三幅地圖，一幅為地形圖，一幅為駐軍圖，一幅為城邑圖。其中地形圖不僅繪出了山川、河流、城邑，而且還繪出了道路。它所標示的範圍大致相當於今東經111度至112度30分，北緯23度至26度之間。地跨今湖南、廣東兩省和廣西壯族自治區的一部分。地圖上可判讀的道路有二十餘條，其中一些重要的鄉里居民地之間都有道路相連。這幅地圖雖屬漢代，但它所反映的基本上是南楚的範圍，是由楚入越的要道。這幅地圖既說明了楚越故道在西漢時仍存在，同時也可從側面幫助我們了解楚國原有道路的分布狀況。

　　楚國一些通向四域的主要道路的寬度現已不得而知，但由當時各國相互間的聘問和戰爭都使用車來看，最窄的也應可同時行兩輛車，如果按每輛四馬所駕的車所需3公尺的寬度計，那麼至少也應有6公尺寬以上。從江陵郢都紀南城的勘探和發掘看，楚人的道路實際要寬得多。已發掘的郢都西垣北邊城門共有三個門道，在門道處還發現有車轍的痕跡。可確知為通行車的門道。三個城門的總寬在15.6公尺以上，如果再加上2個城門垛的寬度，經過城門的街道至少在22.8公尺以上，那麼城內主幹道就可並行6～7輛車。

　　楚國宮廷內用於人行的道路雖不寬，但更講究些。潛江龍灣大型層臺宮殿基址的宮內共發現有兩條道路，寬度為1.1公尺。道路是用銀灰色的貝殼鋪成，所有的貝殼口都朝下且呈人字形排列，這是迄今所見楚國宮內人工修築最為精緻的用於步行的路面。

　　楚人的野外還應有一些徑、蹊的小路，徑又稱間道，意思是避開眾人的路，走間道也稱間行。此路一般不能通車，多是由人們抄近道而形成的便道。文獻中多有間行的記載，而且都是步行。

　　楚國的大道上應還設有館和亭，館和亭都是用來供往來使者途中歇息的場所，《楚辭·天問》中的「女歧縫裳，而館同爰止」的「館」即指道路旁所設的館。〈七諫〉中的「路室」的含義也是

相同的。當然，先秦道路旁沿途設館幾成定制，《周禮・地官・遺人》：「凡國野之道，十里有廬，廬有飲室，三十里有宿，宿有路室。」道路設館以待來者，文獻中對其稱謂頗多，漢代以後則統稱為亭了。

　　古代的道路兩旁還植有樹，包山2號楚墓漆奩畫中在所表現的車行於道的兩旁，畫工皆繪有樹，可見楚國的道旁確栽有樹，這與《國語・周語》所載的「列樹以表道」是相吻合的。

　　古代極重視於行，諸侯朝覲天子、諸侯間的相互聘問都成定制。《禮記・王制》所謂的「比年一小聘，三年一大聘，五年一朝」正是這一制度的反映。楚國更重視於行，甚至將他國使者出行於楚的活動作為大事來記年，如「齊客張果問王於栽郢之歲」，「秦客公孫鞅問王於栽郢之歲」等都是將他國來使的出行作為大事紀年的。

　　由於春秋戰國時期重視於行，故也將其納入了禮制的範疇，並設有專門的官吏——「行人」。據史所載，行人有大小之分，大行人掌大賓之禮，小行人掌邦國賓客之禮。出行的使者稱為賓，隨行的人員稱為介，出行人的等級及隨行人員的多少都有明確的等級規定。包山2號楚墓漆奩畫所描繪的車馬出行圖就是一幅完整的「聘禮行迎圖」。畫面所表現的就是賓出行時車行於道和迎賓的場面，更為重要的是，畫面既表現了賓乘車出行的情景，也表現了三名步行的隨從——介，這與《周禮・秋官・大行人》所說的「子男三介」的等級相合。顯然是一幅極具出行寫實的連環畫。由楚簡以出行作為大事來記年到漆畫所表現的出行場面，都反映出楚人重視「行」這一客觀事實。

　　行作為楚人的大事，由此也衍生出濃厚的宗教色彩，這就是出行的吉與凶。在包山2號楚墓出土的一件竹笥中分別放有五個術牌，每個牌上寫有一字，是死者生前祭祀的五神之名，其中就有一牌上寫有一「行」。行即路神，楚人重鬼信祀，為了保證出行的吉利，路神也

成了楚人常祭的神祇之一。由楚簡而知，所祀路神用的是白犬。

第四節　步行禮儀及代步工具

1. 步行禮儀

　　古代除乘車外，也免不了步行。古代對步行既分辨得細，也規定有很多禮儀。例如《釋名》所說：「兩腳進曰行，徐行曰步，疾行曰趨，疾趨曰走。」《爾雅》也載：「室中謂之時（即徘徊），堂上謂之行，堂下謂之步，門外謂之趨，中庭謂之走，大路謂之奔。」這都是對行的稱謂及不同地點有不同的步行頻率的表述。《禮記·曲禮上》還說：「帷薄之外不趨，堂上不趨，執玉不趨。」這就是古代的「三不趨禮」，因為帷薄之外看不到裡面的人，不見則不行趨禮，堂上因地方小，也可不趨，手拿玉器容易失手把玉摔破，故也可不趨。

　　楚人對步行也是講究禮儀的，《論語·微子》載楚狂接輿唱著歌從孔子車前經過，孔子想和他談談，但接輿「趨而避之」。這種「趨」並不是不尊重孔子，相反的他是尊重孔子才快步避開的。《左傳·成公十六年》記晉楚鄢陵之戰時，晉國的郤至每次遇到楚王時都行趨禮，因此楚王認為郤至是知禮的晉臣。

　　古代的步行講究禮儀，還在於步行的位置上，這就是無論如何也不能錯位。包山2號楚墓漆奩畫對我們了解楚人的步行位置極有幫助，在出行畫的場面中，載賓車的車後共有四個隨從，其中前面一人持杖緊隨車後，後面三人（也即三介）中，中間一人居前，兩邊的二人並行且稍居後。在迎賓的場面中，主與賓相迎而行，主的隨從列隊於道旁，賓的副介（也即驂乘）緊隨其後，所有人物都是依人物的身分和禮儀的尊卑位置而排定的（圖5-1），可以看出楚人在步行中是有嚴格位置規定的。

圖5-1　包山2號楚墓漆奩畫上的行迎圖

2. 代步工具——肩輿（轎）

　　肩輿即今天所說的轎子，作為代步工具的出現一般認為是秦以後的事。實際上，從考古發掘出土物看，這種看法已不能成立。1978年，考古工作者在河南固始侯古堆發掘了一座春秋戰國時期的大墓，在其墓中就出土了3乘肩輿。固始在春秋時就已屬楚，可以認為應是楚人的遺物。考古發掘證實，至遲在春秋時期的楚國就已發明了肩輿。

　　人們過去之所以對肩輿出現的年代產生模糊的認識，一方面是因為文獻上缺乏對其記載，另一方面也沒有實物材料來作說明。直到漢代才對其有了比較明確的記載，並直接稱「肩輿」為「輿轎」或「擔輿」。《漢書‧嚴助傳》中有「輿轎而隃（踰）領（嶺）」的記載，這其中的「輿轎」就是指肩輿。從《漢書》的記載中，我們可以知道輿轎主要是在山中行進時由人所抬舉的一種代步工具，因為山行時不能通車，統治者為了免其步勞，便用人來抬行。顏師古在注《漢書》時曾引項昭的一段話說：「領，山領也，不通船車，運轉皆擔輿也。」由此可見肩輿的用途和適用場合。當然，後來的轎子並不僅僅是山行時所需的工具，在平原也被派上用場了。輿字在文獻中一般是指車輿而言，有輪就稱車，無輪用人的肩抬的就是肩輿，可見肩輿與車有著較大的關係，也就是說先有車，還是先有肩輿，這是一個現在還無法說得清楚的問題。車在夏代應廣泛使用了，轎在夏代也應該有，《史記‧夏本紀》記夏禹「陸行乘

車，水行乘船，泥行乘橇，山行乘樏」。這「樏」實際就是指轎。「樏」字在《史記・河渠書》中又寫作「橋」，近人馬敘倫認為「橋」就是「轎」的假借字是極有見地的。不過，在以前還沒有發現先秦轎的實物時，馬氏的這一真知灼見並未引起文物考古界和史學界的重視。

河南固始侯古堆出土的肩輿已是比較完備的了，所出3乘肩輿雖略有差異，但整體結構大體相同。經過對116號肩輿復原，發現整個肩輿為木竹結構，由底座、立柱、欄杆、頂蓋、輿杆和抬杠組成。輿座為長方形，長134公釐，寬94公釐，高123公釐。邊框四角鑿有榫眼並相互套合，底座中間有圓形底撐木4根，其上平鋪124根竹條。輿的四周設立杆，並用竹條編成圍欄。輿前端設有一門，輿上有蓋，輿蓋仿造四面起坡式的屋面形制，中間起脊，蓋簷伸出輿外，由輿外專設的彎木支撐，儼然一座有簷的房屋。輿杆為長方形的木框，輿位於框的正中，前後各另設一抬杠（圖5-2）。整個肩輿髹黑漆，蓋和輿的四周原應飾有帷幔的設施，但出土時已腐爛。復原後的肩輿輿箱與車輿相同，輿內也鋪有竹席，應是供人乘坐的。肩輿的使用已不得而知，但從其結構看，肩輿的抬法可能有四人抬和兩人抬兩種，四人抬時既可抬輿杠，也可直接抬輿杆。兩人抬時既可肩扛橫杆，又可肩搭繩索。無論採取哪種方法抬，這種肩輿都是平穩的。

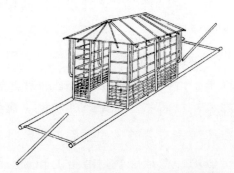

圖5-2　河南固始侯古堆出土的肩輿示意圖

　　肩輿不僅僅只見之於河南固始侯古堆的大墓，其實在曾侯乙墓中也有發現。在曾侯乙墓的東室主棺東北出土了一件圓形的框架，報告稱之為車輿，出土時由於殘碎，一些構件明顯殘缺，經復原整體為橢圓形，分上下兩層。下層為兩根方木煣成弓形，兩根相對而平放，不相連接，形成一缺口，兩根方木的兩端皆鑿成凸字形的方榫，可能是用於綁繩索用的。方木之上立小圓柱並與上層圓木相連，下層高28公釐。上層圓木由兩根圓木煣成圓形後拼結而成，拼結處對削成斜面而連接成圓形，圓形的弧度大小與下層弓形木相同。圓木之上設圍欄，圍欄呈方格形，由縱橫相交的小圓木穿成。圍欄的前後部都留有一40公釐寬的缺口，這一缺口與下層方木的缺口正相對，應為供上下用的門，圍欄殘高31公釐，復原高度為60公釐。圍欄之上為寬平面的扶手並伸出欄外，扶手平面的底部由欄外另設的彎木所支撐。扶手平面上用牛皮編織成人字形並髹漆。與之伴出的還有一把木傘，木傘與楚車上的傘也有別。顯然也應為其配套的設施並且不設帷幔。這一器形極其古怪，迄今還無人論及到它的用途，可以肯定它不是車，而且隨葬在墓主的棺室，應為墓主日常起居之物。由河南固始侯古堆所出土的肩輿比較而知，它確應為肩輿（圖5-3），只不過是形制上有些差異而已。遺憾的是一些部件殘缺，對其細部結構和使用還有待進一步研究。但從整體結構看，其使用還是比較清楚的，其下層為肩輿的底部，相當於鄧縣畫像磚墓上所見肩輿的腿，下層弓形木上的凸榫應為綁抬杆而設置的，上層圓木應還設有橫木並鋪有席，人應乘坐在上層圓木之上。經復原的肩輿的橢圓長徑約115公釐、橢圓短徑約105公釐，輿內正好可乘坐一人。與固始所出土的肩輿相比，曾侯乙墓所出土的肩輿設有底座就更顯得平穩些。根據固始所出土的肩輿推斷，曾侯乙墓所出土的肩輿可能也為四人所抬，並且輿轎的門是設在兩邊的。

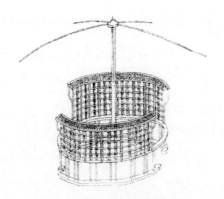

圖5-3 曾侯乙墓肩輿復原示意圖

　　肩輿作為代步工具過去一直都認為是漢以後才出現的，通過考古發掘證實這一傳統的看法是不符合實際的，儘管目前還比較少見，但可以這樣認為，它的出現年代應與車大體相當。楚國至遲在春秋戰國時期已具備這種代步工具了。由於肩輿具有實用性，並且能適應於山地也可用於平地，故而為後世所推崇。尤其是漢以後成為封建達官貴人出行的顯示身分等級的代步工具之一。隨著社會的變遷，肩輿的使用雖越來越少，但並未退出歷史的舞臺，直到現在我們仍能夠見到它的蹤跡。

第六章　建　築　篇

　　宮室建築與衣和食一樣是與人們的生存息息相關的，在上古時期，人們一般是分群而居，聚族而葬，不同時代、不同民族的習慣，也都必然反映到建築的布局和形式上來。從文獻記載來看，東周時期以華夏貴族為主體的建築是四阿重屋，並輔以觀闕臺榭和廊廡庭院等形式。但在華夏以外的四夷還有一些其他的建築，諸如「巢居」、「水居」以及「依山壘石為居」的眾多建築形式。因而從這個意義上來說，建築又是複雜的，不同的建築形式又是反映不同民族特徵和不同生活起居習俗的一個重要方面。

　　東周時期楚人的建築基本上是屬中原華夏建築形式的範疇，但就楚建築的式樣而言，又具有濃郁的楚風。其中「層臺累榭」可堪稱是最具楚人特色的建築。就楚國宮殿建築而言，與北方有著相異的地方。《左傳‧襄公三十一年》載，魯襄公出訪楚國後，豔羨楚宮的式樣，當他回到魯國後，按楚國的宮殿式樣修建了一座宮殿，仍稱之為「楚宮」，並在這座具有南風的建築中一直居住到死。可見楚人的建築別具特色，並深為異國君王敬慕和眷戀。

　　建築不可能像陶、銅、鐵質的物質文化遺存而被完整地保存下來，隨著歲月的流逝，它們皆消失在歷史的塵埃中。先秦的建築，包括楚人的建築，我們只能通過歷史記載及考古發掘所揭示的遺跡和遺

物的畫像中去領略它的風範。

宮室建築是最能夠揭示當時建築成就的，因為只有最高統治階級，才能集中全國的人力、物力和財力以及各種能工巧匠來營建宮室。因而宮殿建築同一般平民建築不可同日而語，前者的規模和規格都是後者所無法比擬的。但從建築文化學而論，它們都是我國古代匠師建築技藝的結晶。楚國的建築較多，我們只能從都邑、民宅、園林以及一些特殊建築略作介紹。

第一節　都城與宮室建築

都邑包括國都及其他一些地方城邑，考古發掘表明，至遲在新石器時代晚期就已有了城，目前在長江中游的屈家嶺文化和石家河文化就發現了為數眾多的古城址。不過此時的城址規模一般都較小，進入東周後，尤其是戰國時代，城市的規模不僅增大，而且城的數量也不斷增多。僅楚國都邑而言，除了國都之外，而且還興建了一些別都。地方城邑中除了本土的一些封君，州里的城址外，隨著楚疆域的擴展，還占領了一些他國的城邑。從擁有城的數量上看，楚當為列國之冠。

都城作為古代帝王的住所和國家政治、經濟、文化的中心是不斷發展和變化的，其主要表現在，一方面，伴隨著領土的擴展或消減，都城隨著國家的重心轉移而轉移。另一方面，強盛時期的國都規模逐漸增大，防禦體系不斷加強，同時城中的宮殿、交易的市和手工業作坊形成了整體的規劃。楚國就曾遷徙過幾次都城，先後有丹陽、南郢、陳郢和壽郢等。楚國的多次遷都，反映了楚由弱到強，再由強到弱的發展過程。值得注意的是，楚國的都城除丹陽外，其後的都城包括別都都稱郢，這是楚人在都邑稱名上的特點。

根據記載，楚國的都城分丹陽和郢，丹陽是楚國初封的都城，其地可能位於今河南丹淅之會處。自楚始封至楚文王熊貲元年遷郢，即西元前1099—前689年，楚在此建都共410年。南郢是楚文王熊貲元年自丹陽徙於此的都城城址，在今湖北荊州市，自楚文王元年遷都於此至楚頃襄王二十一年秦將白起拔郢為止，即西元前689年至前278年，楚在此建都共411年。陳郢是楚頃襄王二十一年秦破南郢後（前278），楚遷都於此的城址，在今河南淮陽，至楚考烈王十年（前253）楚暫徙於鉅剛，陳郢作為楚郢都僅25年。壽郢是楚考烈王二十二年（前241）再次遷都的城址，在今安徽壽縣，至楚滅亡為止，楚在此建都僅19年。至於楚別都和邑郡州里的城址那就更不勝枚舉了。

其實，有關楚國的都邑遠非人們所認識的那麼單一，從文獻記載來看，楚國自丹陽遷郢後，這個郢經過了多次變遷，在包山簡、新蔡簡等上還見有諸如藍郢、栽郢、 鄂郢、郉郢等。過去一般都認為，這些帶郢的地名可能都是楚王的別都。清華簡《楚居》篇發現後則進一步證明了，楚郢都確實經過了多次遷徙，而湖北荊州市的南郢一直作為春秋戰時的都城之說似應重新考慮。事實上，有關其年代，早有學者提出了懷疑。通過對城內所獲遺物分析而知，其年代大致應在戰國的中晚期。但無論如何，湖北荊州的南郢作為戰國時楚國的都城應無疑問。

在眾多的楚城中，最能反映楚國都邑建築特點的要數位於今荊州的楚南郢了。通過近數十年的考古勘探和發掘，基本探明了該城的規模、布局和建制特點。

南郢，亦稱郢，地處今湖北荊州市荊州區北約4公里，因在紀山之南而後人常稱之為紀南城，又名紀郢。南郢之名始見於《公羊傳·宣公十二年》。考古遺存揭示，這裡應是戰國時楚國政治、經濟和文化的中心，雖經兩千多年的風雨洗塵，地面迄今仍可見到封閉的古土築城垣基址。昔日堅不可摧的南國大都市的風韻猶存。

南郢的城址平面呈長方形，方向10度。經勘探，城垣東西長4450公尺，南北寬3588公尺，城址面積約16平方公里。城牆皆為泥土夯築，牆的橫斷面呈上窄下寬的梯形，現存高度在3.9～7.6公尺之間。牆體內外皆加築有護坡，其中內護坡較緩，外護坡較陡，這是易守不易攻的構築方法。不僅如此，城外四周環城牆還有一道寬20～40公尺的護城河，這就更加強了城址的防禦能力。在南牆中段和北牆中段還分別有一條王家河和朱河流入城內，並在城中部匯成一條龍橋河又自西向東穿過東城牆及護城河與城外的長湖相連，形成流動的水系。這3條水系將城址自然分割為3大塊。不同流向的水系，不僅保證了城市的給、排水的需要，而且為城市的水上運輸帶來了方便。

南郢都城最具特色的應是城牆的平面布局。城牆的東北、西北和西南的拐角皆成切角布局，東南角雖呈直角，但在相距此角不遠的南牆上向外凸出一方塊，這一凸出的方塊就是利用了城東南鳳凰山南延的最高點，將其包入城內，既可將整個南城外的情況一覽無餘，又可憑眺整個城內，這一制高點又有烽火臺之稱。城牆的拐角作切角及南牆向外凸出的布局，從視線上講，它消除了死角，擴大了視野，使守城士卒得以從多方位阻擊來犯之敵。這種平面布局在列國城市中是絕無僅有的，充分展示了楚人別具匠心的軍事防禦思想。

城牆的四周皆有城門，經探明的有7座，其中陸地城門5座，水上城門2座。除東城牆只探明1座外，其他各面城牆各有2座城門。所有城門處的城牆都變窄，這是便於防禦和構築與城門相關的建築的一種築牆方法。經發掘的西垣北邊門為三門道的城門結構。門道之間用土築長方形垛隔開，中門道最寬，為7.8公尺，應是主門道。兩邊的門道要窄些，為3.8～4公尺。由門道推算，當時經由城門的馬路寬度在30公尺左右，至少可並行12輛馬車。門道城牆處的內側皆發現有門房一類的建築，說明當時的城門有專門的士卒把守。

如果說陸上城門符合古城建制特點，那麼，水上城門則體現了獨

具楚風的建城思維。南郢城牆有3處為河流所穿過,經過探明的有2座水上城門,它們分別位於北牆和南牆的入城處。東城牆有一河流出口處,也應有水門,因公路和橋樑等現代建築所破壞而未探明。已發掘的水門是南垣西邊水門。水門的主體為4排木柱依河流流向排列而直立,柱下皆設柱礎,4排木柱形成3個門道,門道長11.3~11.7公尺,寬3.5～3.7公尺。從水門構造看,可同時並行寬度在3公尺左右的3條船。水門的門道數與已發掘的西垣北邊門的門道數是相同的,這種奇特的水門構造應為楚國所獨有。值得一提的是,這種營建水門的技術由楚人傳到了吳國。據《吳越春秋・闔閭內傳》、《吳地記》、《越絕書》等記載,吳王闔閭在吳都內也修建有水門,顯然應是受楚國的影響,這與楚國的伍子胥投奔吳國不無聯繫。

郢都內的建築也是極其講究的,經勘探,在南郢城內共有84座夯土建築基址,其中有64座分布在城內的東南部,而且大都呈中軸線對稱布局,更為重要的是,在這些臺基的東面和北面還勘探出了城牆,從其走勢看,應為宮殿的內城牆。與外城牆相對而言,這內城牆就應稱之為城,外城牆則就稱之為郭。城中再建小城,與文獻中的「築城以衛君,造郭以守民」的都城建制格局是相吻合的。大城套小城的建制是先秦列國都城所普遍採用的,山東臨淄齊國的都城、山西侯馬晉國的都城及河北邯鄲趙國的都城無不如此,說明楚國的都城總體格局仍是因襲了中國傳統的都城建制格局。

經過對城內宮殿區內偏東北隅的一處臺基(編號為30號)的發掘,揭露出的是一處建築基址。建築為雙開間式,四周皆有牆。建築臺基的前後皆發現排列有序的柱洞和桑墩(即柱礎)等,還發現有排水管和散水一類的遺跡,顯然屬大型宮殿區內的建築之一。儘管建築的上部無存,但從建築基址的遺跡和規模看,就足以體現出楚國宮內建築之龐大。

城內除了在東南部發現有宮殿區外,在城內的西北、西南、東北

也進行了一些小規模的發掘。從地面所殘留的遺跡看，其建築基址比東南部要少得多，尤其是在城區的西部發現有較多的窯址。根據古代都城「前朝後市」的建築格局推斷，其北部可能就是貿易的市，西南和西北就應是手工業作坊和城市居民區。這樣南郢內就是集宮城、市貿、手工業作坊和居民為一體的建制格局，這一都城規劃原則並為後世歷代帝王所遵循。楚國的郢都是相當繁華的，城內手工業和商業門類繁多，店鋪林立。據桓譚《新論》所載，郢都的街道是車水馬龍，密集到車碰車，人擠人，早上穿著新衣服出去，晚上就成了破衣服。這雖有些誇張，但從郢都現存的建築規模和布局看，仍不失有南方繁華大都會的遺韻。

宮室是古代帝王的府第，後世的統治階級都極重視對宮室的營建。考古發掘證實，至遲在夏代就有了宮殿建築，西周時的宮殿建築已趨完備。陝西鳳雛發掘的西周甲組宮殿基址表明，宮室的建築已按中軸線對稱布局，不過此時的宮殿形式仍是四合院式的結構。進入東周後，隨著「左祖右社，前朝後市」的營國制度的產生，宮室建築除了仍保留中軸線的對稱布局外，其規模卻更宏大了，這就是朝、寢、庭、廂、宗、社、府、室等一類的建築分區明確，布局嚴謹，組成一個龐大的豪華的建築群體。楚國的宮殿全貌雖未得以保存，但通過考古發掘證實，至遲在春秋戰國之際，楚國的宮殿建築已按其不同的功用分區布局了。從南郢城內勘探結果看，其東南部所分布的臺基不僅密集，而且還是按中軸線對稱布局的。勘探還表明，每一個建築臺基大小有別，互不連續，既有東西向的，也有南北向的。說明各個臺基原應都是單體的建築，並有著功用上的區別。正是由這些不同功用的單體建築的有序排列，組成了一個完整的大型建築群，再用土築城牆將其圍繞，形成一個城中城——宮殿。

宮殿既然是城中一個封閉的群體建築，那麼，它就必然有觀、闕、廟、寢、堂、庭、箱和房等一系列的建築。楚國的宮殿雖未完整

保存，但在相關的文獻中都可以見到這些名稱。可以確知，楚國的宮殿區內應有不同功用的建築。

觀和闕　觀闕都是宮廷大門外的建築，稱觀，是因為人可以站在上面瞭望守衛，《楚辭》中就有「高唐之觀」。闕是觀式建築的一種，是因為它一左一右夾住宮殿大門的入口，就像缺（闕）了一樣，故因此為名。

廟　為宮前區的建築，屬祭祀的場所。《左傳·昭公元年》就記楚公子圍外出有軍國大事，曾先到父祖之廟告別的。根據《考工記》所記的「左祖右社」的建築模式，廟當在宮殿的前面，即屬於宮前建築。

寢與堂　寢和堂是宮殿的主體建築，它既是楚王的起居之所，也是施政之處。按吉禮所載，寢和堂較近，即「前堂後寢」。堂也即「朝」，同後來所謂的「殿」是一回事。《楚辭》中多見有堂的描述，〈招魂〉中兩次提到「高堂」，可知堂也是高臺建築。據《淵鑒類函》所載：「古者為堂，自半以前虛之謂堂，半以後實之，謂室。堂者，當也，謂正陽之屋。」這是說堂和用於寢的室是相連的，它們都是正南向的建築。堂的一半的前簷沒有牆，是虛敞的，兩邊及後半部都有牆並設有房間，從平面上看，尤如一個「凹」字形的結構。《楚辭·招魂》有「經堂入奧」一語，「奧」是指西南角的房間，說明楚國的堂和寢也是相連的一個整體。後世及現在的一些農村仍把中間前後開門的房子也即主人活動的地方稱「堂屋」，其習慣稱謂應是淵源於此類建築。

庭　即宮中房屋所圍成的空曠地，也即院子。《說文》：「庭，宮中也。」《玉海》：「堂下至門謂之庭。」實際所指的就是宮殿中堂至門的一段空地，由於宮內的建築較多，所以庭也就多，一般是大門至二門之間的庭稱外庭，二門以內的庭稱中庭或內庭，文獻中所指的庭多指內庭。楚宮中的庭也是在堂與門之間。《左傳·昭公十三年》

記楚共王有五個寵子，但不知立誰為繼嗣，於是他們想了一個碰運氣的辦法，這就是要巴姬暗地裡將玉璧埋在「大室之庭」，令五個兒子當庭而拜，誰壓住玉璧的紐，誰就為繼位人，結果是平王壓紐而繼位。這大室之庭就是堂外的空曠之地。據文獻所載，庭一般都較大，庭中不僅植有樹，而且還可以陳放車，同時庭中還設有火炬，這火炬因在庭中，故又叫庭燎。庭燎既可以照明，也是接待賓客時顯示其隆重的一種設施。據《大戴禮記》所載，天子百燎，公五十，侯伯子男三十。庭作為朝見君王的地方一般都較莊重，君王之庭又稱朝或朝庭，這個庭也可以寫成廷，其意義是一樣的。所以「朝廷」成詞就是從古代宮殿建築的功用而來的。

　　箱　是指宮中兩邊的房子，古籍中也稱廂或房。箱在建築的規模上要比主殿的堂和室遜色得多，同時其建築面積一般也較小，它多為宮內人員的起居和庖廚之所。鳳雛甲組西周宮室建築的兩邊不僅都有箱房，而且還發現有火塘，可以確證其用途。楚人對兩邊的房也稱箱，包山2號楚墓槨室的中室（即寢），兩邊各設有一邊箱，這兩邊的箱就是模仿了地面宮室兩邊的箱房，其中的一個箱竹簡稱之為「食室」。在兩個邊箱的後部還有一室，竹簡徑直稱為「相徙」，可見楚人的庖廚也大多在箱房中。

　　楚人的宮室建築是極其考究的，就主殿而言，一般都有挑簷柱，形成環繞的廊，南郢30號建築基址的發掘已證實了這一點。

　　由於楚宮室屬群體建築，宮中還設有多重宮門，散見於文獻中的楚宮門就有多種，其中最著名的就是《韓非子·外儲說右上》所見的「茅門之法」。這茅門就是楚宮中的門名。楚宮中不僅有正門，也有側門。據西漢劉向的《說苑》所載，身材矮小的晏子出使到達楚國後，楚人為了羞辱他，不讓他走正門，結果遭到晏子的反唇相譏。從這則故事中我們可看出，出入宮中的正側門有著等級之別。

　　除了宮中的門外，宮中的室也都有門和窗。門古稱「戶」，窗

古稱「牖」，從楚墓發掘看，多見有門窗結構的，尤其是門的形制和結構與我們今天大致相同。楚墓中所見的皆為對開的雙扇門，上有門楣，兩邊有門框，下有門限（也即今天的門檻），靠近門框邊的上下端還設有用於轉動的門臼和門樞。在郢都30號宮殿建築基址上還發現了一件大青銅門環，無疑是宮門上的遺物，說明宮門上還安有大型的銅環。據《楚辭》而知，楚國的門窗上多刻有網狀的窗棱格紋。

楚國的宮室建築都是高臺建築，入室必須有臺階，通上臺基的臺階古也稱「階」。古籍中常有「阼階」和「賓階」，都是宮中的臺階。從潛江龍灣楚國大型層臺宮殿基址的發掘看，就設有階梯，其臺階的骨架是木質的，內填細泥土，可見極其講究。

楚人的宮室建築是龐大的，所包容的建築成分當很多，限於篇幅，不可能盡陳其辭而逐一介紹。總體而言，在布局上，它應是上承商和西周的宮室結構，但在細部上又有創新和發展，並對後世帝王的宮室之制有著深遠的影響。

第二節　民宅建築

民宅是楚國普通庶人的住宅，它與楚宮室相比，無論從建築的規模，還是從布局上都大相徑庭。這既取決於當時的社會等級，也取決於當時的社會經濟基礎。從建築文化學的角度而論，民宅的建築特色與風格仍是不容忽視的一個方面。

楚國的庶民階層是楚國社會構成的一個重要組成部分，提到庶民不能認為他們是一貧如洗的，事實上，他們仍占有一定的生產和生活資料，具備生產和再生產的能力，也是楚國社會財富的直接生產者和創造者。從考古發掘材料看，凡是楚國墓地，都有相當一批庶民墓葬，同高規格的墓葬相比，其差別既表現在隨葬品的多寡上，也反映

在棺槨的結構上；從棺槨結構上看，有的無室，有的僅一室，還有一室一箱或一室兩箱的。棺槨的規模大致體現了死者生前的社會地位和經濟狀況以及由社會地位和經濟狀況所決定的住宅建築規模。可以肯定，楚國的民居建築結構應極其簡單。

楚國的民宅迄今還未被發現，但在江陵九店56號楚墓出土了一批「相宅」簡，其中專門談到了居室建築的吉與凶。56號楚墓為庶人墓葬，其生前極有可能就是從事相宅之術的，所談到的宅第大多是反映楚民居的。從相宅簡中我們可以見到很多建築的名詞，即有垣、堂、室、窗、門等，甚至還談到了廩（糧倉）和井等一類的附屬建築設施的建築方位。通過這些記述我們可大致看出，楚人的民居也有堂室和門窗，同時還有倉井，並有圍牆環繞居址。尤其值得一提的是，相宅簡與雲夢秦簡《日書》極其相似，因此結合雲夢秦簡，對了解楚國的民居極有幫助。

秦代的民宅建築形式在秦簡《日書》中有較多的記載，在《封畛式》中就談到一個士伍的住宅為「一宇二內，各有戶，內室皆瓦蓋，大木具。」這裡的「宇」是指「堂」，「內」即「臥室」也即「寢」，「皆瓦蓋」是指屋頂施有瓦，「大木具」是指屋頂由木構所組成。其形狀就是一棟「一明兩暗」的面闊三間式的木結構房屋。再結合其他簡看，這種宅地中還有圍牆、廩、井、家禽圈等一類的附屬建築。秦代士伍的身分不高，應屬一般下層居民。由此而知「一宇二內」應屬當時民間常見的一種建築形式。

由楚相宅而知，楚民宅的形制應與秦簡所描述「一宇二內」的民宅的建築形式是相同的。因為秦簡《日書》與楚相宅簡有因襲關係。尤其是秦簡和楚簡中都談到了室外的圍牆，可以確知，楚民宅外也有土築的圍牆。不僅如此，楚民宅的院落內還有井、廩等一類相關的生活設施的建築。毫無疑問，秦代的民宅當是楚國民宅建築形制的一種繼承。

一宇二內的院落式建築應是楚民宅常見的一種形式，正是由這些眾多的民宅建築構成了一個個村落，這對我們了解楚國的聚落形態極有幫助。事實上，一宇二內的建築形式是中國傳統民宅的流行形式，它極適宜單一個體家庭的生產和生活，直到今天仍能見到它的蹤跡。這一建築形式究竟起源於何時已不得而知，但通過近年來的考古發掘證實，至遲在新石器時代的屈家嶺文化就已出現。1998年，考古工作者在湖北應城門板灣遺址發掘了一處保存完好的屈家嶺文化晚期的建築居址，居址為坐北朝南的四開間建築形制，中間兩間較大，兩邊兩間較小，每間房子內都有門相通，共有房門6個，門寬60～80公釐，在房子中間兩間各開1個朝北的大門。房子的牆上還開有窗戶，窗子的木框架痕跡明顯。其中，中間的兩個房子的南牆上各開2個窗戶，東、西間房的南北牆上各開1個窗，最東間的房子內還發現有2個灶坑。房子保存較好，除頂部未保存下來外，土坯磚的牆體都得以存留，最高處殘存2.1公尺。另在距房子東牆5公尺處還發現一段圍牆痕跡。從平面布局看，它應為「二宇二內」的建築，與一宇二內的建築有別。但十分清楚的是，它也有寢、庖廚和圍牆一類的建築，顯為一宇二內的早期形制，可見流行於楚地的一宇二內的建築形制由來已久。

　　一宇二內的院落式建築應是楚民居的常見形制，它來源於史前的院落建築，秦漢以後就已基本定型，並一直為後世民間所沿用。事實上，這種建築在漢代的典籍中已經多見了。《漢書·晁錯傳》載：「先為（移民）築室，家有一堂二內，門、戶之閉。」張晏注：「二內，二房也。」這也就是我們今天所見的一明兩暗的建築形制。

　　通過楚簡和秦簡以及所發現的楚地早期建築遺跡，使我們約略可見楚民居的建築形制為一宇二內的建築，而且得知楚人的民居建築是極其講究的。由楚相宅簡看，楚人建房的日期確定、地基及圍牆的高低、房屋的方位等與人們的貧和富、吉和凶息息相關，因此，人們在建房時，往往都要請人看地和卜測，古稱「堪輿」，也就是今天所說

第六章 建築篇

的看風水。這儘管含有濃郁的陰陽術數成分，但說明盛行於魏晉的堪輿之風至遲在戰國時期的楚國就已形成了完備的理論體系，並在楚民間的建築中被普遍採用。

第三節　其他建築

楚人的建築除了上述的類型外，還有苑囿。上古的君王都有苑囿，《說文》：「苑，所以養禽獸也。」因為苑中養有大量的珍禽異獸，苑囿實際上就是供君王觀賞和田獵的場所。歷代帝王都極為重視對苑囿的建設。苑囿中除了有花木草叢外，還有一些供統治者休憩和娛樂的建築，集園林和建築為一體。楚人極重視苑囿建築，楚人的苑囿分宮內苑囿和郊外苑囿兩種。宮內苑囿應是在後宮之中，它含有更多的人工成分，並與宮內的其他建築渾然一體。《楚辭·大招》描寫楚國的後宮苑囿就是「孔雀盈園，畜鸞皇只，鵾鴻群晨，雜鶖鸧只，鴻鵠代遊，曼鷫鷞只」。宮中的苑囿主要是供王室成員休憩和遊玩的場所。郊外的苑囿則遠離國都，屬於禁苑囿，一般人不得入內，它是專供楚王娛樂和田獵的地方。從建築規模看，郊外的苑囿要比宮內苑囿大得多，它更多的是利用了天然園林，再加上一些人工建築點綴而成。《孟子·梁惠王下》中的「文王之囿方七十里」就是指的天然園林。楚人的郊外苑囿範圍也較大，古籍中的「雲夢」或「江南之夢」就是楚人的一處最大的苑囿，《襄陽耆舊傳》載：「楚王好遊獵之事，揚鑣馳道乎華容之下，射鴻乎下水之濱。」華容即今潛江市境內，20世紀80年代，考古工作者在潛江龍灣發掘了一座大型的楚國層臺建築基址，即楚國的章華宮。章華宮屢見於文獻記載，是楚王田獵遊樂的離宮別館。經對龍灣遺址的調查，在附近還分布著15處大型臺地遺址和墓群，可以確證這裡為一處楚國的大型宮殿建築群，而其地

域正在古雲夢之內，因而應是楚王的郊外苑囿。如此龐大的園林建築在列國中是絕無僅有的，足見楚人的苑囿建築已達到令人瞠目結舌的地步。

第四節　特殊建築——地室

楚人除建造具有明顯楚風的地上高臺建築外，還熱衷於修建鮮見的地下建築，這地下建築就是地室，地室古也稱窟室。

地室是修建在朝宮或寢室之下的一種建築，其形制和結構我們已無法知曉，但其獨特的結構和恢弘的氣概令諸夏生畏就可略知一二了。《左傳·成公十二年》載，晉國的郤至到楚國聘問，楚共王接待了他，正當郤至將要登堂時，編鐘等樂器聲突然從地宮中響起，以致郤至「驚而走出」。在地室奏樂接待外國的使臣當是一種大禮，但郤至從未見過這種場面，他只聞其聲，而未見其聲從何而出，因而出了「洋相」。從這一具有喜劇色彩的故事情節中我們得知，楚國的地下建築規模是較大的。因為「金奏」不只是編鐘，還應包括了編磬、鼓和琴瑟等一類的輔助樂器，同時還應有一支演奏的樂隊，如果建築規模太小，是不能演奏的。從曾侯乙墓編鐘等樂器出土時的排列看，就足見楚國地室的規模了。

楚人的地室除了用於演奏外，也可用於居住。《左傳·襄公二十年》記載，楚國的蒍子馮在暑天裝病時，穿了兩件絲綿襖，外面再加套皮服，以示自己的身體極度虛弱。但在盛夏時如此著裝定覺不適，於是，他就特意修建了一個地下室，並在地下室裡放上冰塊和床，躺在床上。這個地下室就是在盛夏時納涼和休息用的。

當然，地下室並不只是楚國所獨有，吳國也有，稱之為「堀室」。《左傳·昭公二十七年》記載，吳公子光（即後來的吳王夫

差）刺殺吳王僚時就是「伏甲於堀室」。這「堀室」就是地下室。北方的鄭國也有，稱「窟室」或「壑谷」。《左傳‧襄公三十年》載：「鄭伯有耆酒，為窟室，而日夜飲酒，擊鐘焉。朝至，未已。朝者曰：『公焉在？』其人曰：『吾公在壑谷』。」鄭國的地室不僅見之於文獻，也見之於已發掘的考古材料。20世紀60年代，考古工作者在位於河南的鄭國都城，也即鄭韓故城的西城內發掘了一處地下室。地下室是由地面向下挖一個口大底小的階梯狀的長方形土坑，然後在土坑的四壁內側由下向上分層夯築四壁。四壁的表面塗抹草拌泥，外表再貼一層凹槽磚。在南壁的東端修築有一條13級可供上下的臺階。地室底內還並列有5口用於窖藏的陶井。地室的上部為木結構的瓦頂設施，由地下室的諸遺跡判定，這樣的地室應為專用於冷藏的地下室。

就楚國的地室而言，楚轄境內雖未發現像鄭國那樣的地室建築遺跡，但掘地為室的構造方法與鄭韓故城的地下室應是相同的。由於受地理因素的影響，可以肯定其建築難度和風格應是相異的。這是因為南方的楚國湖廣雨多，地下水位高，再加上其土質易於崩塌，掘地為窟的地下室建築難度相當大，這就需要有一些獨到的設施和材料來建造具有楚地風格和特色的地室。從考古發掘材料看，楚人是有眾多的建築材料和方法來克服這些地理因素弊端的。譬如楚都紀南城內就發現有很多水井，水井分土、陶和木三大類，陶井則是由燒好的一節節井圈，自下而上套接而成。木井圈則是用2根半圓的大樹將中間鑿空後再扣合，這些都是為了防止土井緣的垮塌。再則，楚地還發現有大量的木炭和陶質的排水管，這些還可以解決地室的積水。由此可見，楚地的不利因素，並未阻止楚人向地下拓展空間，創造出色的建築奇葩。

吳人的地室是用來宴享賓客的，鄭國的地室是除宴享外，還用來冷藏，楚人的地室除二者兼而有之外，還用來居住。更具特色的是，

它還有成套的樂器並用演奏的方式來接待外國來訪的使臣，這是他國所未見的。值得提及的是，楚人的地室更具有隱蔽性，以至於外國的使臣在登堂時，極難發現其所在的位置。這種集建築技藝和音樂氛圍為一體的特殊建築，只有楚人才能夠刻意去追求和創造。

第五節　建築材料

建築所包容的文化因素是較多的，可以說它是人們社會風習、精神風貌、審美情趣、社會意識等諸多方面的載體，然而充分體現建築水準的則是建築材料和建築技術。

楚國的建築材料運用較多，可分為天然和人工兩種。天然材料主要為土、木、砂、石等；人工材料則是根據建築的需要而特殊製作的。楚國所使用的人工建築材料較多。可分為液體和固體兩類。液體材料包括油漆塗料、顏料等。固體材料則包括了金屬構件和燒製的一些陶質材料，限於篇幅，我們只對後者略作介紹。

楚國的金屬構件迄今已發現有銅質的金釭和錫扒釘。

銅釭亦稱「黃金釭」，其名見於《漢書‧外戚傳》，因其形類似於容納車軸的車釭而得名。魏晉後有稱為「列線」。其主要功用是套連木柱之間的節點，隨著榫卯結構的發展並廣泛採用，金釭又成了木柱上的裝飾構件。這一構件在陝西春秋鳳翔秦宮中多見，楚國至遲在春秋時也大量運用於建築。目前楚金釭的實物已發現1件，出土於湖北當陽季家湖楚城。金釭為直角形，中空，轉角處稍弧。儘管殘破，但仍可見應為大型宮殿上的建築構件（圖6-1）。其當是用在兩木柱的轉角處（圖6-1）。戰國曾侯乙墓編鐘木架上發現有這種構件，但它不是連接兩端的木柱，而成了銅人與木柱之間的節點，同時更具有裝飾性。楚郢都紀南城遺址的一個水井內也出土了1件類似於曾侯乙墓編鐘

架上的小型銅構飾件。繁縟的紋飾和結構，表明戰國時期楚國用於建築的金釭應具備有實用與裝飾的兩種功能。

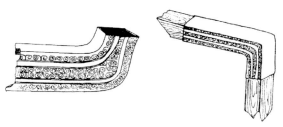

圖6-1　金釭及使用位置

　　楚國專門燒製的陶質建築材料有磚、瓦和排水管等。磚作為建築材料至遲在新石器時代就已出現，不過此時的磚只是一種坯磚，即是未經焙燒的。湖北應城門板灣遺址的牆體就是用這種磚所砌成的，並且採用了條側結合、錯縫疊砌的方法。土坯磚磚長30～41公釐，寬19～20公釐，厚5～8公釐。經過焙燒的磚直到西周晚期才開始出現，但迄今所見的這種焙燒磚也只局限於鋪地用。楚國在東周時已開始使用焙燒的紅磚。這種磚見之於章華臺遺址，磚長40公釐，寬10~12公釐，厚5～8公釐（圖6-2）。在南郢紀南城內還發現了花紋繁縟的模製空心磚，這種磚也只是用來裝飾的（圖6-3）。若干考古資料表明，楚國建築的牆體用磚仍很少，這可能與當時的窯堂小，而牆體用磚多有關。楚國的建築，包括宮廷建築仍以土坯磚為主。

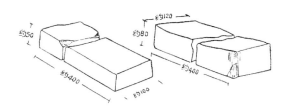

圖6-2　潛江龍灣放鷹臺遺址出土的陶土磚

174

圖6-3　楚都紀南城內出土的花紋空心磚

　　瓦是建築所不可缺少的材料之一。我國建築用瓦在西周時就已
開始出現。東周時楚國已普遍使用焙燒的瓦了。楚國的瓦分筒瓦、
板瓦和帶瓦當的筒瓦三大類。筒瓦為半圓筒形，一般長40公釐，寬17
公釐。瓦表面飾繩紋，一頭有瓦舌，使用時瓦舌套入另一筒瓦的尾
內（圖6-4）。板瓦則是與筒瓦相配使用的一種瓦，俗稱底瓦。板瓦
較寬，弧度較大，瓦背面也飾有繩紋，一般長41公釐，寬28公釐左右
（圖6-4）。帶瓦當的筒瓦為屋簷部使用的一種瓦，形制與筒瓦相同，
只是在瓦的尾部多帶一承簷水的當（圖6-4）。當有圓形，也有半圓
形，有些瓦當上還模制有紋飾，具有極強的裝飾性。

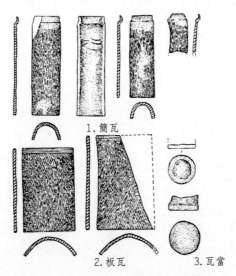

圖6-4　紀南城內出土的筒瓦、板瓦和瓦當

排水管作為建築材料在龍山文化就已出現。楚國在建築中已廣泛採用了排水管，楚郢都城內發現最多，其形制有兩種。一種是以兩塊半圓形的筒瓦相扣合而成，兩節相連處用半節筒瓦加固；另一種是直接製成圓筒狀，一端粗，一端細，各節相套連（圖6-5）。排水管皆埋於房基的地下，主要用於排庭中和屋簷部的水。從考古發掘材料看，排水管在出土時都有一定的斜度，其出水口都是通向屋簷外的散水處。

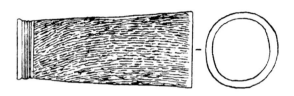

圖6-5　紀南城新橋遺址出土的陶排水管道

第六節　建築技術

楚人的建築之所以為他國所豔羨，其中最主要的就在於它擁有當時最先進的一些技術。建築技術的高低，取決於當時的社會生產力的發展水準。楚國青銅冶煉、礦山開採、鑄造和焊接、銅鐵工具的使用等，都為建築技術的長足發展提供了物質基礎。

建築技術也是多方面的，它既包含了選址、設計與施工，也包括了組合建築材料的製作和安裝等。由出土眾多的楚實物看，大多以比例對稱、實用大方、裝飾華麗而著稱，因而反映在建築上的也一定是熔對稱、美觀與實用於一爐的建築風格。

楚人的建築是以木結構為主的建築，從楚國的木工工具及木工工藝上就足以體現出楚國的建築技術與水準。

楚人的木工工具較多，主要種類有用於砍伐的斧、錛、刀和鋸

等，也有用於鑽挖的鑿和錘，還有用於雕刻的銼、削和夾刻刀等。可能還使用了《墨子》一書中所說的規、矩、繩、縣、平水儀等工具。從楚墓所見的木質器具及木槨構造中看就採用了多種方法。僅從木槨看，木與木之間的連接除用金屬扒釘外，更多的則是採用了榫卯結合的辦法。僅榫頭而言，就有掛榫、子母榫、圓角榫、鎖榫、錐榫、栓榫、燕尾榫等。同時還使用了鏤孔的技術。更為稱奇的是，曾侯乙墓的外棺還採用了銅質的框架，並預鑄成不同的凹凸榫，然後再與木板相接合，這就更顯牢固。這種青銅鑄造工藝與木工藝相結合的方法，幾乎不見於楚轄以外的地區，無疑這些技術都用於楚國的建築了。

層臺與累榭是楚人特有的建築風格，層臺的構築只有通過其特殊的建築技術才能實現，這就是夯築與版築。

夯築即用杵將土打實，類似於今天用重型機械將土碾壓結實。版築即是在地上立兩行立木柱，柱裡放上木板，兩木板之間填土，並用夯一層層打實，待土乾後再撤去木柱和木板，這樣就形成了筆直的牆體。牆的寬度可根據立柱來確定，牆的高度則是由一塊塊木板側疊而成。如果撤掉木柱和木板後，可在壁面上留下一道道板縫痕，考古工作者正是通過這些遺跡現象來判定其建築工藝的。據《說文》所載，築牆的版有長有短，長版稱為「栽」，短板稱為「牏」。栽是指牆兩邊的版，牏是指牆兩擋頭的版。楚國建築中普遍採用了這一技術，考古發掘中所揭露的楚城牆、宮室基址以及墓葬都可以見到夯層和夯窩，尤其是在潛江龍灣大型楚層臺建築基址中不僅見到有清晰的版築痕，而且還見有木板。楚人之所以廣泛採用這一技術，是因為高臺建築只有通過夯築和版築才能實現。

夯築和版築的出現是人類歷史上的一大發明。考古發掘表明，我國至遲在仰韶時代就已發明了這一技術。它是人類告別穴居，走向地面居住所必需的技術。這種技術不但可以提供堅固的房屋基址，而且可以就地取材，施工便捷，以至於從史前一直延用至今。

楚人夯築與版築的使用極其廣泛，經過發掘證實，楚南郢城牆的牆體就是用版築築成的，因牆體長而高，可以推知它應是用眾多的長版築成，也即文獻中的「栽」，近年來，在楚簡中屢見有「栽郢」之稱，這「栽郢」極有可能就是因以長版築成的都城城牆而得名的，從大量遣冊而知，楚人有以製作手段名物的慣例，這是從建築技術的角度給我們的啟示。

第七節　室外裝飾

楚人的建築具有南國風情，有著極高的裝飾藝術價值。楚人的建築雖未得以保存，但華麗的裝飾卻保留在眾多的文獻裡。其中很多都是出自楚人自己筆端的描述，集中體現的就是《楚辭》，雖然所見皆為王宮貴族的府第，但反映出的楚居室的裝飾風貌仍是彌足珍貴的。楚人的室外裝飾主要是表現建築的外部效果，最具特色的就是裝飾宮室的臺、垣、階、牆體、門窗、屋面和簷柱等。

楚國建築的臺、階、垣已使用了磚石鑲嵌和木板包裹。《楚辭‧離騷》和〈天問〉分別有「瑤臺」和「璜臺」。「瑤」和「璜」都是美玉名，這實則是指用大理石鑲嵌的臺和護欄，是賦興手法使它們昇華成了美玉。楚人的這種石材雖未被發現，但可以知道盛行於東周的磚雕鑲嵌技術已被楚人普遍使用了。在楚郢都紀南城內就發現有花紋繁縟的壁畫空心磚，這種磚就是專用於鑲嵌牆面的。木柱包裹技術已被考古發掘所證實，在潛江龍灣楚國大型層臺宮殿基址的上層臺基上就有發現，其中東側門不僅用厚木包裝，就連外面的貝殼路的兩側也鑲嵌有木板。不僅如此，上層臺基的四周還採用了串梁，立柱後採用木板封閉，在基內填土夯實，從外表上看，儼然一座木構的臺基。

宮殿的外牆採用了泥灰細抹，用泥灰細抹的技術在新石器時代的屈家嶺文化就已使用，近年發掘的應城門板灣遺址房屋的牆壁就是用黃黏泥塗抹的。楚人已使用一種香椒泥，《九歌・湘夫人》中的「播芳椒兮成堂」一語，就是指房子的牆用摻有香椒的灰泥作粉飾。

　　門窗的裝飾更講究，因為門是建築的關鍵部位，入室必經門。從考古發掘材料看，在戰國時，楚國已有了比較完備的門，其形制與今天的門相同。整套結構分為兩扇對開的門，門的上下還設有用於轉動的斗和臼。其上為門楣，兩邊為門框，其下為門檻（也即限）。門上一般都透雕有窗棱格紋，並以紅漆粉刷。《楚辭・招魂》：「網戶朱綴，刻方連些。」「方連」就是將門透雕成四方連續的圖案。這樣既可保證房問的採光，又美化了建築構件的外表。為了便於門的開啟，門上還安裝有金屬的門環。南郢紀南城內的30號宮殿建築基址就出土有一件銅環，與今天農村所流行的門上的門環大體相同，顯然為宮門上的遺物。

　　裝飾最為別致的是屋簷，《國語・楚語上》記楚國的伍舉在談到楚章華臺的侈麗時說：「不聞其土木之崇高雕鏤為美。」「鏤」是指刻桷，即雕刻的方椽，〈招魂〉：「仰觀刻桷，畫龍蛇些。」意思是說抬頭觀看，屋簷邊的簷椽雕鏤著各種花紋，彩繪著龍蛇。與椽飾相映成趣的是半圓瓦當和圓瓦當，不僅如此，還在簷部設立了檐溝，這檐溝即《楚辭》中的「絕霤」。檐溝的設立，不僅起到了外裝飾效果，而且使屋面的流水集中向一個方向排流，不至於四處濺落到屋簷下的平臺上，充分顯示了楚人在建築中外觀裝飾與實用的有機結合。

第八節　室內裝潢

　　楚人既注重室外裝飾，更刻意於室內的裝潢，這就是從視角上充

分造就一個寬敞高雅的空間氛圍，這一思想延至數千年後的今天，人們仍在樂此不疲的創新和實踐著，足見中國傳統文化植根之深，覆蔭之廣。

有關楚人的室內裝潢也大多見之於《楚辭》，在一些楚人的遺址和墓葬中也依稀可辨。裝潢的部位主要是房屋的頂、壁和地等。裝潢材料除了竹、木、石、磚外，還運用了當時最為華麗典雅的絲綢。不僅如此，還採用了多色顏料和壁畫，充分展示了楚人的美學思想。

楚人室內的頂多用木板做成平頂，即相當於現代裝潢中的吊頂。《楚辭·招魂》：「經堂入奧，朱塵筵些。」這裡的「塵」就是「承塵」，是指室內的頂棚。「筵」有延續意，「朱」是形容詞用如動詞。意思是說，經過廳堂，進入室內，屋內的上面都是用紅色塗刷的頂棚。這一裝飾的目的就在於使屋頂縱橫交錯的木構架不至於外露，形成空間平面的效果。楚人採用平頂裝飾的技術在業已發掘的楚墓中得到了淋漓盡致的展現，這就是在一些大中小型楚墓中，絕大多數墓葬的槨室蓋板下都鋪有一層較薄的平板，考古俗語稱之為頂板或分板，這頂板就是來源於地面建築的室內平頂裝飾。

與室內頂棚相比，楚人對內壁的裝飾更講究。

室內的壁面是採用椒泥粉平，《九歌·湘夫人》中的「播芳椒兮成堂」一語，就是指的用椒泥塗抹而成的「椒壁」。椒不僅消惡除臭，而且還散發芬芳的氣味，給人以清新之感。楚人對椒可謂是情有獨鍾。楚人既食椒，也佩戴椒，還以熏椒來散發香味，楚墓中大多隨葬椒就足以證明了這一點，但以椒泥塗牆應是楚人的一大發明。

楚人室內的壁面還採用了華麗的絲綢來裝飾形成帷幔。《楚辭·招魂》：「翡帷翠帳，飾高堂些。」這是說室內用絲綢來飾壁。到楚莊王時還使用了不同的紋飾的絲織品——縑來飾壁。《列女傳》中楚襄王的夫人自己也說：「宮垣衣締，人民無褐。」楚人

以絲綢作壁飾在楚文物中也可得到證實。如一些楚墓槨室的四壁都釘有木楔，這楔就是用來張掛絲織的帷幔的。不僅如此，在一些楚墓的槨壁上還殘留有絲織物，如長沙烈士公園3號楚墓外棺內壁的東西兩擋板上就發現有裝裱的壁繡，從其位置看，完全是模仿了生前宮室的裝潢。顯然，楚墓中所張掛的絲織物應是來源於地上建築室內四壁絲織帷幔的裝飾手法。除此之外，室內還有靈活分間的隔扇。《九歌·湘夫人》：「擗蕙櫋兮既張。」「櫋」即隔扇，這裡是說剖開蕙草做成隔扇。分間的目的是為了使人進入室內後有幽深曲折之感。

室內的壁面還採用了壁畫裝飾，膾炙人口的屈原的〈天問〉之作就是緣發於楚別都宮廟殿堂中的壁畫。《新序·雜事》所載的楚葉公子高好龍的故事也是反映室內壁畫的。楚人擅長以壁畫裝飾室內，不僅反映在題材的廣泛、畫面的壯闊上，還反映在色彩的變化中，前者可以〈天問〉為代表，後者則可以品類繁多的彩繪漆器和帛畫為旁證。據孫作雲先生對〈天問〉壁畫所作的復原，畫中不同人像至少出現有70位，怪物至少有15種之多，不同的景物至少18景，大型群像場景至少15幅。楚國的彩繪漆器迄今發現數以千計，據粗略統計，其不同色號至少也在30種以上。楚國的壁畫在楚墓中也有反映，江陵天星觀1號楚墓槨室和曾侯乙墓內外棺上都發現有彩繪紋飾和圖像，儘管其規模和題材遠遜於〈天問〉所述的壁畫，但從有限的平面空間中，我們仍能夠窺見楚人對壁畫裝飾的奢好來。

居室地面的裝飾材料是多種多樣的，主要是石、磚、木和席等。《九歌·東皇太一》所述的「瑤席兮玉瑱」中的「瑤」就是一種美玉，接近於大理石，這是以石鋪地的例子，不過迄今還尚未發現；自西周發明的磚一直用於鋪地，在楚地得以延續，南郢內發現的空心磚既有裝飾效果，又有防滑的功效，這是以磚鋪地的例子；潛江龍灣1號臺基南側的建築群及東側耳房的地面不僅安裝有地梁，而且在地梁上

鋪木板，這是以木鋪地的例子。至於以席鋪地既見於諸多的文獻，也為出土眾多的竹席尤其是彩繪竹席的實物所證實。需要提及的是，楚人還有以貝殼鋪地的例子。在潛江龍灣1號臺基的東側的南段門与門相對的中軸線上發現了一條用貝殼鋪成的廊道，所用貝殼都是經過精心挑選，並將貝殼面朝上，按人字形紋鑲鋪。以貝殼鋪地迄今還不見於他國，這種既精巧又高雅的裝飾手段應為楚國所獨創。

房屋的頂、四壁及地構成建築空間的六個面，是楚人居室裝潢的主體，不同質地的裝飾材料，色彩斑斕的圖案交相輝映，置身於這樣的居室，宛如進入金碧輝煌的天堂。

第九節　室內陳設

楚國的室內陳設主要是指生活用品的擺設，由於社會階層的不同，其陳設自然有著差異。不過從楚墓發掘看，楚國的室內陳設是有一定規律的，即按用途分置於各個不同的室中。在南北朝以前，室內還沒有桌椅板凳，而是席地而坐，所以室內陳設最多的應是竹席。

竹席上一般擺設几和案，几在古文獻中又寫作「机」，几為木質，但不高，形似今天的長條小板凳。楚墓中所見的几有兩種，一種是平板几，類似於高足案，但比高足案窄（圖6-6）；一種是立板几，即兩邊有高出的兩塊擋板，類似今天的一層書架（圖6-7）。兩種几在使用上應有區別，平板几的主要用途是坐時憑倚休息的。《詩經·大雅·公劉》：「俾筵俾几，既登乃依。」意思是說給賓客設好席和几，使客人登上筵席，靠在几上。立板几可能用於置物。需要提到的是，楚墓中的平板几多製成微弧形或微弧面，板面的高度位置正當人跪坐時的胸部，這樣更能舒適的憑倚。這種結構用今天的話來說，就是符合人體工程學。

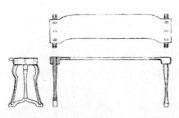

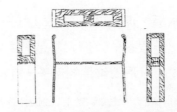

圖6-6　包山2號楚墓出土的平板几　　　　　　圖6-7　包山2號楚墓出土的立板几

　　室內陳設除几外，還有各種案，所以古代几和案常連言。楚墓中常有大量的几和案的實物出土，說明几案是楚人必備的傢俱。

　　堂上還設有俎，俎除飲食時切肉用外，也用於祭祀。楚人重鬼信祀，上下階層，都行祭祀之禮，甚至還有日享月祭之風，俎也是楚人必備的傢俱。從考古發掘看，楚墓的祭品一般都放在頭箱，當是俎陳設於堂的依據。

　　楚人的寢內還陳設有床，楚床是用於臥的，而不是用於坐的。這與後來文獻中所見的「坐床」有別。《左傳・宣公十五年》記宋國的大夫華元夜入楚國的軍中，登上了楚帥子反的床上，子反「起之」，雖然句子中沒有直言子反是睡的姿勢，但從「起之」中就可知道子反原是睡著的。楚床的實物目前已發現2具，分別見於信陽楚墓和包山楚墓，十分巧合的是，兩張床的長寬基本相等，所不同的是，包山楚墓所出的一張床是折疊床。折疊床由床身、床欄和床屜三部分組成，床身是由兩個完全相同的方形框架拼合而成，每半邊床分別由床擋、床枋、橫撐等組成。各構件分別由榫卯、活動木軸和鉤狀栓釘固定。其折疊方法是，先略向上提起安卯孔中的中橫撐，使鉤狀栓釘脫出，將兩方框鬆開並取下中橫撐，然後將短連枋鉸的一段的床枋先內折，再將另一床枋內折靠攏。折疊後的床長為137公釐，寬僅15公釐，實際上折疊後的長度就是原來床的寬度。這種床是為了節省槨室空間而精心設計的，體現了楚人充分利用居室空間而陳設物品的高超技藝。

　　庖廚陳設的主要是灶具和炊食用品，從楚墓的發掘資料看，禮

器、食器以及兵器等一般都是分類分組放置的，說明楚人生前對物品的陳設極其講究，這一點在很多楚墓中都可以得到比較明晰的反映。

第十節　起居習俗

楚人的起居習俗是日出而作，日落而息。飲食以一日三餐為主，這三餐就是我們前面所談到的「雞鳴」、「日中」和「日入」。早上開門，晚上關門，也即「朝啟夕閉」的生活習俗相沿不衰。江陵九店56號楚墓的相宅簡還專門談到了「朝啟夕閉」和「朝閉夕啟」的凶與吉，反映了楚人的起居習俗。

前面我們曾多次談到了楚人席地而坐的習俗。其實除坐外，楚人拜、臥，也離不開席，並有不同的名稱而加以區別。從包山2號楚墓遣冊記載看，楚人的席有多種，即根據不同的需要和場合用不同的席。如用於睡覺的稱寢席，用於俾拜的稱俾席，用於跪坐的稱坐席等。這些席應有製作工藝上的差異，同時也應有大小之別，甚至還應有使用數量的不同而所反映的等級差別。過去我們只知道古人是席地而坐，還沒有從使用場合的不同而有著不同的席來認真研究。包山楚墓的發掘，使我們獲得了新認識，對研究楚人的起居習俗有著重要的參考價值。

坐席是專門用來跪坐的，古代的坐是極其講究的。說到古代的坐，與今天有著較大的差別，古代的坐一般都是跪坐，即坐時兩膝著地，兩腳的腳背朝下，臀部落在腳踵上。楚人的坐席就是用於這種跪坐的。這一坐式在大量的漢畫像磚和畫像石上可以得到明晰的反映。現在朝鮮和日本還保留有這種坐法。如果將臀部抬起，上身挺直就叫做長跪，又稱跽，這是對對方表示的尊敬，也是將要起身的一種準備姿勢，但不能稱坐。當然古代還有一種失禮的坐式，稱為「箕」或

「踞」。其姿勢是兩腿平伸，上身與腿成直角，形似簸箕，這就是一種不拘小節的表現，在古代重禮的風俗中，尤其是有他人在場時是絕對禁止的，所以《禮記‧曲禮上》規定：「坐毋箕。」

　　古代的坐席是極有規矩的，是嚴格按長幼尊卑而排定的。如果失禮就會受到尊長的譴責。楚國是重禮的，知道古代坐席的姿勢，也有助於了解楚人的坐席禮。《禮記‧曲禮上》載：「為人子者……坐不中席。」這是說，一張席子獨坐是以中為尊，只要位卑，即使獨坐也只能靠邊。又「群居五人則長者必異席。」這是說一張席子只能坐四人，如果其中有一個長者，就必須得單獨坐到另一張席上，並且要坐在席子的中央。如果有尊者進來，卑者就應當避席或膝席。避席又稱違席，即離開席子在地上伏。膝席就是長跪。目的都是表示對對方的尊敬。席子在堂中一般都要放正，即席的四邊與堂和室的壁邊要平行，《論語‧鄉黨》：「席不正，不坐。」就是對擺席的要求。楚人的坐席禮應大致與之相同。

　　楚人的坐席還講究方向。即坐西向東為最尊，其次為坐北向南，再次為坐南向北，坐東向西的位置最卑。《新序》卷一曾記有這樣一個故事，秦國打算攻打楚國，派使臣先到楚國看寶器，楚王問令尹子西是否可以給秦人看，楚國的子西說：「不知道。」當問到昭奚恤時，昭奚恤卻看出了秦的真正用意，就對楚王陳述道：「秦國來使是想看我國的得失，打我國的主意，真正的目的不是看我國的寶器，而是看我國的群臣，自然就包括禮儀。」楚王就要昭奚恤接待秦使，於是昭奚恤就設了面向東的坐次一個，面向南的坐次四個，面向西的坐次一個。當秦使到達楚國後，昭奚恤就安排秦使坐在了最尊的位置，即坐西向東，楚令尹子西、太宗子敖、葉公子高、司馬子反四人依次坐在了次尊的位置，即坐北向南。而昭奚恤作為接待主持人選擇了一個最卑的位置，即坐東向西。經過昭奚恤依次把楚國的貴族向秦國的使臣介紹後，秦國終於取消了攻打楚國的計畫。這則故事說明楚國還

是重禮的，因為在古人看來，重禮則國昌。當然本故事中的昭奚恤、子西和葉公子高並不是同時代的人，其史料價值值得懷疑，但所述楚國坐次的尊卑位置是可信的。

楚人坐次的尊卑位置在楚裔的漢人中仍可看出，大家所熟知的《史記・項羽本記》中的「鴻門宴」的坐次就是一幅楚人的尊卑位置圖。「項王即日因留沛公與飲，項王、項伯東鄉坐，亞父南鄉坐，亞父者，范增也，沛公北鄉坐，張良西向侍。」這個宴會雖是在軍中舉行的，但其位次應同室內。項羽自坐東向是喻自己最尊，范增雖為謀士卻號稱亞父，因此他南向坐，劉邦北向坐，位置較卑，這說明項羽根本就沒有把他當客人，其位次還不如項羽手下的謀士。張良的地位最低，當然只能坐在最卑的位置，即西向坐，司馬遷還特別加了一個「侍」字。這個位次與《新序》所載的尊卑位置完全相同，所體現的也自然是楚俗了。由於東向坐為最尊，相對於南向坐的位次而言，正在其左面，故又引申出了楚人尚左的起居習俗。《左傳・桓公八年》記隨國的季梁說：「楚人尚左。」這大抵是來源於楚人以東向坐為尊的位次。

由於室內的活動都是在席上進行，且人體都是與席面直接接觸，故而由外入室還必須要脫鞋，以防室外的污泥帶入室內弄髒衣服。在桌椅未出現以前，這一規矩一直都是嚴格遵守的。《左傳・宣公十四年》記楚莊王想攻伐宋國，但一直沒有理由和藉口，當他聽到派往齊國的使者被宋人殺死後，興奮得「投袂而起，屨及於室窒皇」。「屨」即鞋子。「窒皇」即寢門。這是說楚莊王有了伐宋的理由後，高興得來不及穿鞋就跑出了門外，以至於楚莊王的僕從提著鞋子一直追到了寢門外。這是楚人入室脫鞋的直接記載。當然，入室脫鞋後，鞋必須要放在門外，它還可以向後來人表明室內已有人，後來者就應依禮行事了。《禮記・曲禮上》載：「將上堂，聲必揚；戶外有二屨，言聞則入，言不聞則不入。」這是說來者在入室前要高聲叫，是

讓室內的人有所準備，如果來者看到室外有鞋，能夠聽到房間內的講話聲音才能進去，這說明室內的人沒有談機密事。如果房外有鞋，又聽不到聲音，來者是不能隨便進去的，否則就會使室內的人很尷尬。可見入室脫鞋不僅使室內保持了乾淨，而且，還有社會人倫的合理成分。

　　楚人的臥也是比較清楚的，在包山2號楚墓所出土的一張折疊床上就放置有很多與臥相關的臥具，比較全面地反映了楚人的起居習俗。臥具的鋪設是，在床上先鋪竹簾，次鋪草席，再鋪竹席，竹席之上鋪所墊的絲綿被，之上才是用於蓋的絲綿被。床上還另設用於墊頭的竹枕，當然這只是冬季的一種臥法。從絲綿被的結構看，既有內絮絲綿的厚被，也有內無絲綿的夾被。顯然，這應是為適應不同季節的需要而製成的不同被服。說明楚人已根據不同季節的變化而變換臥具。至於夏季的臥法自然是直接臥席了。一些文獻中所見到的「臥席」並不是指一年四季都睡在席上。實際上，臥席只是指專用於鋪在床上的一種席子，與床上的竹簾一樣，其大小與床的長和寬相同，一年四季都鋪在床上。這是通過包山楚墓所見床上的全套鋪設給我們的啟示。

第七章　禮　俗　篇

　　中國古代是一個重禮的國家，大凡生死嫁娶等等人生大事，都
要依禮行事。禮不僅只是體現具體的禮節儀式，還包括有一系列
的規章制度、行為準則和思想觀念，故禮的範圍極其廣泛。由於社
會的變遷，朝代的更替，各代統治階層都對禮制進行了符合當時統
治階層利益的修訂和完善，所表現的各個朝代的禮又不盡相同，所
以，禮又與社會和文化的發展演變有著密切的關係。在古代，周代
的禮是較為完備的。可以說是中國古代禮制的源頭。根據傳世文獻
《周禮》一書，禮可劃分為吉禮、凶禮、軍禮、賓禮、嘉禮五類，
稱之為五禮。其實，周代的「五禮」，不僅是社會生活中的規定和
儀式，還包括國家政治上的制度等。由於古代法律、官制之間沒有
明確的區別，所以，許多政治、法律方面的規定也都與禮的內容相
重合。故近代學者章太炎在《檢論》一書中說：「禮者，法度之通
名，大別則官制、刑法、儀式是也。」

　　楚國作為周代的一個方國，也是一個重禮的國家，考古發掘證
實，如凶禮中的喪葬制度、用鼎制度、棺槨制度以及飾棺制度等大多
與周禮相同，但在部分內容中又有著自己的特色。有關楚國的禮制及
禮俗的情況我們雖不能作完整的勾勒，但從部分考古出土的楚文物及
簡牘中可略窺其一斑。

第一節　槨外銅戈與《周禮》中的「戈擊方良」

清理包山2號楚墓時，在位於槨室蓋板的東南部，緊貼槨室蓋板的一側放置了一件帶柲銅戈，戈全長0.94公尺，戈頭朝北，戈樽與槨蓋板南端平齊，顯係有意識的放置[①]。這一跡象在過去所發掘的楚墓中所僅見[②]。

戈頭為銅質，戈表面佈滿鑄造時所遺留下的不規則花紋。該戈為單戈，柲及樽均為木質，通體素面。整戈製作輕捷，短小精悍。從已發掘的楚墓來看，隨葬品大多置於槨內和棺內，而該戈卻置於槨室蓋板之上，當不屬於墓葬的隨葬品之列。就同墓所出的戈、矛、殳等兵器看，全部隨葬於槨室內南室之中，其長度也都在1.50公尺以上，最長的達4.172公尺，並且大部分兵器的柲部都縛有雉雞羽毛，而該戈無論在其長度還是在裝飾上與南室所隨葬的兵器相比都大為遜色，顯然與為墓主專備的實用兵器有別。

銅戈既非隨葬品，卻又放置於槨外，其中必有其底蘊，筆者認為，它當與古代的喪葬禮俗有關。

戈在古代除了是普遍用於征戰、重創敵方的實用兵器外，也是喪葬時專門用於難卻疫鬃惡鬼的得力武器，而執掌後者戈的只能是方相氏。據《周禮・夏官》所載：「方相氏掌蒙熊皮，黃金四目，玄衣朱裳，執戈揚盾，率百隸而時儺，以索室歐疫。大喪、先柩及墓，入壙，以戈擊四隅，歐方良。」於此可見，方相氏在力卻方良時所用的是戈。

方相本身就與喪葬有關，其起源於傳說的黃帝時代，據《事物紀源》引《軒轅本紀》曰：「帝周遊時，元妃嫘祖死於道，令次妃嫘嫫

---

① 湖北省荊沙鐵路考古隊等：〈荊門市包山楚墓發掘簡報〉，載《文物》，1988年第5期。
② 此跡象在該墓的發掘簡報中未作報號，僅為筆者參加發掘時所見。

監護，因置方相，亦曰防喪。」周時並專設其職，人死之後，「故葬家必以方相為先驅[1]」。方相可能就是防喪的音轉或意諱。

方良是傳說裡的地中之凶煞，又稱罔兩或魍魎，《周禮·夏官·方相氏》下注：「方良，罔兩也。」《太平御覽》九五四引《風俗通》作「魍象」。在古代，人死之後，必掘地為壙而安葬，由此，古人認為掘地必驚方良，而方良又專食亡者的肝腦。為保護死者的安寧，須得由專門的職掌方相氏為先驅，入葬前後在墓壙的四周執戈揚盾揮舞，以擊死方良，驅惡避邪。因此包山2號楚墓槨外的銅戈當為方相氏驅逐方良後的遺物。

楚國崇巫風，尚鬼祀，其俗大抵同於上國，但烈於諸邦。在楚轄境內，上自中庭，下至鄉僻，無不蔚然成風，這在文獻中俯拾即是，更能說明問題的是，在迄今所發掘的一些大中型墓中，如江陵天星觀1號楚墓[2]、江陵望山楚墓[3]以及屬於楚系的隨縣曾侯乙墓[4]，都有為數可觀的禱告鬼神的簡文，就包山2號楚墓本身而言，僅卜巫祭禱簡就有二十餘組[5]。從文獻和簡牘中，我們不難發現，楚人在大到戎事修備，小到疾病出行，都要禱告鬼神。在這種氛圍中，在喪葬時，楚人相信地下存在著一種看不見的土怪方良就不足為奇了。

包山2號楚墓不僅存在著戈擊方良的葬俗，而且從該墓中還可以看到方良的化身，這化身就是墓坑底部中間腰坑中隨葬的一隻整羊。無獨有偶的是，方良在一些典籍如《韓非子》、《呂覽》中稱「商羊」或「常羊」，有些古籍裡也稱作「墳羊」、「夷羊」或「冥羊」[6]。

① 〔宋〕高承：《事物紀原》卷九，中華書局，1989年版，第482頁。
② 荊州地區博物館：〈江陵天星觀1號墓〉，載《考古學報》，1982年第1期。
③ 湖北省文化局文物工作隊：〈湖北江陵三座楚墓山土大批重要文物〉，載《文物》，1979年第7期。
④ 隨縣擂鼓墩一號墓考古發掘隊：〈湖北隨縣曾侯乙墓發掘簡報〉，載《文物》，1979年第7期。
⑤ 包山墓地竹簡整理小組：〈包山2號墓竹簡概述〉，載《文物》，1988年第5期。
⑥ 〈古漢語裡的俚語語源〉，《燕京學報》第36期，轉引自何新：《諸神的起源》，三聯書店，1986年版。

《國語・魯語下》：「土之怪曰墳羊。」高誘注：「墳羊，土之精也。」《廣雅・釋天》：「土神謂之羵羊」。這種土神常見之於郊野之地，《國語・周語》高誘注：「夷羊土神，殷之將亡，見商郊野之地。」土神方良確是一種酷似羊的怪獸，其形象我們還可以從長沙馬王堆西漢帛畫中得到啟示[1]，這幅帛畫的畫面依其內容的不同分天界、人界和地界三部分，值得注意的是，在代表地界的底層畫面的兩條巨鼇的尾端，各立一隻羊角怪獸，顯然，這怪獸就是方良形象的寫實。

一個需要辨明的問題是，在殷周的一些墓葬中，腰坑多有所見，並且坑內也有葬人或豬、狗等別的牲畜。毋庸諱言，所葬犧牲都是為了祭祀。我們認為，腰坑中無論隨葬什麼動物，大抵都是土怪方良的濫觴。因為，方良畢竟是無形的，方相氏在墓壙中戈擊方良後，必當以有形的動物來作表徵，以示祭墓，而以羊來表徵方良當更為接近人們想像中的形體。

如果說上述推論還不足以說明問題的話，那麼，我們還可以從旁徵的文獻材料中得到更為明晰的啟示。據《國語・魯語下》所載：「季桓子穿井，獲如土缶，其中有羊焉，使問之仲尼曰：『吾穿井而獲狗，何也？』對曰：『以丘之所聞，羊也。丘聞之，木石之怪曰夔、蝄蜽；水之怪曰龍、罔象；土之怪曰墳羊。』」[2] 從這一段記載中，可以看出古人穿土掘井也曾發現土中葬羊，儘管沒有載明是否屬於墓葬，但藏之於地中的羊喻以土怪方良當無疑辭。

先秦喪葬中戈擊方良的禮俗不僅存在於楚地，而且也見之於異邦，這從考古發掘的材料中還可足資證明。

1978年，考古工作者在湖北隨州市西北郊發掘了曾侯乙墓，在東室主棺內棺的頭端及兩側的窗格紋兩旁，繪有形態各異的操戈神獸武

---

① 湖南省博物館：《長沙馬王堆一號漢墓》，文物出版社，1973年版。
② 《國語》的另一版本明道本作「羵羊」。

士①。操戈神獸武士，有人釋為「土伯②」，有人釋為「方相氏③」，也有人駁其兩說，主為「開明獸④」，三說雖各有所據，但解釋墓葬中的遺存與現象如果納入當時的喪葬禮俗及其信仰範疇內去考察，當更具說服力。我們認為，曾侯乙墓主棺內棺上的操戈神獸武士實際上就是《周禮・夏官》中「率百隸而時儺」、「執戈揚盾」的方相氏，這雖與包山2號楚墓的槨外銅戈表現形式不同，但所寄寓的含意一樣，都是為了驅惡避邪。

1957年，考古工作者在位於河南省三門峽市的上村嶺發掘了一處兩周之際的虢國墓地，在所發掘的234座墓葬中，絕大多數墓葬的槨蓋和棺蓋上都放有為數不等的石戈、骨戈和蚌戈⑤。這些戈顯非實用武器，報告的編寫者認為，這些戈是「具有宗教意義的象徵性武器」，其說至為精當。我們認為，這些戈實際上也與方相氏擊戈方良相關。值得一提的是，把戈放置於死者的葬具之外，與包山2號楚墓有著驚人的相似之處。更令人信服的是，在同一時期，同一屬國的墓地中，絕大多數墓葬的葬具外都放置戈，成為該墓地的一大特色，以此而論，如果沒有戈擊方良的葬儀，是不會有此共性的。

1986年秋，考古工作者在北京琉璃河燕國墓地發掘了一座大墓，該墓雖然被盜，但在該墓墓室的東南角也發現了兩件銅戈⑥，對於這一現象，該文雖未對其性質詳作介紹，但與包山2號楚墓相比，戈的放置方位二者極為近似，這並非是偶然的巧合，似也與方良有涉。

更值得一提的是，在兼有楚制的漢文化中也可見到方相的圖像。

① 隨縣擂鼓墩一號墓考古發掘隊：〈湖北隨縣曾侯乙墓發掘簡報〉，載《文物》，1979年第7期。
② 湯炳正：〈曾侯乙棺畫與（招魂）中的「土伯」〉，載《社會科學戰績》，1982年第3期。
③ 祝建華、湯池：〈曾侯漆畫初探〉，載《美術研究》，1980年第2期。
④ 郭德維：〈曾侯乙墓主內棺花紋圖案略析〉，載《江漢考古》，1989年第2期。
⑤ 中國科學院考古研究所：《上村嶺虢國墓地》，考古學專刊丁種第十號，科學出版社，1959年版。
⑥ 中國社科院考古所、北京市文物研究所等：〈北京琉璃河1193號大墓發掘簡報〉，載《考古》，1990年第1期。

第七章　禮俗篇

馬王堆漢墓出土了眾所周知的「T」字形帛畫和《導引圖》絹畫[1]，在長45公釐、寬43.5公釐的細絹上分上中下三層彩墨畫有不同的天神和地祇，其中在中層的左端繪有一操戈神人，頭呈雙重鹿角狀，巨眼圓睜。兩腮作八字鬚，滿身飾鱗甲，赤足作側立狀。該圖像與曾侯乙墓棺畫上方相極為相似，應為方相無疑。除了神祇圖像外，在該絹的右端自上而下書有通欄文字一行，其語意大體為祝由禁語，該圖顯然為祛惡避邪之物。由此看來，漢代的喪葬也是盛行戈擊方良的禮俗的[2]，說明楚國戈擊方良的禮俗為後來的漢文化所傳承，所不同的是方相已演變為祛惡避邪的神祇。

迄今為止，在所發掘的先秦墓葬中，尤其是楚墓，戈擊方良的禮俗跡象還不多見，但我們絕不因此而否定這種禮俗在當時的存在和風行。從上述諸例中，可以看出，在地域相遙、國別相異的情況下，在兩周之世乃至漢代的繪畫中都可以見到這種禮俗的遺痕，於此，我們可以得出如是結論：《周禮》所記載的「戈擊方良」的史實是可信的，楚國也無疑存在著戈擊方良的禮俗。

第二節　鳳鳥雙聯杯與《儀禮》中的三酳合巹

包山2號楚墓不僅因保存完好而引人矚目，而且還以出土文物之精美而蜚聲學壇。在數以千計的出土文物中，彩繪鳳鳥雙聯杯當首屈一指，為迄今已面世的數以萬計的楚文物中所僅見。

鳳鳥雙聯杯出於2號墓東室，全器做成一站立的鳳鳥負雙杯狀，前端為頭頸，後端為尾翼。在鳳鳥的腹部左右並列兩個筒形杯。雙翼雕

---

[1]　周世榮：〈馬王堆漢墓的「神祇圖」帛畫〉，載《考古》，1990年第10期。

[2]　見《續漢書·禮儀志·大儺篇》、《續漢書·禮儀志·大喪篇》、《太平御覽》五五二引蔡質《漢官儀》。

刻的兩杯的前部，成展開狀，似在振翅欲飛。鳳鳥鳥頭高昂，目視前方，啄銜一黑漆底繪有紅黃相間的圓環紋珠，扁長尾微上翹。鳥頭、頸、身和尾部遍刻象徵羽毛的鱗頭紋。通體除尾翼底部為紅色外，餘皆為黑漆底，並用紅、黃和金三色漆繪圓圈紋、卷雲紋和點紋等。鳥頭和身部嵌有銀色寶石八顆，其排列為，頂上一、頸兩側各一、兩翼各二、下胸部一。兩杯形制相同，直壁平底。腹壁相連處有一貫通的圓孔。杯內髹紅漆，杯口繪黃色卷雲紋，杯外壁上口及近底處一段用黃、紅色相間繪波浪紋，杯外壁中部用黑色繪相互盤繞的雙龍，龍頭伸向兩杯相連處，龍身加繪雙金色龍紋和紅黃色的圓圈紋。龍紋外的空白處填紅色，繪黃色雲紋。杯底髹黑漆，以紅色分別繪蟠龍，兩杯底外側各按一雛形鳥足。鳥雙翅上展，雙足蜷曲，作飛翔狀，黑漆底上用紅、黃和金三色繪圈紋和線紋等。全器長17公釐、寬14.4公釐、高9.2公釐，杯口徑7公釐。

　　鳳鳥雙聯杯製作考究，當屬用器無疑，但從華麗的裝飾和精湛的紋繪中看，又非同一般的用器。值得注意的是，兩杯並列，複合為一，杯體內有圓孔相通，似當為雙人相對共飲之器。

　　雙人共飲之器，在古代稱之為「巹」，是古代婚禮儀式上夫婦實施三酳儀禮的飲器。據《儀禮·士昏禮》所載，夫婦結婚時需「實四爵合巹」，即「初酳」、「三酳用巹」的「合巹」儀式。《禮記·昏義》也有「婦至，婿揖婦以入，共牢而食，合巹而酳，所以合體同尊卑，以親之也」的記載。

　　關於合巹而酳的用器——「巹」的形制怎樣，由於年湮代遠，已不得而知，根據《禮記·昏義》的記載，只知道是一種合體用具。於是，後人曾對此作過種種推測和考釋，東漢鄭玄在《禮記·昏義》注中曾解釋為「破瓢為巹也」。孔穎達疏：「謂半瓢，以一瓠分為兩瓢，謂之巹，婿之與婦各執一片以酳，故云合巹而酳。」鄭玄、阮諶在《三禮圖》中也曾考釋為：「合巹，破瓢為之，以線連柄端，其制

一周匏爵。」《禮記集說》注也說：「共牢則不異牲，合卺則不異爵，合卺有合體之意，共牢有同尊卑之意。體合則尊卑同，同尊卑則相親而不相離也。」[1]從上述的記載和注疏中，我們可以看出，婚禮上的合卺用器是兩個形制相同的複合飲器，這一點是大抵毋庸置疑的，但漢唐儒學家所謂的這種剖葫蘆為合卺的簡單形制，未必可信。

1.包山 2 號楚墓出土　　　　2.淮陰高莊戰國墓出土
3.曾侯乙墓出土　　　　　　4.鄭州大河村遺址出土
5.甘肅馮家坪出土（齊家文化）6.內蒙古甕牛特旗出土
7.內蒙古石羊石虎山出土　　8.寶雞竹園溝 1 號墓出土
9.青海民和征集（馬家窯文化）10.滿城漢墓出土
11.長沙南郊晉代墓出土　　　12.福建泉州西南郊唐墓出土
13.廣州新會官沖窯址（唐）　14.濟南無影山西漢出土
15.16.臺南高山族的雙聯杯

圖7-1　雙聯杯或雙聯壺圖

---

① 　陳澔：《禮記集說》，上海古籍出版社，1987年8月版。

到了明代，一些古玩鑒賞家大量收集古董，也不乏有傳世的複合飲器面世，其形制之考究，令時人讚譽，並在他們的著述中將此器名之為合巹。現在我們雖不能見到其實物，但從其著述中仍可窺見其形制。胡應麟《甲乙剩言》記：「都下有高郵守楊君家藏合巹玉杯一器。此杯形制奇怪，以兩杯對峙。中通一道，使酒相過。兩杯之間承以威鳳，鳳立於蹲獸之上。高不過三寸許耳。其玉溫潤而多古色。至碾琢之工，無毫髮遺憾，蓋漢器之奇絕者也。余生平所見寶玩，此杯當為第一。」陳繼儒《妮古錄》也記有一件名為「雙管漢玉杯」的形制為：「下穴一酒眼過酒，有鴛鴦及熊蟠其上，乃合巹杯也，而精巧非常，血浸中半雜青綠。」這兩件都傳為漢代之物，於此可見，合巹用器的形制在明代的著述中才比較清晰地體現出來。

　　戰國時的合巹用器形制如何呢，當我們把包山2號楚墓的鳳鳥雙聯杯同明代的古玩鑒賞家所提及的漢代合巹相對照的時候，發現有很多相通之處，即二者都是由雙杯聯體構成，都是負於鳳鳥之上且杯與杯之間有小孔相通。說明了楚國的合巹用器與漢代的合巹形制大體相同，這種造型，正體現了「共牢則不異牲，合巹則不異爵」的匠心。而包山2號楚墓的鳳鳥雙聯杯通體飾以彩繪，鑲嵌寶石，更是渲染該器和婚禮的莊重。因為「昏禮者，禮之本也。夫禮始於冠，本於昏，重於喪祭，尊於朝聘，和於鄉射，此禮之大體也[1]」。

　　合巹禮儀是一夫一妻制的對偶婚姻家庭確立後的產物，在我國起源甚早，可以上溯至新石器時代並綿延於後世。在考古發掘中，合巹用器也多有所見。在屬於仰紹文化晚期的大河村遺址曾出土了一件彩陶雙聯杯[2]，兩杯相連處有一圓孔貫通，左右腹部各有一貫耳；發掘者根據房屋的建築形式和室內用具的陳設，就推測當時已出現了一夫一

---

① 見《禮記·昏義》。
② 鄭州市博物館：〈鄭州大河村遺址發掘報告〉，載《考古學報》，1979年第3期。

第七章　禮俗篇

妻制的婚姻關係，是很有見地的；在甘肅地區也見有屬於齊家文化和馬家窯文化的雙聯杯[1]，值得注意的是甘肅齊家文化的雙聯杯，也有小孔相通，器身表面刻畫有對稱的人首蛇身像，在交叉形的十字把上刻畫有「乂」形符號；在內蒙古昭烏達盟敖漢旗石羊石虎山和甕牛特旗石棚山還分別見有雙聯壺[2]，壺口並列共一腹部，也當屬於雙聯杯在區域文化中流行的差異；在西周墓葬中也可見到合巹用器的材料，寶雞竹園溝1號墓曾發現一件單鋬的陶製雙聯杯[3]，雖然形體較小，兩杯也有小孔相通；隨州戰國曾侯乙墓雖然沒有見到形體較小的雙聯杯，但在中室出土了一對形體特大且器形完全相同的聯座壺，兩壺雖不相通，但雙壺並立於長方形器座上，該壺儘管不能對飲，但仍不失有「合體同尊卑」的風騷[4]。在位於江蘇淮陰的一座大型戰國墓中還出土了一件原始瓷雙口並連器加有鳥形鈕器蓋，造型古樸。該簡報定名為原始瓷熏爐[5]，實當也為合巹用器，值得人們注意的是，該墓的隨葬品兼有楚越徐三國的文化因素，無論該墓屬於何國，但合巹禮儀似應波及到了徐越地區。

綜括上述發現，我們可以看到，上述不同地域和不同時代出土的雙聯杯或壺，都有相通之處，即雙杯或壺的形體及大小相同，兩器並列，複合為一，絕大多數都有小孔貫通或共一腹部，都有器鋬或貫耳。只是在時空上呈現出區域文化的多姿多彩。包山2號楚墓出土的鳳鳥聯杯囊括了上述特徵，當屬合巹用器無疑。

合巹禮俗，濫觴於新石器時代，大抵在殷周之世納入禮制的範疇，並通行於戰國秦漢。秦漢以後仍風行不絕，這從大量的合巹用器

[1] 李仰松：〈試談我國新石器時代出土的雙聯杯和三聯杯〉，載《河南文博通訊》，1980年第4期。
[2] 內蒙古自治區昭烏達盟文物工作隊：〈內蒙古昭烏盟石羊石虎新石器時代墓葬〉，載《考古》，1963年第10期。
[3] 寶雞市博物館等：〈寶雞竹園溝等地西周墓〉，載《考古》，1978年第5期。
[4] 隨縣擂鼓墩一號墓考古發掘隊：〈湖北隨縣曾侯乙墓發掘簡報〉，載《文物》，1979年第7期。
[5] 淮陰市博物館：〈淮陰高莊戰國墓〉，載《考古學報》，1988年第2期。

的出土足資證明。合卺禮儀成了維護封建社會道德規範和封建婚姻家庭穩定的準則。臺灣高山族青年男女在結婚時往往使用一種塗有朱漆的雙聯杯飲酒[①]，無疑是上古合卺禮儀的延伸。

鳳鳥雙聯杯的發現，不僅填補了上訖新石器時代，下至秦漢通行合卺禮儀的中間缺環，而且還擴大了我國古代合卺禮儀的流行區域，更為重要的是，對探討楚國的婚姻禮儀及家庭構成提供了重要的實物證據。

楚國的婚姻禮俗雖不盡可稽考，但在有些典籍，如屈賦、《韓非子》和《說苑》等書中多有記述[②]，而關於楚國實施三酳合卺的禮俗卻史載闕如，鳳鳥雙聯杯的發現正好彌補了這一缺環。

現在我們雖不可能對楚國合卺禮儀的程式作詳細的考訂，但我們可以通過包山楚國墓地看合卺禮儀對夫婦墓葬排列的影響。

包山楚國墓地是一處以家庭為核心的血緣家庭成員貴族墓地。墓葬南北成行，東西有序，顯係遵循定穴安葬的法則而形成的。這是封建的個體家庭和一夫一妻制對偶婚姻更加鞏固，「族墳制」最終解體後的必然產物。發掘者根據墓葬規模和隨葬品的差異推測1號墓和2號墓、4號墓和5號墓是夫妻在家族墓地中的異穴合葬墓[③]，其說極有見地。其中2號墓最大，根據簡文記載，墓主為楚左尹邵㐌，1號楚墓為其妻從；4號墓為2號墓之子，5號墓為4號墓之妻從，其身分相當於上大夫或下大夫。誠然，這種對偶異穴合葬墓，反映了楚國上層貴族家庭婚姻的牢固程度，這種牢固程度，勢必與組合家庭時的合卺禮儀相關。夫妻異穴合葬墓與族墳制時的「生時近、死相迫」有了本質的不同，而真正體現出的是一夫一妻制的「相親而不相離[④]」的風俗習慣。鳳鳥雙聯杯出自包山2號楚墓則是對上述推論的直接證明。

---

① 張崇根：〈高山族婚姻習俗漫筆〉，載《化石》，1979年第4期。
② 王紀潮：〈屈中賦的楚婚俗〉，載《江漢論壇》，1985年第3期。
③ 王紅星：〈包山楚墓墓地試析〉，載《文物》，1988年第5期。
④ 見《禮記‧集說》。

春秋戰國時期，婚禮是「合二姓之好，上以事宗廟，而下以繼後世[①]」的頭等大事。婚姻既決定著個體家庭的經濟規模，又維繫著貴族的宗法制度，故而備受統治階層的注重。就楚國上層貴族的婚姻而言，男女一經結為伉儷，即「同牢共食」、「相親而不相離」，同時荒淫亂倫也遭到社會明律的禁止。這一點在楚地反映尤為強烈。一部屈賦既對上古聖賢的私通，也對舜、少康的亂倫予以了抨擊[②]。就連春秋時期的楚文王在雲夢「得舟姬淫」也受到了鞭笞[③]。號稱記載亂倫事例最多的《左傳》，有關楚國亂倫之事也只見兩例[④]。這同當時對亂倫恬不以為怪的中原列國相比形成了鮮明的對照[⑤]。由此而知，楚國的對偶婚姻進程當獨步列國之首，並恪守禮制的規範。也正緣於此，在楚國貴族墓葬中才有合巹用器——鳳鳥雙聯杯的出現和流行。

值得申論的是，鳳鳥雙聯杯以鳳為主體，背負雙杯，並在其上飾以龍紋。鳳是楚國先民的圖騰[⑥]，楚人鍾愛鳳和崇敬鳳已達到了至偏至極的程度，這在已經面世的楚文物中數不勝數。龍雖深得華夏的青睞，但仍為後來的楚人所推崇，在楚器的裝飾上也領有一席之地，龍和鳳的結合在戰國時期似已成定制，並且在楚人的心目中大抵都表示吉祥，將龍鳳裝飾在合巹用器上，這就更賦予了楚國婚姻禮俗的特殊內涵。

鳳鳥雙聯杯是婚姻禮儀的必然產物，它的發現證明楚國的婚禮是循轍周禮，楚國的婚禮似當也行酳合巹的儀式。根據史書所載，鳳鳥雙聯杯當命名為「漆合巹」。僅造型藝術而言，這是一件不可多得的曠世先秦奇珍，就學術價值而論，又是深入探討楚國婚姻禮俗絕無僅有的物證。

---

① 見《禮記·昏義》。
② 見《楚辭·天問》。
③ 事見《說苑·正諫》。
④ 一見《左傳·成公二年》、另一見《左傳·莊公二十八年》。
⑤ 顧頡剛：〈由「烝」、「報」等婚姻方式看社會制度的變遷〉，載《文史》第十四輯。
⑥ 張正明、滕壬生、張勝林：〈鳳鬥龍虎圖像考釋〉，載《江漢考古》，1984年第1期。

第三節　毀器與折兵

在楚地已發掘的一些東周楚國墓葬中，常常見到一些器物似經過了人為的毀壞而將其隨葬於墓葬中，更多見的是一些兵器，諸如劍、戈、矛和鏃等被有意截斷或折彎後而隨葬於墓中的。這一現象在過去並未引起人們的注意，但隨著楚墓材料的增多，無論從流行的時間還是從所見地域看，楚國在東周時期都應存在這一葬俗，越來越多的考古材料，使我們總觀和探討這一葬俗的深層底蘊成為可能。

本論所謂的毀器，不僅是指在入葬前有意將葬器毀壞，還包括一些將本來是一件器物上的附件，如器物的耳、環和鏈等有意拆下，或者乾脆去掉某件器物的附件，形成一件並不完整的器物。或者使用鑄廢的器物入葬；本論所指的折兵，是指有意的將兵器的某一段截斷或將整器折彎後而隨葬。事實上，後者無疑也屬於毀器，但兩相比較，前者則更為複雜和不易把握，以至於在一些考古發掘報告中很少被予以關注和描述，更有甚者，在整理中將缺失的部分進行了修復，這就使得這一特殊葬俗更加撲朔迷離。因此，針對這一現象的深入研究，將有助於我們對楚國流行的這一特殊葬俗的警醒。

需要指出的是，有關中國古代毀器的葬俗，早已引起了學術界的注意。從考古發掘看，其發端可上溯至新石器時代[1]，到了商周時期，尤其是在中原地區的一些墓葬中較為多見。一些學者並對此展開了討論[2]，由於受材料和地域的局限，人們對這一葬俗的含義作出了諸多解釋。但對於楚國是否存在這一葬俗，學術界大多尚未提及。伴隨著新考古材料的不斷增多，筆者認為對這一問題，尤其是對楚國的毀器與折兵葬俗還有進一步探討的層面。

---

[1] 黃衛東：〈史前碎物葬〉，載《中原文物》，2003年第2期。

[2] 張英：〈我國東北古代民族「毀器」習俗〉，載《古民俗研究》，吉林文史出版社，1990年版。張明東：〈略論商周墓葬的毀兵葬俗〉，載《中國歷史文物》，2005年第4期。

有關楚國毀器葬俗的考古資料的報導比較少見，原因是過去人們還沒有更充分的材料從葬俗的角度來看待這一問題。以陶器而言，出土的破碎陶器有誰敢言是有意砸碎後而隨葬的，因為，既有完整的陶器見之於墓葬，也有因墓葬保存不好及後期人為破壞等因素而形成。但對於銅器，尤其是保存較好的墓葬中所出土的一些缺損的銅器就應當引起我們的高度重視了。1993年至1995年湖北省文物考古研究所在湖北麻城李家灣發掘了一批春秋楚墓，其中的一些銅器，如盤、壺的環耳，盥缶的雙耳和蓋，車軎上的轄在出土時都沒有發現，尤其是M14出土的一件銅壺，其腹上雙耳和蓋頂上的環都有明顯被鋸斷的小口而將其附件提鏈取下的痕跡。因而，簡報推定這一墓地所見的這種現象應是當時入葬前有意拆卸的一種葬俗[①]。

近年來，伴隨南水北調工程考古工作的大規模開展，在湖北鄖縣喬家院墓地和丹江口的北泰山墓地出土了大批楚銅器，尤其是在鄖縣的喬家院墓地，不僅發現了有類似於湖北麻城李家灣春秋楚墓有意識拆卸的一種葬俗外，還發現了成組的鑄造時有瑕疵的器物，如一些銅器的底部或腹部在鑄造時因氣孔不暢，銅液在模內流動時形成穿孔。顯然，隨葬的器物生前不具有實用性，也當屬於我們界定的毀器之列[②]。

湖北麻城屬湖北省的東部，湖北鄖縣屬湖北省的西北部，兩地在春秋時期皆屬楚國的轄地，這種在葬俗上所呈現的一致性絕不是一種簡單的巧合。囿於時間，我們還沒有對以往楚地所發掘的材料進行一一梳理，但可以肯定，依據上述標準，還可以甄別出很多與此相當的且被我們所疏忽了的一些毀器例證來。總之，楚國流行毀器葬俗應不容置疑。

---

① 湖北省文物考古研究所：〈湖北麻城市李家灣春秋楚墓〉，載《考古》，2000年第5期。
② 湖北省文物考古研究所等：〈湖北鄖縣喬家院春秋殉人墓〉，載《考古》，2008年第4期。

同屬毀器現象的折兵，在楚地則更為多見。過去對這種現象在發掘報告中大多是以「殘損」而一言以蔽之，使得人們根本就無法從深層次來對其研討。值得稱道的是，近年來在楚地所發掘的一些楚墓報告中對折兵的現象已經多有報導。其中，比較集中的區域是丹水和漢水流域的一些楚墓，如河南淅川下寺春秋楚墓[①]，河南淅川和尚嶺與徐家嶺楚墓等[②]，湖北鄖縣喬家院春秋楚墓也比較多見，其中M4出土的一把佩劍將劍鋒折斷後，還有明顯的打磨痕[③]。事實上，在過去的有些楚墓中，也可分辨一些，故我們製作了一個附表，可作參考。

表7-1　楚墓折兵現象統計表

出土地點	折兵遺物及部位						時代	參考資料	頁碼
	劍	戈	矛	鏃	戟	部位			
河南淅川徐家嶺		M3：126				鋒．	春秋	《淅川和尚嶺與徐家嶺楚墓》[④]	P165
		M3：128				內．	春秋	《淅川和尚嶺與徐家嶺楚墓》	P165
		M3：42				闌．	春秋	《淅川和尚嶺與徐家嶺楚墓》	P165
		M3：130				內．	春秋	《淅川和尚嶺與徐家嶺楚墓》	P168
		M3：146				胡．	春秋	《淅川和尚嶺與徐家嶺楚墓》	P168
		M3：132				胡．內．	春秋	《淅川和尚嶺與徐家嶺楚墓》	P168
		M3：43				鋒．胡．	春秋	《淅川和尚嶺與徐家嶺楚墓》	P168

---

① 河南省文物研究所：《淅川下寺春秋楚墓》，文物出版社，1991年10月版。
② 河南省文物考古研究所：《淅川和尚嶺與徐家嶺楚墓》，大象出版社，2004年10月版。
③ 湖北省文物考古研究所等：〈湖北鄖縣喬家院春秋殉人墓〉，載《考古》，2008年第4期。
④ 河南省文物考古研究所：《淅川和尚嶺與徐家嶺楚墓》，大象出版社，2004年10月版。

第七章　禮俗篇

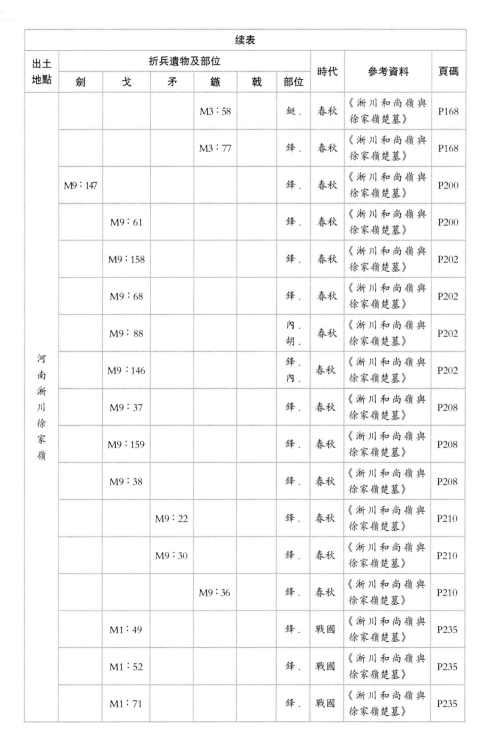

续表

出土地點	折兵遺物及部位						時代	參考資料	頁碼
	劍	戈	矛	鏃	戟	部位			
河南淅川徐家嶺				M3：58		鋌．	春秋	《淅川和尚嶺與徐家嶺楚墓》	P168
				M3：77		鋒．	春秋	《淅川和尚嶺與徐家嶺楚墓》	P168
	M9：147					鋒．	春秋	《淅川和尚嶺與徐家嶺楚墓》	P200
		M9：61				鋒．	春秋	《淅川和尚嶺與徐家嶺楚墓》	P200
		M9：158				鋒．	春秋	《淅川和尚嶺與徐家嶺楚墓》	P202
		M9：68				鋒．	春秋	《淅川和尚嶺與徐家嶺楚墓》	P202
		M9：88				內．胡．	春秋	《淅川和尚嶺與徐家嶺楚墓》	P202
		M9：146				鋒．內．	春秋	《淅川和尚嶺與徐家嶺楚墓》	P202
		M9：37				鋒．	春秋	《淅川和尚嶺與徐家嶺楚墓》	P208
		M9：159				鋒．	春秋	《淅川和尚嶺與徐家嶺楚墓》	P208
		M9：38				鋒．	春秋	《淅川和尚嶺與徐家嶺楚墓》	P208
			M9：22			鋒．	春秋	《淅川和尚嶺與徐家嶺楚墓》	P210
			M9：30			鋒．	春秋	《淅川和尚嶺與徐家嶺楚墓》	P210
				M9：36		鋒．	春秋	《淅川和尚嶺與徐家嶺楚墓》	P210
		M1：49				鋒．	戰國	《淅川和尚嶺與徐家嶺楚墓》	P235
		M1：52				鋒．	戰國	《淅川和尚嶺與徐家嶺楚墓》	P235
		M1：71				鋒．	戰國	《淅川和尚嶺與徐家嶺楚墓》	P235

出土地點	折兵遺物及部位						時代	參考資料	頁碼
	劍	戈	矛	鏃	戟	部位			
河南淅川徐家嶺		M1：51				鋒．	戰國	《淅川和尚嶺與徐家嶺楚墓》	P235
		M1：48				鋒．	戰國	《淅川和尚嶺與徐家嶺楚墓》	P235
		M1：50				鋒．	戰國	《淅川和尚嶺與徐家嶺楚墓》	P238
		M1：46				鋒．	戰國	《淅川和尚嶺與徐家嶺楚墓》	P238
		M1：47				鋒．	戰國	《淅川和尚嶺與徐家嶺楚墓》	P238
		M1：45				鋒．	戰國	《淅川和尚嶺與徐家嶺楚墓》	P238
		M1：44				鋒．	戰國	《淅川和尚嶺與徐家嶺楚墓》	P239
			M1：58			鋒．	戰國	《淅川和尚嶺與徐家嶺楚墓》	P239
	M10：92					鋒．	戰國	《淅川和尚嶺與徐家嶺楚墓》	P309
		M10：57				鋒．	戰國	《淅川和尚嶺與徐家嶺楚墓》	P309
		M10：58				內．	戰國	《淅川和尚嶺與徐家嶺楚墓》	P310
		M10：59				鋒．	戰國	《淅川和尚嶺與徐家嶺楚墓》	P311
		M10：132				胡．	戰國	《淅川和尚嶺與徐家嶺楚墓》	P311
		M10：236				胡．	戰國	《淅川和尚嶺與徐家嶺楚墓》	P311
		M10：230				鋒．	戰國	《淅川和尚嶺與徐家嶺楚墓》	P312
		M10：231				鋒．	戰國	《淅川和尚嶺與徐家嶺楚墓》	P312
		M10：174				內．	戰國	《淅川和尚嶺與徐家嶺楚墓》	P312

出土地點	折兵遺物及部位						時代	參考資料	頁碼
	劍	戈	矛	鏃	戟	部位			
河南淅川徐家嶺		M10：234					鋒.	戰國	《淅川和尚嶺與徐家嶺楚墓》	P312
		M10：238					鋒.內.	戰國	《淅川和尚嶺與徐家嶺楚墓》	P312
		M10：204					鋒.	戰國	《淅川和尚嶺與徐家嶺楚墓》	P312
		M10：233					鋒.	戰國	《淅川和尚嶺與徐家嶺楚墓》	P312
		M10：205					鋒.胡.	戰國	《淅川和尚嶺與徐家嶺楚墓》	P312
		M10：229					鋒.	戰國	《淅川和尚嶺與徐家嶺楚墓》	P312
		M10：133					鋒.內.	戰國	《淅川和尚嶺與徐家嶺楚墓》	P312
		M10：235					鋒.內.	戰國	《淅川和尚嶺與徐家嶺楚墓》	P312
		M10：239					鋒.內.	戰國	《淅川和尚嶺與徐家嶺楚墓》	P316
		M10：237					鋒.內.	戰國	《淅川和尚嶺與徐家嶺楚墓》	P316
		M10：255					內.胡.	戰國	《淅川和尚嶺與徐家嶺楚墓》	P316
		M10：232					援.	戰國	《淅川和尚嶺與徐家嶺楚墓》	P316
			M10：142				鋒.骹.	戰國	《淅川和尚嶺與徐家嶺楚墓》	P317
		M10：89					鋒.	戰國	《淅川和尚嶺與徐家嶺楚墓》	P318
		M10：16					鋒.	春秋	《淅川下寺春秋楚墓》[1]	P289

---

[1] 河南省文物研究所：《淅川下寺春秋楚墓》，文物出版社，1991年10月版。

出土地點	折兵遺物及部位						時代	參考資料	頁碼
	劍	戈	矛	鏃	戟	部位			
河南淅川下寺				M10：29		鋒．	春秋	《淅川下寺春秋楚墓》共5件有意折斷	P290
				M10：30		鋒．鋌	春秋	《淅川下寺春秋楚墓》	P290
				M10：31		鋒．	春秋	《淅川下寺春秋楚墓》	P290
		M11：15				內．	春秋	《淅川下寺春秋楚墓》	P305
		M11：14				鋒．	春秋	《淅川下寺春秋楚墓》	P305
		M11：17				內．	春秋	《淅川下寺春秋楚墓》	P305
				M10：31		鋒．	春秋	《淅川下寺春秋楚墓》	P290
		M11：15				內．	春秋	《淅川下寺春秋楚墓》	P305
		M11：14				鋒．	春秋	《淅川下寺春秋楚墓》	P305
		M11：17				內．	春秋	《淅川下寺春秋楚墓》	P305
河南新蔡葛陵楚墓	N：34					鋒．	戰國	《新蔡葛陵楚墓》①	P51
湖北赤壁祝家嶺		M24：5				鋒．	戰國	《湖北考古報告集》②	P199
		M4：2				鋒．	戰國	《湖北考古報告集》	P199
		M15：2				鋒．	戰國	《湖北考古報告集》	P199
				M22：6		鋒．	戰國	《湖北考古報告集》	P199

①　河南省文物考古研究所：《新蔡葛陵楚墓》，大象出版社，2003年10月版。
②　湖北省文物考古研究所：〈湖北考古報告集〉，載《江漢考古》，2008年增刊。

第七章　禮俗篇

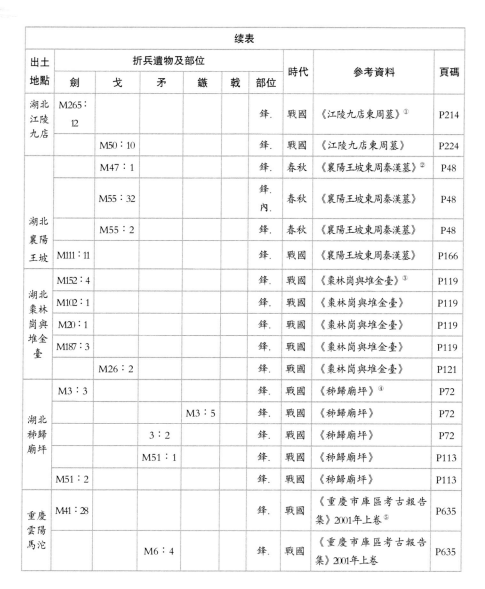

出土地點	折兵遺物及部位						時代	參考資料	頁碼
	劍	戈	矛	鏃	戟	部位		续表	
湖北江陵九店	M265：12					鋒.	戰國	《江陵九店東周墓》①	P214
		M50：10				鋒.	戰國	《江陵九店東周墓》	P224
湖北襄陽王坡		M47：1				鋒.	春秋	《襄陽王坡東周秦漢墓》②	P48
		M55：32				鋒.內.	春秋	《襄陽王坡東周秦漢墓》	P48
		M55：2				鋒.	春秋	《襄陽王坡東周秦漢墓》	P48
	M111：11					鋒.	戰國	《襄陽王坡東周秦漢墓》	P166
湖北棗林崗與堆金臺	M152：4					鋒.	戰國	《棗林崗與堆金臺》③	P119
	M102：1					鋒.	戰國	《棗林崗與堆金臺》	P119
	M20：1					鋒.	戰國	《棗林崗與堆金臺》	P119
	M187：3					鋒.	戰國	《棗林崗與堆金臺》	P119
		M26：2				鋒.	戰國	《棗林崗與堆金臺》	P121
湖北秭歸廟坪	M3：3					鋒.	戰國	《秭歸廟坪》④	P72
			M3：5			鋒.	戰國	《秭歸廟坪》	P72
			3：2			鋒.	戰國	《秭歸廟坪》	P72
			M51：1			鋒.	戰國	《秭歸廟坪》	P113
	M51：2					鋒.	戰國	《秭歸廟坪》	P113
重慶雲陽馬沱	M41：28					鋒.	戰國	《重慶市庫區考古報告集》2001年上卷⑤	P635
			M6：4			鋒.	戰國	《重慶市庫區考古報告集》2001年上卷	P635

① 湖北省文物考古研究所：《江陵九店東周墓》，科學出版社，1995年7月版。

② 湖北省文物考古研究所等：《襄陽王坡東周秦漢墓》，科學出版社，2005年8月版。

③ 湖北省荊州博物館：《棗林崗與堆金台》，科學出版社，1999年6月版。

④ 湖北省文物局：《秭歸廟坪》，科學出版社，1999年6月版。

⑤ 鄭州市文物考古研究所等：〈雲陽馬沱墓地2001年度發掘報告〉，載《重慶市庫區考古報告集》2001年上卷，科學出版社，2007年12月版。

上表只是擇其主要而羅列，並不代表楚地墓葬的全部。已發掘發表的楚墓資料還有很多，但僅從上表就可以看出，楚地折兵現象是比較普遍的。從時間上看，從春秋一直到戰國都有發現。從地域上看，都屬楚國的轄地。楚國流行這一習俗於此可見一斑。

　　一些學者在探討流行這一葬俗的族屬時，根據在周墓中大量的發現，認為是周人固有的習俗[①]，那麼東周楚墓中也大量的見到這一習俗是不是受周人的影響呢？儘管楚墓所見這一習俗大多晚於中原周墓，也就是說，西周中期以後，北方周墓流行這一葬俗已出現退廢時，而東周時楚墓中卻依舊多見。故而，依據現有材料，現在作出肯定與否的回答都為時尚早。但可以肯定的是，楚墓中的這些發現，不僅擴大了流行這　葬俗的分布地域，而且從時限上也將其延展至戰國晚期，這對我們從更廣闊的視野來探討這一葬俗的成因是大有幫助的。

　　值得深思的是，無論是周墓還是楚墓，為什麼會通行這一習俗呢？似乎與上古「事死如生」的喪葬觀念相背離。在傳世的文獻中也很難找到相應的連結。過去的一些學者對此也進行了種種推測。大體有以下幾種：

　　一、與方相氏驅鬼有關。主要是以郭寶鈞、《靈臺白草坡西周墓報告》的作者和《張家坡西周墓地》的編者為代表。郭寶鈞在發掘辛村墓地時認為是「毆墓」。「古人畏忌極多，新墓作成，恐有厲鬼作祟，必先行厭勝之術，葬者始敢入。《周禮》『方相氏狂夫四人』，所掌即此。[②]」《靈臺白草坡西周墓報告》的作者也推測：「出土的銅戈大多已折彎，打斷，《周禮·方相氏》載，埋葬時，『及墓，入壙，以戈擊四隅，毆方良』，此墓銅戈是否因『擊四隅，毆方良』而殘斷，尚待有更多發現始可證明。[③]」《張家坡西周墓地》的編者則

① 張明東：〈略論商周墓葬的毀兵葬俗〉，載《中國歷史文物》，2005年第4期。
② 郭寶鈞：〈浚縣辛村古殘墓之清理〉，載《田野考古學報》第1冊，商務印書館，1936年版。
③ 甘肅省博物館文物隊：〈甘肅靈臺草坡西周墓〉，載《考古學報》，1977年第2期。

認為：「這些戈大部分為實用器，小部分為明器。無論實用的還是非實用的，都有相當一部分被人為地砸彎，砸斷。據《周禮》，『方相氏，……大喪，先柩。及墓，入壙，以戈擊四隅，毆方良』。上述現象或與此有關。」[①]

二、**可能與某種儀式有關**。中國社會科學院考古所琉璃河考古隊認為：「它們可能是下葬時，因某種儀式而將這些兵器砸斷，然後分放於各臺的。」[②]

三、**是周人「示民疑也」與「尊禮尚施」思想觀念的體現**。主要以唐嘉弘先生為代表。唐先生認為：「琉璃河西周燕國墓地中所見『毀物』，『折兵』現象，正是周人所持隨葬器物要『示民疑也』而『尊禮尚施』觀念的又一種表達形式，以『人器』作『祭器』，兩者兼顧。不過，到列國並存，諸侯爭戰時期，『僭禮』情況嚴重，不再受周禮約束，往往不用『明器』而用『人器』入葬，『毀兵』『折兵』現象，逐漸消失。」[③]

四、**毀壞兵器是顯示成功和富有**。《洛陽北窯西周墓》的編者認為：「毀兵隨葬的葬俗，很可能是周人認為毀壞兵器可以顯示戰功，也可以顯示富有。」[④]

五、**與武王克商之後的「偃五兵」有關**。王恩田認為：「獨特的，砸彎兵器的葬俗，估計很可能是從武王克商以後開始的。也就是《荀子》等著作中所說的『偃五兵』。」[⑤]

縱觀上述種種推論，似乎都沒有充分的依據，但更多的都是從

---

① 中國社會科學院考古研究所：《張家坡西周墓地》，中國大百科全書出版社，1999年版。

② 中國社會科學院考古研究所琉璃河考古隊：〈北京琉璃河1193號大墓發掘簡報〉，載《考古》，1990年第1期。

③ 陝西省考古研究所：《高家堡戈國墓》，三秦出版社，1999年版。

④ 洛陽市文物工作隊：《洛陽北窯西周墓》，文物出版社，1999年版。

⑤ 王恩田：〈灃西發掘與武王克商〉，載《考古學研究（五）》下冊，北京大學考古文博學院編，科學出版社，2003年版。

毀兵的這一角度出發來解讀這一現象的，從而忽略了毀器的事實。事實上，在上古，毀兵只是毀器的一種，相對於毀器而言，似乎都不能自圓其說。因為自新石器時代至西周還有若干毀器的考古實例，最為明晰的當是鹿邑太清宮西周大墓出土的十件原始瓷豆，圈足全部被打掉，只以豆盤部分隨葬①，顯然都不能按上述推論來解釋。楚地所見的東周時的一些損毀銅器的現象也與上述推論不合。

從喪葬行為而論，東周楚墓中所見的毀器與折兵現象當與中原所見新石器時代至西周的毀物與折兵葬的性質是相同的，其所反映的喪葬觀念無疑也應是一致的。因此，本論認為，用毀器或折兵之器隨葬可能就是禮書中所見的一種「鬼器」觀念，使人為對器形的改變達到與「人器」或「祭器」相區別。《禮記·檀弓上》：「仲憲言於曾子曰：『夏后氏用明器，示民無知也。殷人用祭器，示民有知也。周人兼用之，示民疑也。』曾子曰：『其不然乎，其不然乎！夫明器，鬼器也。祭器，人器也。夫古之人，胡為而死其親乎？』」曾子辯譏仲憲之言是強調人器和鬼器之別，而不在於有知與無知。所謂人器，即實用器；鬼器或稱明器，即有形而無實用性，也就是禮書上所謂的「神明之器②」。將器物的有意損毀，其實就是將實用器而明器化，使人鬼之用器有別。

如果上述這一解釋不誤的話，那麼，上古所有不論是毀器還是折兵現象都可以得到一個合理解答。對楚墓中的有意毀器或折兵現象也能夠得到解答，充分反映出楚文化與周文化的一致性。這不僅符合古人的喪葬觀念，也能從傳世的文獻中找到支撐。

我們還注意到另一個現象，在湖北所發掘的東周楚墓中，其所隨

---

① 河南省文物考古研究所等：《鹿邑太清宮長子口墓》，中州古籍出版社，2000年11月版。

② 見《禮記·檀弓上》：「孔子曰：『之死而致死之，不仁而不可為也。之死而致生之，不知而不可為也。是故竹不成用，瓦不成味，木不成斫，琴瑟張而不平，竽笙備而不和，有鐘磬而無簨虡。其曰明器，神明之也。』」。

第七章　禮俗篇

葬的仿銅陶禮器的器表整體大都有塗白衣或黑衣的現象 [1]，但大多數發掘報告都沒有報導這一現象，筆者曾觀察了以往發掘的一些實物，這一塗白衣的現象委實普遍，應是楚地一種普遍流行的習俗，這說明生者在處置死者的用器時，並不是隨器而葬，而是在入葬前對所有葬器用色作了整齊劃一的改變。這一外觀的改變也可看做是「毀器」之一種，其實質也可能是在於表明人器與鬼器的區別。這可使我們從另一個層面來解讀楚國毀器與折兵現象的真實底蘊。

總之，楚國的毀器與折兵現象是存在的，筆者之所以選擇這一入口，旨在引起考古學界對這一現象的高度重視，更多地報導這一現象，以期從新的角度來破解這一疑寶，還原古代久違的喪葬觀念。

第四節　包山2號楚墓飾棺連璧制度補證

1987年，考古工作者在湖北荊門包山發掘了一處重要的楚國墓地，其中2號墓最為引人矚目。該墓保存完好，出土了大批楚國簡牘文字材料。更為重要的是，墓主能確定為楚國的左尹邵㾓，主管楚國的司法 [2]。對於這樣一座墓主身分明確、職官清楚的墓葬，再結合出土器物對其進行深入研究，無疑對深刻揭示楚國的社會制度、喪葬禮俗、文化內涵都有著不可低估的學術價值。材料公佈後，一些學者從各個方面展開了深入研究，並取得了一系列的研究成果 [3]。這裡僅就該墓的飾棺制度再作研究。

---

[1] 湖北省文物考古研究所等：《赤壁土城——戰國西漢城址墓地調查勘探發掘報告》，科學出版社，2004年7月版。湖北省文物考古研究所：〈湖北黃州楚墓〉，載《考古學報》，2001年第2期。

[2] 湖北省荊沙鐵路考古隊：《包山楚墓》，文物出版社，1991年版。

[3] 王建蘇：〈包山楚墓研究述評〉，載《華夏考古》，1994年第2期。

包山2號楚墓槨內共出土有三層木棺，各層木棺之上都有一些絲織覆蓋物，經研究，這些覆蓋物絕大多數與《周禮》、《禮記》所記載的高級貴族飾棺制度吻合①。值得注意的是，在內棺東檔板上用組帶懸掛有一件玉璧，發掘時組帶已殘斷，玉璧脫落於中棺的底板上（圖7-2-6）。中棺檔板上還有一白色符號與玉璧相對，也應與內棺玉璧有聯繫（圖7-2-5），但發掘報告對這些現象，尤其是玉璧置於棺檔的含義未作論及。

玉璧作為隨葬品在楚墓中多見，也有很多單獨放在棺檔處。但由於棺槨大都腐朽或經盜擾，這一現象往往被忽略，但我們從一些等級稍高、棺槨雖腐朽而未經盜擾的墓葬隨葬品的分布中仍能分辨出它的痕跡。如湖南長沙戰國楚墓中一些玉璧大多置於棺槨之間②。當陽趙家湖楚墓棺頭向一端的槨內也有放置玉璧的現象③（圖7-2-5），江陵九店楚墓也可見到，其中的乙組D型M295就有一件石璧落在棺檔外④（圖7-2-1）。與包山2號楚墓極其相似的還應是沙塚3號楚墓，該墓使用了兩層棺，因內棺與外棺之間的空隙較小，在內棺與外棺頭檔的正中部位卡有一玉璧⑤（圖7-2-3）。江陵天星觀1號楚墓內棺頭檔處也散落有5件玉璧⑥。湖北鍾祥塚十包5號楚墓的頭部也殘留有一石璧⑦。這些現象與包山2號楚墓棺檔外玉璧的性質和含義應是相同的。

需要指出的是，在一些楚墓和楚系墓葬的棺檔處還鑲嵌有或殘留有玉石的璜和環的現象。如曾侯乙墓內棺棺檔內的正中部位就鑲嵌有

① 胡雅麗：〈包山2號楚墓所見葬制葬俗考〉，《包山楚墓》附錄一四，文物出版社，1991年版。
② 李正光、彭青野：〈長沙沙湖橋一帶古墓發掘報告〉，載《考古學報》，1957年第4期。
③ 湖北省宜昌地區博物館、北京大學考古系：《當陽趙家湖楚墓》，文物出版社，1992年版。
④ 湖北省文物考古研究所：《江陵九店東周墓》，科學出版社，1995年版
⑤ 湖北省文物考古研究所：《江陵望山沙塚楚墓》，文物出版社，1996年版。
⑥ 荊州地區博物館：〈江陵天星觀1號楚墓〉，載《考古學報》，1982年第1期。
⑦ 湖北省文物考古研究所等：〈湖北鍾祥市塚十包楚墓的發掘〉，載《考古》，1999年第2期。

第七章 禮俗篇

一玉璜[①]（圖7-2-2）。江陵九店楚墓乙組D型M774最明顯，一件石環正在棺檔之處[②]（圖7-2-11）。河南淮陽平糧臺十六號楚墓的棺檔之處也殘留一玉環[③]。湖北鍾祥塚十包1號楚墓的頭端也有一石環[④]。從這些璜和環所處的位置看，應與上述棺外所存璧的性質是相同的。上古時璜和環都應屬於同一類。《說文》記載：「璜，半璧也。」《爾雅》記載：「肉倍好謂之璧，好倍肉謂之瑗，肉好若一謂之環。」按《爾雅》所說的比例，孔徑是邊徑的一半應稱為璧，邊徑是孔徑的一半應稱為瑗，邊徑與孔徑相等的則稱為環。事實上，從先秦眾多璧和環的實物看，皆不能同《爾雅》所載的尺寸相吻合。這就造成了命名上的混亂。夏鼐先生曾建議，把這三類器物部稱為璧環類，或簡稱為璧，其中將器身作細條圓圈而孔徑大於全器1/2的稱為環，「瑗」的名稱可放棄不用[⑤]。按照夏先生的觀點，就應把上述棺外的璜和環也看做是棺外的玉璧來一併探討其性質和含義。

上述遺物在楚國或楚系的墓葬中均可見到，說明棺外附璧在楚國極為流行。我們甚至還可以進一步推知，在楚國的同一墓地或其他墓地還應有這種現象，遺憾的是有些發掘報告對玉璧的出土位置大多未作全面公佈，也沒有把它從隨葬品中區別出來，以至於我們無法作詳盡的觀察和統計。

由包山2號楚墓棺外玉璧可知，璧原是用綬帶繫在內棺外的頭檔處，應為飾棺的物品，根據這一現象，我們還判定出了相當一批楚墓存在著與之相似的跡象，並見之於不同類別的墓葬中，說明當時應是各階層所遵循的一個準則，所體現的應是喪葬中特有的禮制。

---

① 湖北省博物館：《曾侯乙墓》，文物出版社，1989年版。
② 湖北省文物考古研究所：《江陵九店東周墓》，科學出版社，1995年版。
③ 河南省文物考古研究所等：〈河南淮陽平糧臺十六號楚墓發掘簡報〉，載《文物》，1984年第10期。
④ 湖北省文物考古研究所等：〈湖北鍾祥市塚十包楚墓的發掘〉，載《考古》，1999年第2期。
⑤ 夏鼐：〈商代玉器的分類、定名和用途〉，載《考古》，1983年第5期。

飾棺制度是先秦喪葬禮制的範疇之一，具有嚴格的等級規定，其內容都見於「三禮」。飾棺的目的是為了「以華道路及壙中，不欲眾惡其親也[1]」。從一些記載看，飾棺的物品大都是一些絲織的荒帷和紋繪。由於玉璧大多位於棺檔外，我們僅從內棺裝飾略作考察。

1. 九店楚墓遺乙組 D 型 M295　　2. 曾侯乙墓內棺
3. 沙冢 3 號楚墓　　　　　　　　4. 揚州平山養殖場漢墓
5. 當陽趙家湖楚墓　　　　　　　6. 包山 2 號楚墓內棺棺檔
7. 曾侯乙墓內棺棺檔　　　　　　8. 四川合江 M2 棺側板
9. 曾侯乙墓西室 2 號陪棺　　　10. 曾侯乙墓西室 10 號陪棺棺檔
11. 九店乙組 D 型 M774　　　　12. 山東棗莊小山 2 號畫像石墓棺檔
13. 包山 2 號楚墓中棺棺檔　　　14. 山東棗莊小山 1 號畫像石墓北槨東檔板

圖7-2　墓葬中所見飾棺連璧葬俗

---

①　〈禮記‧喪大記〉鄭玄注，見《十三經注疏》，上海古籍出版社，1996年5月版。

第七章　禮俗篇

先秦的內棺稱椑棺或裡棺，由於等級的不同而有不同的裝飾。《禮記·喪大記》載：「君裡棺用朱綠，用雜金鐕。大夫裡棺用玄綠，用牛骨鐕。士不用綠。」「綠」字定本經皆作「琢」。此「琢」當是貼於棺上的紋繪，顯然與棺外的玉璧無關。另在《禮記·喪大記》及〈明堂位〉中也見有在翣上加璧飾棺，稱為「璧翣」。但璧翣較大，位置並不固定且還因等級的不同存在著使用數量的差別。據〈喪大記〉孔穎達疏，璧翣是「在路則障車，入槨則障柩」。如果將棺外的璧作為「璧翣」對待，與楚墓所見玉璧具有的固定位置、數量，尤其是對鑲嵌於棺內的璜來說多不相類，看來棺外繫璧作飾必另有含意。從包山2號楚墓棺檔清楚的璧飾看，它極有可能就是文獻中所見的連璧。

連璧之制不見於禮書的直接記載，但見於子書。《莊子·列御寇》：「莊子將死，弟子欲厚葬之。莊子曰：『吾以天地為棺槨、以日月為連璧、星辰為珠璣、萬物為齎送，吾葬具豈不備邪？何以加此？』」莊子所謂的「連璧」就是指棺外的一種特殊飾物，日月皆為圓形喻以玉璧，這正與包山2號楚墓棺外以組帶串連的玉璧相吻合。有人將這裡的連璧簡單地視為陪葬的珠寶是不符合先秦的飾棺用璧的本意的[①]。

飾棺用玉璧當是先秦的一種古制。因此，抬著棺材、口銜玉璧以請求對方處死自己，大概就是表示用自備的棺材殮屍，然後用連璧飾棺。總之，璧與棺在一起常喻以自己不生，這在文獻中屢見不鮮。武王克殷後，作為紂之畿內封國的微國國君微子啟自感定誅無疑，就反捆雙手、口銜玉璧，親赴武王處，以示自己不生。楚成王時，楚國攻伐許國，許僖公也是反捆雙手、口銜玉璧，同時還命同行的大夫穿著孝服去見

---

① 張耿光：《莊子全譯》，貴州人民出版社，1990年版。

楚成王①。楚靈王時，楚國聯合諸侯滅賴國，賴子見楚靈王時還是「面縛銜璧」、「與櫬從之」②。由此可見，璧與棺在當時不可分割。

對上述的「銜璧」，楊寬先生在〈贄見禮新探〉一文中認為此處的璧是用以為贄。楊伯峻先生則以「不確」駁之，並進而推之為喪葬中所使用的飯唅之禮③。飯唅雖然在古代為一種常見的喪葬禮俗並為大量的考古材料所證實，但綜觀已發表的墓葬材料，飯唅皆不用璧。顯然，此處的銜璧與飯唅無關。

喪葬用璧可追溯至新石器時代中期的紅山文化，至新石器時代晚期則更為多見。尤其在良渚文化的大墓中，一墓用璧就達數十件之多。這些玉璧是否與飾棺有關，由於史前葬具大多無存，故而未敢遽斷，但屬禮儀性用璧似無疑問。至春秋戰國時期飾棺用璧可以肯定的是以楚地為多見。

確立了棺外玉璧應為「連璧」的禮制後，儘管還無以確證其產生的緣由，但倘若我們從當時的建築裝飾來考查，似可得到一些解答。

眾所周知，墓葬是地上建築的縮影，古人「事死如事生」，棺槨實際上就是死者的一處居室。《荀子·禮論》記有「故壙壟，其貌象室屋也；棺槨，其貌象版、蓋、斯、象、拂也。」三禮中對棺槨的裝飾稱為「塗屋」。將璧加飾於棺上，無疑是仿生前居室的一種裝飾。從其位置和功能看，極有可能就是供死者靈魂出入的門或窗。楚墓中多見飾門窗結構的現象④，曾侯乙墓發掘後，我們確信，先秦時在棺

---

① 見《左傳·僖公六年》：「蔡穆侯將許僖公見楚子於武城。許男面縛、銜璧，大夫衰絰，士絰櫬，楚子問諸逢伯，對曰：『昔武王克殷，微子啟如是。武王親釋其縛，受其璧而祓之，焚其櫬，禮而命之，使複其所。』楚子從之。」

② 見《左傳·昭公四年》：（楚）「遂以諸侯滅賴，賴子面縛銜璧，士袒，與櫬從之，造於中軍。王問諸椒舉，對曰：『成王克許，許僖公如是，王親釋其縛，受其璧，焚其櫬』。王從之，遷賴於鄢。」

③ 楊伯峻：《春秋左傳注·僖公六年》，中華書局，1981年版。

④ 王立華：〈論楚墓中的門窗結構及反映的問題〉，載《楚文化論集》第三集，湖北人民出版社，1994年版。

第七章 禮俗篇

外是有飾門窗習俗的。就連曾侯乙墓的一些陪葬棺的棺檔也畫有窗（圖7-2-9，10）。包山2號楚墓內棺棺檔不僅有璧飾，而且中棺棺檔還有一白色的十字形符號，這無疑應與靈魂出入有關。其棺外雖未見繪有門窗，但璧以綬帶相繫，且相連於棺，而綬帶正代表了窗櫺格的紋飾。其實，楚地建築確有在門窗上飾櫺格的，古稱「方連」。《楚辭・招魂》有「網戶朱綴，刻方連些」。姜亮夫先生認為「方連」就是在門窗上刻以網狀的方格的見解是極有見地的[①]。由此而知，既然古代將死者的棺視為居室，那麼就必然要按仿生建築結構來裝飾，這對於密閉的內棺而言，就要考慮死者靈魂出入了。曾侯乙墓的內棺棺檔內不僅鑲嵌有玉璜，而且棺側和棺足檔也繪窗（圖7-2-7），就連外棺棺檔再加開一小窗也正是基於這一目的。因此，將棺外連璧視為死者靈魂出入的門窗當大致不誤。

玉璧在古代的使用極其廣泛，從考古發掘看，史前至兩漢最為多見。從社會功用看，大致用於祭祀、喪葬和裝飾。其中，用於建築裝飾的往往被人們忽視，其原因之一就是古代的建築，尤其是先秦的建築大都未能保存。儘管如此，我們從文獻中仍能見到當時的一些建築以璧作裝飾的記載。《史記・封禪書》載建章宮「其南有玉堂、璧門、大鳥之屬」。《正義》引《漢武故事》：「玉璧內殿十二門……以璧為之，因名璧門。」《文選・西都賦》：「雕玉瑱以居楹，裁金璧以飾璫。」金璧實當為玉璧[②]。《漢書・西域傳贊》記漢武帝興建甲乙帳時「落以隨珠和璧」。《漢書・外戚傳（下）》記趙昭儀所居的昭陽殿「函藍田璧、明珠、翠羽飾之」。直至十六國時，後趙的皇帝石虎在鄴城太武殿的大樑上仍以綬帶懸掛玉璧[③]。

先秦存在的飾棺連璧制度，在兩漢時還有跡可尋。兩漢的連璧制

① 姜亮夫：《楚辭通故》第二輯，齊魯書社，1985年版。
② 高步瀛：《文選李注義疏》，中華書局，1985年版。
③ 陸翽：《鄴中記》，叢書集成初編本，商務印書館，1937年6月版。

度不僅見於記載，而且還有大量的實物和圖像可資證明。

　　1968年，考古工作者在河北滿城發掘了中山王王后竇綰墓，竇綰漆棺的外壁鑲嵌有26件玉璧，其中，在棺的前後端各鑲嵌一塊大型玉璧 ①。與包山2號楚墓相比，它們都是以玉璧加飾於棺外，這一裝飾的含義應是相同的。所不同的是竇綰墓不僅用璧數量多，而且採用鑲嵌的方法。過去，人們對這一獨特的飾棺含義一直不得其解，通過探索包山2號楚墓棺外連璧的來源及含義後，可以肯定竇綰墓的棺外用璧應是先秦飾棺連璧制度的一種延續。徐州韓山1號西漢墓也曾出土了兩件玉璧，璧肉的兩面均殘留有清晰的十字形編織物的栓繫痕，儘管簡報沒有公佈隨葬品的分布圖，但從繫連殘痕上可確切地推知它也應是飾棺連璧的遺物 ②。

　　當然，西漢的飾棺連璧處於先秦與東漢的中間階段，它既保留了先秦的古制，即以實物玉璧用絲帶交連於棺檔；同時又開創了新的手法來表現，即將雕刻或繪畫的璧加飾於內棺上。如長沙馬王堆1號漢墓內棺檔上就繪有一玉璧 ③。長沙砂子塘西漢墓的棺蓋和頭檔上繪璧，足檔上繪1件璜，尤其是棺蓋上繪有3件璧，並且清晰地表現了璧的十字交連法 ④。值得注意的是，自西漢後在用雕刻或繪畫所表現的飾棺連璧中，璧的位置並不只局限於棺檔，且用璧的數量普遍增多。如揚州平山養殖場漢墓 ⑤（圖7-2-4）、四川合江東漢磚室 ⑥（圖7-2-8）以及山東棗莊西漢畫像石墓 ⑦（圖7-2-12、14），皆可見到這一變化後的圖像。

①　中國社會科學院考古研究所：《滿城漢墓發掘報告》，文物出版社，1980年版。
②　徐州博物館：〈徐州韓山西漢墓〉，載《文物》，1997年第2期。
③　湖南省博物館：《長沙馬王堆一號漢墓》，文物出版社，1973年版。
④　湖南省博物館：〈長沙砂子塘西漢墓發掘簡報〉，載《文物》，1963年第2期。
⑤　揚州博物館：〈揚州平山養殖場漢墓清理簡報〉，載《文物》，1987年第1期。
⑥　謝荔、徐利紅：〈四川合江東漢磚室墓墓清理簡報〉，載《文物》，1992年第4期。
⑦　棗莊市文物管理委員會辦公室等：〈山東棗莊小山西漢畫像石墓〉，載《文物》，1997年第12期。

　　兩漢的連璧制度雖有等級規定，但並不十分嚴格。《續漢書‧禮儀志》載：「東園匠，考工令奏東園祕器，表裡洞赤、虞紋，畫日、月、鳥、龜、龍虎、連璧、偃月、牙檜梓宮如故事。」這裡的「祕器」當指斂屍之棺，相當於先秦的裡棺。由此可見，連紋飾成為此時棺外的主要紋飾之一。與先秦相同的是，連璧以禮制的形式仍規定在內棺之上。在漢代，祕器的製作及紋飾雖屬皇帝專有，但也可贈與王公貴族 ①。從考古發掘材料看，一般貴族都可以用圖案化的連璧來裝飾斂屍之棺。這就更進一步地說明了連璧之制仍盛行於漢代。東漢晚期後這一現象開始消失。

　　可以這樣認為，棺外連璧之制可能來源於先秦的建築裝飾，並為漢代所沿用。但到兩漢後，其禮制的性質與先秦相比有較大的差異。一方面，飾棺所用的璧大多不用實物，而向圖案式轉化；另一方面，用璧的數量及裝飾位置具有極大的隨意性。這與兩漢盛行畫像磚和畫像石墓有著密不可分的聯繫。

　　綜上而論，由包山2號楚墓棺外連璧進而得出了先秦存在著飾棺連璧制度，並為兩漢所繼承。毫無疑問，有關其起止年代、使用等級以及璧的繫連方法等還需要作進一步的探討，這就需要我們在今後的考古發掘中審慎地對待棺外的玉璧並將其作詳細的報導，相信隨著考古材料的不斷增多，這一看法會得到進一步的支持。

第五節　楚國喪歸制度研究

　　喪歸是先秦禮制的範疇之一。「歸」即饋贈，也即生者向死者饋贈物品，它屢見諸文獻並有其具體的內容和嚴格的規定。從兩周有銘

---

① 見《漢書‧董賢傳》、《漢書‧霍光傳》及《後漢書‧王充傳》。

銅器看，有相當一部分屬喪歸之器，因此，喪歸制度至遲在西周已成定制，進入東周以後仍奉行不替。據《左傳‧隱公元年》載：「天子七月而葬，同軌畢至，諸侯五月，同盟至，大夫三月，同位至，士逾月，外姻至。」又《左傳‧昭公三年》載：「君薨，大夫弔，卿共葬事；夫人，士弔，大夫送葬。」由此而見，死者因身分不同，參加喪歸的應各有其序。需要指出的是，由於受禮制的規約，喪歸制度在各諸侯國之間並不因戰爭而失序，即使兩國日尋干戈，構怨交惡，也不廢喪紀。據《左傳》記載，齊國曾一再攻打魯國，但齊孝公死後，魯國仍致以弔贈[1]，楚國多次攻伐鄭國，楚康王死後，鄭伯仍送葬至楚都西門之外[2]。

據史所載，喪歸具有送死與佐生的兩種功效，據所歸物品的不同，大體可分為「賵」、「賻」、「襚」、「唅」、「贈」。《說苑‧修文》：「輿馬曰賵，貨財曰賻，衣被曰襚，口實曰唅，玩好曰贈。知生者賻、賵，知死者贈、襚，贈、襚所以送死者，賻、賵所以佐生也。」與之記載大體相同的還見於《儀禮‧既夕禮》、《荀子‧大略篇》、《公羊傳》、《穀梁傳》、《白虎通‧崩薨篇》、《太平御覽》卷五百五十引《春秋說題辭》等。除《穀梁傳》鄭注《少儀》及《既夕禮》謂「賵」是「主於死者」或「奠於死生兩施」外，餘記大多相同。先秦的喪歸物品劃分是否盡然，已不得而知，但《春秋》及三傳皆散見有「賵」、「賻」、「襚」、「唅」、「贈」的記載，說明它們應是有區別的。但喪歸物品也皆可稱之為「幣[3]」。

先秦的喪歸制度雖屢見於文獻記載，但由於所記極其簡略，有的甚至略而不記，以致我們缺乏對其系統的認識和歸納。僅楚國而言，是否也實行這一制度？雖從文獻記載可略窺一斑，但仍不能得到使人

---

① 見《左傳‧僖公二十七年》。
② 見《左傳‧僖公二十九年》。
③ 見《左傳‧文公八年》：「穆伯如周弔喪，不至，以幣奔莒，從己氏焉。」

信服的解答。幸而，近年來大量楚墓材料的面世，更為重要的是，一批批楚國簡牘材料的出土，為我們探尋楚國的喪歸制度提供了重要的依據。

楚國在東周時期屬諸侯國之一，儘管其以蠻夷自居，但仍是一個尊禮重祀的國家。從已發掘的數以千計的楚墓來看，無論從棺槨制度、用鼎制度，還是從飾棺制度，大多可與周禮相並牟。作為禮制之一的喪歸制度，楚亦定當恪守不渝。事實上，有關楚國的喪歸情況，在文獻記載中也不乏其例。

據《左傳·襄公二十九年》載，楚康王死後，魯、陳、鄭、許等國的君王皆參與會葬並送柩於楚都的西門之外，同時其他諸侯國的大夫皆送至於墓。這是經傳中所述楚王喪最為詳盡和隆重的一次。毫無疑問，凡參與送葬的必致以喪歸。這從「祓殯而襚，則布幣也」的一語中可以得到證實。其中的「布幣」當指陳列喪祭物品，無疑也包括有他國所致的喪歸物品。需要說明的是，人死必須先以「赴」，亦即「發喪」，然後才得以弔贈。從經傳記載來看，對於楚君王之死的記載極其簡略，有的雖然書有赴，但極少言會葬情況，如楚武王卒於伐隨的征途中，僅記「濟漢而後發喪[1]」，但未言喪歸情況。楚文王卒於伐黃的歸途，僅記「鬻拳葬諸夕室」。楚郟敖被公子圍縊死後，僅訃告於鄭國，參於會葬楚郟敖的也僅有鄭國的游吉[2]。上述諸例皆可說明楚國是行喪歸之禮的。

喪歸可以看做是國與國之間的一種禮尚往來，恰如所謂「有來無往非禮也」。他國對楚國的喪事奉之以禮，楚國則對他國的凶事理當報之以節。遺憾的是，由於經傳受「天無二日，土無二王[3]」思想的影響，一般對各諸侯王的喪事記載都極其簡略，以致我們從文獻中很難

---

① 見《左傳·莊公十九年》。
② 見《左傳·昭公元年》。
③ 見《禮記·坊記》。

看到楚國對他國致以喪歸的情況，但考古發掘材料卻為我們彌補了這一不足。

1978年，考古工作者在隨州擂鼓墩發掘了一座戰國曾侯乙墓，在其墓內中室出土了一套令世人歎為觀止的青銅編鐘，其中的一件鎛鐘是楚王熊章（楚惠王）五十六年（前433）專為曾侯乙鑄造的[①]，顯然當為一件喪歸之器。曾即文獻中的隨國，此時的隨國雖已成為楚的附庸，但楚國仍以諸侯之禮致以喪歸，足見曾楚兩國關係非同一般。

值得一提的是，對編鐘形制、樂律及銘紋的研究表明，楚惠王為曾侯乙所作的鎛鐘與曾侯乙編鐘無關，它是在下葬時硬塞進的，並且擠掉了原有的一件曾侯乙鐘，即現在掛鎛鐘的位置原應是現在鎛鐘左邊的一件鐘，下葬時為了掛楚王鎛鐘只得將原鐘一件件向左依次移動，由於受鐘架空間的限制，當挪動到最後一件大鐘沒有位置後而只得摘下了原有的一件鐘。足見曾國對楚王所致喪歸物品至為重視，並以之豔羨而所為。需要說明的是，在宋代，湖北安陸曾出土過兩件銘文與之相同的銅鐘，據此，人們推論楚惠王應為曾侯乙鑄造了整套編鐘[②]。這一推論是至為正確的，事實上，楚惠王為曾侯乙弔喪所饋贈的編鐘應為曾侯乙宗廟祭祀之用，這從鎛鐘銘文本身「作曾侯乙宗彝，奠之於西陽，其永持用享」一語中得到解答。只不過是曾侯乙在入葬時以示對楚王喪歸的豔羨，摘了一件楚鐘葬之於墓內，由此，我們可進一步推斷，楚王鎛鐘及所缺的一件曾鐘還有可能會再現於世。

古代群公及夫人死皆立有宗廟，或稱宮，或稱廟，或稱要祧。然宗廟祭祀必當有八音具備的樂具。春秋時魯惠公夫人仲子死後隱公曾為其建以宮。《左傳·隱公五年》載：「九月，考仲子之宮，將萬焉，公問羽數於眾仲。對曰：『天子用八，諸侯用六，大夫四，士

---

① 譚維四：《曾侯乙墓》，文物出版社，1989年7月版。

② 黃錫全：《湖北出土商周文字輯證》，武漢大學出版社，1992年版。

第七章　禮俗篇

二,夫舞,所以節八音而行八風,故自八以下。」公從之。於是,初獻六羽,始用六佾也。」萬舞分文舞和武舞,是一種常用於宗廟祭祀的樂舞,於史多見。《詩經·商頌·那》中的「萬舞有奕」就是用之於祭祀成湯,《詩經·商頌·閟宮》中的「籩豆大房,萬舞洋洋」就是用之於祭祀周公。楚國也行萬舞,《左傳·昭公二十八年》載:「楚令尹子元欲蠱文夫人,為館於其宮側,而振萬焉。」顯而易見,祭祀於廟的萬舞當離不開鐘。

上述是我們從文獻和考古發掘材料所約略洞悉的楚國喪歸情況,對於楚王室而言,以鐘作喪歸物品應是當時的最高禮遇。事實上,楚王的喪歸物品並不局限於鐘,而還應有車馬之乘,曾侯乙墓的發掘已證實了這一點。然而就楚國上層貴族而言,也應存在著喪歸制度,並且依等級的不同,所歸物品應存在著差異。如果說上述推論似有臆斷之嫌,那麼,當我們回眸於一些典型楚墓的簡牘材料即有俯首唯諾之感。

仍以曾侯乙墓為例,在該墓北室出土了240枚竹簡,其中詳細記錄了參與曾侯乙葬儀而賵贈的車馬器。竹簡不僅載明了所歸物品為某人所贈,而且還詳盡描述了車馬器的名稱、裝飾和裝備,其細微之至,不能不說對揭示楚國的喪歸制度有著重要的學術價值,因為參與喪歸的大多是楚國的王公貴族,其中主要有王、太子、令尹、魯陽公、陽城君、平夜君、養君等。在所贈的車馬器中,僅車名而言就達40餘種,以數量而論多達69輛(包括自備車43輛),足以窺見出一支龐大的喪葬隊伍行進於曾侯乙的歸泉之途。由竹簡而知,這些所歸物品的數量及品質皆有別,如有的車馬俱贈,有的僅贈馬;從物品的分類上看,主要為車馬器和兵器。於是而知,在楚國上層貴族的喪歸物品中,楚王則以鐘和車乘為主,而楚國的邑君則只歸之以車馬,亦即文獻中的「賵」,所謂的「賻」、「襚」、「唅」、「贈」之禮似不在諸侯級的喪歸中通行。曾侯乙的口中雖有「唅」,但所含之物並非他

人所贈。

　　天星觀1號楚墓是所發掘的又一座楚國高等貴族墓葬，墓主為番乘，官至楚國的封君 ①，雖然墓葬被盜，但墓葬的規模與規格及隨葬品的種類和數量都遠遜於曾侯乙墓。與之規格相當的還有信陽長臺關楚墓 ②。從棺槨及用鼎制度推定，這類墓葬應低於諸侯而高於士，當為上卿之列，因此它代表了楚國高級貴族的喪葬制度。信陽長臺關楚墓由於被破壞，保存較差，其中2號墓未見遣冊。1號墓雖有遣冊，但殘斷過甚，可能還有缺佚，殊難論定。而天星觀1號楚墓卻出土了一批同曾侯乙墓一樣的賵贈遣冊，這對於探討楚國高級貴族墓葬的喪歸制度至為重要。從天星觀楚簡看，參與會葬的楚國官員有集脰尹、集精尹、集墨尹、宰尹、陽令和小司馬世迮等。由於受所發材料的限制，我們無法對他們所歸車馬兵器的數量作準確統計，但其參與人和所歸物品的數量都明顯要低於曾侯乙墓。其中未見楚王的喪歸。於是而知，在楚國高層貴族墓葬中，楚王似不致喪歸，而相應官階的官員應參與會葬。所歸物品仍然是以車馬兵器的「賵」為主。需要提及的是，河南淅川下寺楚墓群無疑也應屬楚國的高層貴族墓地，其中的M2由銅器銘文判定為楚令尹子庚墓 ③，由於受土質的影響，北方楚墓雖無簡牘保存，但墓葬的一些跡象仍能說明問題。僅子庚墓而言，在它的西部發現了一座大型車馬坑，坑內葬車七乘、馬十九匹。另外的M8、M10、M36也都分別發現有他們各自的車馬坑，顯然，這些遺存自當與「賵」有關，這就更進一步地證明我們所作的上述推斷。

　　包山楚墓是近年來發掘的又一重要楚墓，其中M2的墓主為邵㲋。官至左尹，主管楚國的司法。從爵位上看應低於上卿，為大夫級 ④。故

①　湖北省荊州博物館：〈江陵天星觀1號楚墓〉，載《考古學報》，1982年第1期。
②　河南省文物研究所：《信陽楚墓》，文物出版社，1986年3月版。
③　河南省文物研究所等：《淅川下寺春秋楚墓》，文物出版社，1991年版。
④　湖北省荊沙鐵路考古隊：《包山楚墓》，文物出版社，1991年版。

此該墓可視作是探討楚大夫級喪歸制度的典型墓葬。從該墓遣冊看，所葬物品豐盛，但沒有像曾侯乙墓和天星觀楚墓所見有眾多的楚國高層貴族參與會葬和賵贈，竹簡雖也記有裝飾考究的五車入葬，但大多為自備之車，唯竹牘所記一輛正車為他人所「受」。如果把同墓所出的一件上書有「郚公」的馬甲也看做是賵贈的一些物品，那麼，為邵𱔉行喪賵的僅兩人。當然，同墓葬的277號竹簡也記有苛䣁助贈的一些物品。從物品的質地看，皆為銅器、漆木器和絲織品，顯然當屬文獻中的「賵」、「襚」之列。由是而知，在楚國大夫級喪歸制度中，以車馬兵器為主的「賵」雖然存在，但不是主流，所歸物品應是於貨材和衣被為主的「賻」和「襚」，參與會葬對象的職官應不高於左尹。

望山1、2號墓也是迄今為止所發掘的較重要的一批楚墓，因為它代表了楚國又一階層的喪葬制度，其中1號墓墓主為昭固[①]，2號墓墓主雖未見有確切的記載，但兩墓規格相當，明顯低於包山2號楚墓，應屬大夫至士一級的墓葬。望山1號墓雖無遣冊發現，但望山2號墓則出土有較多的遣冊。為我們推定楚國上大夫至士一級的喪歸制度提供了依據。從遣冊記載看，望山2號墓共隨葬有三乘車，其中一乘車名無考，另兩乘分別為歸人之乘和田獵之車。簡文皆明顯記為自備之車。但簡文也見有長王孫和奉陽公參與助喪，遺憾的是由於竹簡殘斷過甚，無法與簡文的具體物品相連綴，從遣冊內容看，所記衣衾和絲織物最為多見，他們的所歸之物亦當大抵為衣衾之屬。長沙仰天湖楚墓亦當為士一級的墓葬[②]，其中的遣冊可明顯看出所贈之物大多為衣服。如「鄡陽公一紡衣……」、「何馬之疏衣……」等。由此我們可以看出，楚國士一級喪歸物品無車馬之乘的「賵」，而主要是歸之以衣衾的「襚」。

① 湖北省文物考古研究所：《江陵望山沙塚楚墓》，文物出版社，1996年4月版。
② 史樹青：《長沙仰天湖出土楚簡研究》，群聯出版社，1955年6月版。

需要提及的是江陵馬山1號楚墓，該墓葬制顯當為士一級的墓葬，墓中亦無車馬之乘，但出土衣衾多達35件，號為「絲綢寶庫」[①]。墓中雖未見遣冊，但在8-3A的一件竹笥上系一竹簽，其上墨書「繁以一緅衣見於君」八字。其中的首字當為人名，「緅衣」即緗衣，「見」有助贈之意，相當於包山楚簡中的「受」字，「君」是對女性死者的一種稱謂，春秋時魯隱公之母聲子死後也稱君[②]。而該墓墓主正是一位女性，竹笥內也正置一件絲織衣物。從墨書行文格式及稱謂看，皆不同以其他遣冊記錄，可能為弔贈者本人書寫好後而一併致以死者的。這又可作為楚國士類墓葬的喪歸物品以「禭」為主的一個重要旁證材料。

　　遣冊是我們研究古代喪歸制度的重要依據。據《儀禮‧既夕禮》所載，在行葬之前，遷柩於祖廟後，都要在中堂陳列喪歸物品以行薦祀之禮。有些物品不一定會入之於墓，考古發掘材料也證明，隨葬品與實物也有相抵牾的例子，但由於所贈物品都必須「書遣於冊」、「書賵於方」。然而，過去大都認為遣冊所記皆為賵贈的物品，事實上，若干楚國簡牘材料都證明無論是饋贈還是自備物品皆收之於冊上。故此，簡牘材料所反映的喪歸情況應與實際大體相同。

　　上述撮要列舉的一些典型楚墓材料，墓主身分大多確切，墓葬等差明顯，更重要的是大多有確切的文字記載。通過排列，喪歸物品也因等級的不同而存在著較大的差異。這些都說明楚國存在著喪歸制度。而簡牘材料所揭示的喪歸物品大多為文獻中所謂的「賵」、「賻」和「禭」等，而「賵」不僅指車馬而言，它還包含有兵器和馬具。至於楚國是否在各階層的墓葬中存在著「唅」、「贈」之禮，受材料的限制，尚待進一步研究。不過，從文獻記載看，在各階層墓葬

①　湖北省荊州博物館：《江陵馬山1號楚墓》，文物出版社，1985年2月版。
②　見《春秋‧隱公三年》。

第七章　禮俗篇

中似應兼而有之^①。

　　先秦的喪葬制度是極其龐雜和紛繁的，是否逐一依禮而行，回答當然是否定的。僅死者的葬期而言，按禮節所載皆有明確的規定，然考之《春秋》與《左傳》，有的因兵事、或國難、或忌日皆不能如期而葬。又以喪歸中的「襚」而言，有的人死十年後才致以「襚^②」，事實上，在楚國喪歸制度中也有很多變異之處。按三禮所記，大夫死，君必弔或致襚，然就楚國而言，楚王似不行此禮，迄今為止，在已面世的楚國各類等級的墓葬材料中，還不足以說明楚王對其臣屬致以喪歸。再則，在各階層的墓葬材料中，相應職官並不全都參與同等爵位的喪歸。如楚國封君番乘墓，參與會葬的封君並不多，這可能與不全都訃告有關。不訃在古籍中多見。然高等爵位的人死後參與會葬的不多的例子也有，如楚郊敖死後，前來會葬的僅鄭國。曾侯乙墓屬諸侯爵位，在楚王及眾多的楚王公貴族參與會葬中，也未見他國的使臣參與，唯見有「宋司城」和「宋客」所贈曾侯乙馬匹，但並不能肯定他們就是宋國的代表。這種現象也可能與不訃告他國有關。另外，一些與墓主身分不盡相同的他人致以喪歸，這也不合史載的「同盟」和「同位」，如番乘墓就有「番之里人」和宋牲助贈的物品。在望山2號墓和仰天湖楚墓還分別見有「奉陽公」和「鄣陽公」，這顯然與墓主身分不一致。由此看來，楚國的喪歸制度既有與禮制相吻合的地方，也有在實際運作中與禮制不相同的一些特例。

①　見《春秋‧文公五年》：「王使榮叔歸唅，且賵。」
②　見《左傳‧文公九年》。

第八章　楚器考論篇

　　伴隨著我國考古事業的發展，楚文化考古研究已取得了豐碩成果，其中，楚國的遺存不斷增加，特別是具有準確紀年楚墓的發掘，使得楚器的年代學序列更加豐富和準確。可以說楚器的年代學框架已基本建立。但楚國歷時八百餘年，滅國眾多，幅員遼闊，無論在時間和空間上，各地楚器的演變並不完全相同，楚器的編年研究仍任重而道遠。

　　楚文化的內涵博大精深，每件楚器中都蘊涵著各類豐富的資訊，諸如文化屬性、名實對應、器物用途、絕對年代等。開展對某件具體器物的研究，尤其是對自身具有文字的器物研究，將能解決許多懸而未決的問題。

　　在對器物形制的研究中，首先是要對文化屬性的研究，通過文化因素的分析以判明其是不是楚器及楚系器物，其次，再開展對其年代學的比較研究，進而再擴展到涉及其他諸問題的研究。由於楚文化所涉面較廣，特別是對早期楚文化的認識問題，目前學術界還存在著較大的分歧。比如，楚式鬲的淵源及年代等問題並沒有一個統一的認識。

　　有關楚器諸方面的研究問題頗多，我們試從如下幾個方面進行一些嘗試性的探討。

229

第一節　秭歸廟坪及巫山雙堰塘陶鬲的年代與文化屬性

　　為配合長江三峽工程，自20世紀90年代初葉至2007年，來自全國各地的文物考古科研單位和大專院校對工程淹沒區的湖北和重慶庫區的所有已知文物點進行了大規模的搶救性發掘，通過工作，不僅獲得了數以萬計的上自新石器時代下迄明清的各個歷史時期的珍貴文物標本，而且填補了許多階段性的空白。使得這一區域過去諸多鮮為人知的文化演進模式得以全面和清晰地展現在世人面前。

　　在三峽工程大規模的搶救性發掘所獲得的各個時期文化面貌的豐碩成果中，楚文化在本區的全面揭示當是其凸顯的成果之一。據筆者初步統計，已見諸報導的，在湖北和重慶庫區已發掘的文物點中，楚文化遺存的遺址和墓地就多達80處，其中湖北庫區49處，重慶庫區31處。其地域從湖北宜昌一直逶迤至重慶的忠縣，時代涵蓋了西周至戰國晚期。這一廣袤區域如此眾多的楚文化遺存的面世，且時間綿延之長，對認識楚文化在這一區域的傳播和流變具有重要的學術價值。

　　在三峽工程已發掘的具有楚文化遺存因素的遺址中，秭歸廟坪遺址和巫山雙堰塘遺址最具有代表性。兩處遺址不僅面積大，而且所出土的西周遺存的年代也相近，特別是所出土的陶鬲具有同源性。僅陶鬲而言，人們對其年代和文化屬性的認知具有較大的差異，筆者認為有必要對這一問題進行重新梳理和探討。

　　秭歸廟坪遺址位於湖北秭歸縣郭家壩鎮楚王井村11組，遺址所在地為長江南岸的階地上，與秭歸舊縣城隔江相望。1995年—1997年，湖北省文物考古研究所先後四次對該遺址進行了發掘，揭露面積達14150平方公尺。遺址包含有新石器、周、漢、六朝、唐宋及明代各個時期的遺存。發掘報告將周代遺存分為五期，其中，遺址分三期，墓葬分二期。遺址的三期是，第一期相當於西周的早期或稍晚，包

括H11、H21、H24三個單位，H14、H23也歸入第一期；第二期相當於西周中期或略晚，以第⑤層為代表，包括H8、H29、H30、H31四個單位，H7、H13和H9也歸入在二期；第三期為西周晚期或兩周之際，以第④層為代表，包括H4、H6、H19、H20、F2、G1；墓葬分為兩期五段，分別是第四期1段，年代為春秋中期，第四期2段，年代為春秋晚期；第五期3段，年代為戰國早期；第五期4段相當於戰國中期；第五期5段相當於戰國晚期。報告在對其年代考察時，對第一期的文化性質尚難作出準確判斷，第二、三期徑直歸為夔文化，四、五期為典型的東周楚文化。這一分期，具有連續發展的關係，作出二、三期為夔文化的推斷，且與文獻所記的楚國同宗別居於夔及楚滅夔的年代也相符[1]。

需要指出的是，廟坪遺址和墓葬的分期基本上是可信的，問題是併入第二期的H7出土的一組器物，尤其是鬲和施放射形暗紋豆的年代和文化屬性問題尚值得進一步比證，H7位於該遺址發掘區T4的東北部，開口在②a層下，距地表深120~130公釐，平面呈不規則圓形，填土共分三層，坑內共出陶鬲6、陶釜3、陶罐1、陶豆2、陶圈足4、石斧1和蚌器1。值得注意的是，所見6件陶鬲都比較完整，其形皆為卷沿、方唇、矮頸、癟襠、柱狀足。癟襠上部飾三個圓形乳釘，腹飾拍印方格紋（圖8-1-3，4）。如果撇開其腹上部所飾的方格紋，其外形與江漢地區所見的楚早期陶鬲應無區別。廟坪這一陶鬲的材料公佈後，引起了學術界的廣泛關注和探討。其中，孟華平先生在編著完《秭歸廟坪》一書後，進一步申論其年代為西周中期，其文化屬性為夔文化[2]；黃尚明先生認為其年代為春秋早期，其文化屬性為楚[3]；尹宏兵先生認

① 湖北省文物事業管理局等：《秭歸廟坪》，科學出版社，2003年5月版。
② 孟華平：〈夔文化的考古學證據〉，載《楚文化研究論集》第六輯，湖北教育出版社，2005年6月版。
③ 黃尚明：《蜀文化研究》，華中師範大學出版社，2007年1月版。

為其年代為西周晚期晚段，其文化屬性為楚^①。

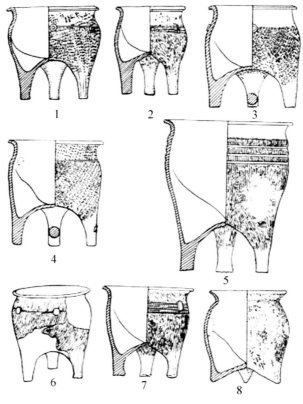

1.巫山雙堰塘H5:1　　2.巫山雙堰塘T429⑤：21
3.秭歸廟坪H7②：2　　4.秭歸廟坪H7①：2
5.荊州荊南寺T3③：31　6.鄖縣遼瓦店子T1114：6
7.荊州荊南寺G2：1　　8.長安張家坡M4388：1

圖8-1　峽江、江漢及長安地區出土的部分西周陶鬲

　　其實，與廟坪遺址所出陶鬲大體相同的在三峽庫區還有一處遺址
點，這就是巫山的雙堰塘遺址，諸家大都沒有提及。

　　雙堰塘遺址地處重慶巫山的大寧河流域，位於巫山縣大昌鎮西北

①　尹宏兵：《楚國都城與核心區探索》，湖北人民出版社，2009年12月版。

的龍興村，巫山縣的東、南部與湖北的巴東和建始縣接壤，是重慶市最東部的一個縣。從1997年至2000年，考古工作者對雙堰塘遺址進行了多次發掘，揭露面積達2779.5平方公尺。通過發掘，確認為一處西周時期的遺址，遺址內除出土有大量的花邊罐和尖底缽的土著因素外，同時也發現了較多的柱足鬲，尤其是2000年發掘所復原的3件完整癟襠陶鬲（圖8-1-1，2），以及眾多與之相同的尚無法復原的鬲殘片，證實這一居址的先民曾流行這一器類。發掘者將其年代推定為西周，其文化屬性為巴文化，同時也注意到了某些因素與鄂西楚文化相似 [1]。也有學者認為這一因素出現的年代在春秋中晚期 [2]。

　　比較廟坪H7和巫山雙堰塘遺址所出土的陶鬲，二者在形態上極其相似，即皆為卷沿、方唇、矮頸、癟襠、柱狀足。足尖部有刮削痕，癟襠上部飾三個圓形乳釘，腹上部都飾方格紋。所不同的是，雙堰塘遺址所出土的陶鬲紋飾更豐富，除方格紋外，也有繩紋鬲。拓展了我們對這一文化因素分析的視野。同時，我們還注意到了在廟坪所出土的施放射形暗紋豆及粗柄的豆座在巫山的雙堰塘遺址都可以見到。顯然，它們的文化因素和年代應是相同的，完全可以將兩地的陶鬲合併起來討論。

　　前已指出，兩地相似或相同的文化因素，學術界對其年代的認識就有西周中期、西周中期偏晚、春秋早期，春秋中晚期四種。對其文化屬性有夔、楚、巴諸說。人們之所以產生這一分歧，主要是因為我們過去對這一區域的文化面貌並不十分清楚，再加上峽江地區是一個

---

① 中國社會科學院考古研究所長江三峽工作隊等：《巫山雙堰塘遺址發掘報告》，《重慶庫區考古報告集》1997年卷，科學出版社，2001年11月版。中國社會科學院考古研究所長江三峽工作隊等：《巫山雙堰塘遺址發掘報告》，《重慶庫區考古報告集》1998年卷，科學出版社，2003年7月版。中國社會科學院考古研究所長江三峽工作隊等：《巫山雙堰塘遺址發掘報告》，《重慶庫區考古報告集》1999年卷，科學出版社，2006年1月版。

② 湖北省文物事業管理局等：《2003年三峽文物保護與考古學研究學術研討會論文集》，科學出版社，2003年7月版。

特殊的地理單元，文化結構相對複雜。其實，只要我們運用類型學方法，根據已有材料類比，並結合當時的歷史背景分析，完全可以消除我們認識上的扞格。

眾所周知，峽江地區屬古巴蜀文化的分布範圍，於巴而言，是巴國的最東部區域；於楚而言，屬楚國的西鄙之地，其間還夾雜有蜀、庸、歸姓之夔和羋姓之夔，已揭示的諸多古文化遺址表明，夏商時期，在鄂西的峽江地區主要是朝天嘴文化[①]，到了殷墟晚期，峽江的東部和西部分別是路家河文化和十二橋文化的遺存[②]。西周早期這一區域的文化整體面貌還不太明朗，但綜觀已確認的巴蜀及夔庸文化都未見類同於廟坪和雙堰塘所出土陶鬲形制的演進過程，所以，可以肯定廟坪和雙堰塘所出土的陶鬲應是一種外來因素。

從形態上考察，廟坪和雙堰塘所出陶鬲，皆作卷沿，矮頸、狀足，口徑大多大於腹徑，屬於我們分類上所常說的一種大口鬲，這一形制普遍發現於江漢地區及隨棗走廊兩周的遺址和墓葬中，屬於楚式鬲應毋庸置疑。目前東周楚式鬲的年代學框架已基本確立，綜觀廟坪和雙堰塘所出陶鬲的形態全作癟襠，這一形制在東周時期的楚鬲中基本不見，應屬一種早期形態。

對比已有出土資料，類同於廟坪和雙堰塘陶鬲的形制在江漢地區多見，其中比較典型的遺址是荊州荊南寺[③]和荊州梅槐橋遺址[④]。這兩處遺址所出土的陶鬲形制都大體相同，即都作癟襠、柱足、腹飾繩紋，且年代都是推定在西周晚期。仔細比較，還可以見到其有很多共性，其中荊南寺出土陶鬲的肩部也有類同於廟坪和雙堰塘陶鬲上的泥

① 于孟洲：〈鄂西峽江地區朝天嘴文化研究〉，載《考古》，2010年第3期。
② 湖北省文物事業管理局等：《2003年三峽文物保護與考古學研究學術研討會論文集》，科學出版社，2003年7月版。
③ 荊州博物館：《荊州荊南寺》，文物出版社，2009年6月版。
④ 湖北荊州地區博物館：〈湖北江陵梅槐橋遺址發掘簡報〉，載《考古》，1990年第9期。

餅裝飾（圖8-1-7）；足部都作刮削制法。值得注意的是，荊州梅槐橋遺址施暗紋的豆與廟坪和雙堰塘所出土施暗紋的豆有著異曲同工之妙。所有這些，足見其應屬同一文化序列。顯然，廟坪和雙堰塘所出土陶鬲應是受到了來自江漢地區梅槐橋和荊南寺西周鬲文化一類遺存的影響。

其實，不僅僅是在江漢地區南部發現了這一癟襠柱足鬲，在襄宜平原、南陽盆地南部以及隨棗走廊這一廣闊的區域的西周時期都有發現。其中以宜城郭家崗 [1] 和襄樊真武山遺址 [2] 出土的鬲最為豐富，並且其年代序列清楚，學術界大多把它歸入楚式鬲的編年研究應是正確的。相對於襄宜平原而言，荊州梅槐橋和荊南寺所出土的西周鬲還有一些細微的區別，諸如足部的刮削和器表飾泥餅的裝飾在襄宜平原比較罕見。但整體的風格應屬楚式鬲，並且能夠看出楚式鬲由西周至東周演進的過程。在廟坪和雙堰塘所在地的峽江區域內不存在陶鬲的早期祖源，作出其所出土的陶鬲就是來自江漢地區楚文化影響的推斷應是符合實際的。

確立了廟坪及雙堰塘的陶鬲屬楚式鬲後，我們還將繼續探討其年代。事實上，陶鬲的器型及裝飾已比較清楚地反映了其年代特徵。前已指出，其襠部與東周楚鬲相比迥然有異，應屬一種早期形態，即屬於西周時期。但屬於西周的哪一段，仍需要對比研究。

一些學者根據襄隨兩周遺址所出材料，在對這一類癟襠柱足鬲演進過程進行研究時得出，其癟襠的程度自早至晚是由肩部到肩下部，再由中腹到下腹直至消失這麼一個演進過程，且西周早期大多受姬周文化的影響，全部為袋足鬲 [3]。這一分析基本反映了襄宜及江漢地區陶

① 武漢大學歷史系考古教研室等：〈湖北宜城郭家崗遺址發掘〉，載《考古學報》，1997年第4期。
② 湖北省文物考古研究所等：〈湖北襄樊真武山周代遺址〉，載《考古學集刊》第9輯，科學出版社，1995年版。
③ 王先福：〈襄隨地區兩周遺址出土陶鬲分析〉，載《江漢考古》，2002年第4期。

鬲的演變過程。對比廟坪和雙堰塘所出陶鬲，其癟襠的程度大多在中腹，且都為柱足鬲，其年代不會早至西周早期，只能是西周中期偏晚或西周晚期早段之物。

　　器表的紋飾裝飾也具有一定年代學參證作用。根據楚地所出陶鬲觀察，西周早期鬲的頸部一般無繩紋，柱足的下部也無紋飾。中晚期開始頸部出現紋飾並有抹去的痕跡。廟坪和雙堰塘所出陶鬲的頸部既有無紋的，也有飾紋飾並有被抹去的痕跡。既有較早的特徵，也有稍晚出現的因素，說明其正處在西周中晚期的演變階段。將其推定為西周晚期早段之物應大致不誤。需要提及的是，廟坪所出陶鬲的腹部皆飾方格紋，在雙堰塘遺址所出的陶鬲，既有飾方格紋，也有飾繩紋的。以飾方格紋的陶鬲而論，這在楚地早期確為罕見，只見於荊州荊南寺一件西周晚期的陶盆上，也極易誘導人們把它從楚文化圈中區別開來。從雙堰塘遺址所出鬲上繩紋與方格紋並存的現象來看，腹飾方格紋只是文化傳播上的一個變異，結合峽江在夏商時期有盛行方格紋的傳統因素來分析，無疑這又是受到本地文化的影響，但並沒有改變所具有的楚文化特質。一些學者大多把廟坪所出土的飾方格紋的鬲，視為一種土著文化的影響應是可取的[1]。

　　其實，真正能夠準確反映廟坪和雙堰塘陶鬲年代的還是其上的飾圓形乳釘裝飾的一種特徵。在湖北境內，除了荊州荊南寺西周晚期陶鬲上發現有這一特徵的陶鬲外，在鄂西北丹江口朱家臺遺址的西周遺存中也有發現[2]，新近發現的鄖縣遼瓦店子西周晚期遺存也多有所見[3]（圖8-1-6），說明在西周晚期江漢地區已流行這一獨特的裝飾。檢索

① 黃尚明：《蜀文化研究》，華中師範大學出版社，2007年1月版。尹宏兵：《楚國都城與核心區探索》，湖北人民出版社，2009年12月版。

② 中國社會科學院考古所長江工作隊：〈湖北均縣朱家臺遺址〉，載《考古學報》，1989年第1期。

③ 武漢大學考古與博物館學系：〈鄖縣遼瓦店子遺址〉，載《湖北省南水北調重要考古發現 I 》，文物出版社，2007年11月版。

已有資料，這一獨特的裝飾應是來自中原周文化的影響，最早見於西安張家坡西周早期的居址和墓葬中所出土的陶鬲[①]（圖8-1-8）。有的不僅只局限飾在陶鬲上，在一些陶罐上也有這種裝飾，如西周早期的長子口墓所出的圓腹罐上也有這一裝飾[②]。到了西周中晚期，這一獨特的裝飾在姬周文化圈內得到了廣泛的傳播，這在北方的燕國墓地[③]、虢國墓地[④]、晉國墓地[⑤]乃至山東半島[⑥]都可以見到其蹤跡。這一裝飾除在晉國的上馬墓地到春秋早期還有延續外，其他都是盛行在西周的中晚期。有關這一裝飾的內涵，《灃西發掘報告》推論其「可能是象徵蚌泡一類的裝飾」，我們或可認為其應是商代陶鬲頸部飾圓圈紋的一種發展，因為在一些商代陶鬲的頸部就多見有飾圓圈紋的案例[⑦]。基於上述比較，秭歸廟坪和雙堰塘陶鬲上所飾泥餅的特徵，無論其裝飾內涵如何，但其年代屬西周中晚期應無疑問。

需要提到的是，中國社會科學院考古研究所在對巫山雙堰塘遺址進行多次發掘後，對其西周文化堆積單位作了一個碳14標本的年代檢測，所測得的年代資料為前910—前806年[⑧]。這一測年資料與我們推定其為西周的中晚期相吻合，可作為一個年代學的參證。

通過若干形態的比較，基本可確立秭歸廟坪和雙堰塘陶鬲的年代應屬西周的中晚期，大體相當於西周的夷王時代，在年代學上可劃歸為西周中期的晚段或西周晚期的早段。其文化屬性應屬於楚。同時，

①　中國科學院考古研究所：《灃西發掘報告》，文物出版社，1962年版。
②　河南省文物考古研究所等：《鹿邑太清宮長子口墓》，中州古籍出版社，2000年11月版。
③　北京市文物研究所：《琉璃河西周燕國墓地（1973—1977）》，文物出版社，1995年版。
④　中國科學院考古研究所：《上村嶺虢國墓地》，科學出版社，1959年版。
⑤　山西省考古研究所：《上馬墓地》，文物出版社，1994年3月版。
⑥　煙台市文物管理員：〈山東蓬萊縣柳格莊墓群發掘簡報〉，載《考古》，1990年第9期。
⑦　河南文化局文物工作隊：《鄭州二里崗》，科學出版社，1959年版。中國科學院考古研究所等：《夏縣東下馮》，文物出版社，1988年11月版。
⑧　鄭若葵：〈尋覓巴人的聚落——解讀巫山雙堰塘遺址〉，載《永不逝落的文明：三峽文物搶救紀實》，山東畫報出版社，2003年版。

可以認為，發端於江漢地區的楚文化至遲在西周晚期的早段已溯江而上，至少向西已到達今巫山一帶，這應是目前通過峽江具有楚文化因素遺存判定楚文化何時西漸三峽比較可信的實物證據。

有關楚文化何時進入三峽，過去我們並不清楚。歷史上北魏的酈道元曾首創楚都「丹陽」在秭歸的說法後[①]，一度對後世影響深遠。現今學者甚至據此推定秭歸的鰱魚山遺址就是楚「丹陽」城[②]，但通過對其發掘後發現，其主體遺存並不屬楚，隨即遭到學術界的否定[③]，楚文化源起於三峽之說並不能得到考古學上的證實。從已經揭示的三峽諸多遺存看，西周中期以前，這裡並未見可資確認的楚遺存，說明在西周中期以前楚文化並沒有進入到三峽境內。

確定了秭歸廟坪和雙堰塘陶鬲的年代為西周晚期的早段且其文化屬性屬楚，或可認為，楚文化就是在此時才開始沿江而上，進入到三峽，並一直抵達至川東的巫山一帶。這一看法不僅只是體現在實物上，而且在傳世的文獻上也可得到證明。

眾所周知，芈姓的熊繹被周成王封於楚蠻之地時，其時約當在西元前10世紀的西周早期，此時的楚國只是一個蕞爾小邦，其位卑國弱，文獻所載相對簡略。但到了西周夷王之時，也即熊繹五世孫熊渠時，楚國開始了首次對外拓疆和征伐，並對其所伐之地分別封其三子為三王。據《史記·楚世家》所載：「當周夷王之時，王室微，諸侯或不朝，相伐。熊渠甚得江漢間民和，乃興兵伐庸、楊粵，至於鄂。熊渠曰：『我蠻夷也，不與中國之號謚。』乃立其長子康為句亶王，中子紅為鄂王，少子執疵為越章王，皆在江上楚蠻之地。」與之相同的記載還見之於《大戴禮記·帝系》和《世本》，這是楚國早期史上最為輝煌的一頁，應是比較可信的史事。

---

① 楊守敬、熊會貞：《水經注疏》，江蘇古籍出版社，1989年版。
② 文必貴：〈秭歸鰱魚山與楚都丹陽〉，載《江漢論壇》，1982年第3期。
③ 楊權喜、陳振裕：〈秭歸鰱魚山與楚都丹陽〉，載《江漢考古》，1987年第3期。

熊渠的此次對外征伐和封王是發生在西周的夷王之時，至西周的厲王之時，因厲王暴虐，熊渠畏其伐楚，又去掉了三王的封號。結合相關記載看，三王封號雖去，但三王對新占領的封地應未有變化。有關三王的封地，史載並不明確，過去大多依據司馬遷的《史記》中的「皆在江上楚蠻之地」一語，將其推定在長江沿線。現在看來，「江上」之地，實應是個泛指，應包含了長江和漢水之間的廣闊區域。新發現的鄖縣遼瓦店子就極有可能是句亶王的封地①。據相關記載可以推定，此時的楚國，在經歷了周王封國的一百多年勵精圖治後，在江漢之地已是「蠻夷皆率服」和「甚得江漢間民和」②，已經具備了向外拓展的天時、地利與人和的條件。故此，我們認為，在西周夷王之時，楚人就是通過江漢之地以北的漢水和以南的長江首先向西拓展，而秭歸廟坪和巫山雙堰塘所見的一批楚遺存，理應是此時楚人南線溯江而上的結果。

需要指出的是，一些學者在探討峽江地區此段楚遺存時，大都會聯繫到西周時此地的一個羋姓的夔國，或以為此段的遺存有可能即為夔文化遺存③，這一思路應是可取的。但倘若此批遺存在年代學上稍早於羋姓夔國的年代，則此問題就有進一步探討的必要。我們認為秭歸廟坪和巫山雙堰塘陶鬲的年代是在楚熊渠之時，不僅可釐清與羋姓夔國的瓜葛，還可進一步辨明楚文化何時開始浸潤三峽的問題。好在有關羋姓夔國存亡的年代史載都比較明確。

據《春秋·僖公二十六年》載：「（634年）秋，楚人滅夔，以夔子歸。」《左傳·僖公二十六年》則進一步明記：「夔子不祀祝融

---

① 黃鳳春：〈鄖縣遼瓦店子與楚句亶王——楚熊渠分封三王地理的檢討之一〉，載《江漢考古》，2010年第2期。

② 見《史記·楚世家》。

③ 孟華平：〈夔文化的考古學證據〉，載《楚文化研究論集》第六輯，湖北教育出版社，2005年6月版。

與鬻熊，楚人讓之。對曰：『我先王熊摯有疾，鬼神弗赦，而自竄於夔，吾是以失楚，又何祀焉？』秋楚成得臣與鬬宜申帥師滅夔，以夔子歸。」這個羋姓夔國或稱為「歸」，其地望歷代注家或認為在今巫山 ①，或認為在今秭歸 ②，不過，大多認為在今秭歸。這則記載比較明確的是，羋姓的夔國的建立當與熊摯有關，只要確立熊摯其人是誰就可大致界定其立國的年代。

熊摯為楚國歷史上誰的後人，史書記載比較模糊，歷代注家大多把經傳中的他與《史記》中的熊渠之中子熊摯紅視為一人。據《史記·楚世家》所載：「熊渠卒，子熊摯紅立，摯紅卒，其弟弒而代立，曰熊延。」熊摯紅即為熊渠時所封之鄂王。其實，仔細研判相關記載，熊摯紅與熊摯並非一人是顯而易見的。因為《史記》所載的熊摯紅並沒有「惡疾」，而且繼承了楚王位，並不可能「自竄於夔」而「失楚」。另外，日本瀧川資言的《史記會注考證》中有：「摯字當衍，熊紅即鄂王也。」③那麼，《史記》中的熊摯紅當名為熊紅，顯然不是經傳中「自竄於夔」的熊摯。趙逵夫先生認為，在熊渠之子中，有「惡疾」而「自竄於夔」的有可能就是少子「執疵」，因為「摯」由「執」得聲，可通假。「疵」有病意，《說文》：「疵，病也。」筆者也贊同這一說法④。執疵就是熊渠所封三王中的「越章王」。

「越章王」的封地史載並不明確，有學者認為其地應在今荊州東連

---

① 《水經·江水注》：「江水又東，逕巫縣故城南，縣，故楚之巫郡也，秦省郡立縣，經隸南郡，吳孫休分為建平郡，治巫城。城緣山為墉，周十二里一百一十步，東西北三面，皆帶傍深入谷，南臨大江，故謂之夔國也。」
② 《春秋·僖公二十六年》杜注：「夔，楚同姓國，今建平秭歸縣。」《史記集解》引服虔曰：「夔，楚熊渠之孫，熊摯之後，夔在巫山之陽，秭歸鄉是也。」《史記索引》曰「譙周作『滅歸』，歸即夔之地名歸鄉也。」
③ （日）瀧川資言：《史記會注考證》，上海古籍出版社，1965年版。
④ 趙逵夫：〈屈氏先世與句亶王熊伯庸〉，載《文史》第二十五輯，中華書局，1985年10月版。

接漢水與長江的楊水流域 ①，而我們認為其地應當在臨近長江的沮漳河下游的沮漳河西岸，也即今枝江市境內，其地西進三峽極為便利，無獨有偶的是，這個越章王與夔確有關聯。據史所載熊渠所封的三王，又有「三侯」一說。據《吳越春秋‧句踐陰謀外傳》所記楚善射者陳音對越王說，弓矢之道「琴氏傳之楚三族，所謂句亶、鄂、章，人號麋侯、翼侯、魏侯也」。根據其排列次序，句亶王可稱為麋侯，鄂王可稱為翼侯，越章王可稱為魏侯。其中的「麋」當為「麇」字之誤（《元和姓纂》卷六引）。三侯之稱可能與《史記》中所記「周厲王時，暴虐，熊渠畏其伐楚，亦去其王」的史事相關，改稱「三王」為「三侯」就是為了規避周厲王的討伐。值得注意的是，這個「魏侯」可能就是已經領有夔地的越章王。黃錫全先生認為「魏侯」就是「夔侯」是極有見地的 ②。

比較若干相關史料，有關反映楚熊渠及其稍後的一些歷史記載多相抵牾，但有一點是可以肯定的，即芈姓的夔國當是熊摯的後人所建立的，其時當晚於熊渠和熊渠的三王分封。故《史記集解》引服虔曰：「夔，楚熊渠之孫，熊摯之後。」熊渠是正當周夷王之時，夏商周斷代工程把周夷王在位時間定為前885年至前878年，以此類推，夔的建立當不早於西周的厲王之時，而這一積年恰又與三王或三侯之後的年代相當。因此，可以推定，在楚熊渠對外征伐而分封三王時，楚文化已隨之外播，確定秭歸廟坪和巫山雙堰塘陶鬲為楚遺存，且年代又早於夔的立國，只能是與熊渠的首次對外征伐有關，應是迄今已知楚文化向峽江浸潤的最早實物，這一結論與相關歷史背景應是吻合的。

---

① 黃錫全：〈「栽郢」辨析〉，載《楚文化研究論集》第二輯，湖北人民出版社，1991年3月版。

② 黃錫全：〈楚地「句亶」、「越章」新探〉，載《人文雜誌》，1991年第2期。

第二節　鄖縣遼瓦店子與楚句亶王

　　在西周晚期的周夷王之世，被封為群蠻之地的楚國熊渠趁周王室衰微，曾舉兵伐庸、楊越和鄂，繼而封其長子康為句亶王，次子紅為鄂王，少子執疵為越章王。開創了楚國有史以來的首次對外征伐和分封，成為楚國早期歷史上最為輝煌的一頁。

　　有關熊渠這次用兵和封王的史實，在傳世文獻《大戴禮記·帝系》、《世本》和《史記》中都有明確的記載。

　　《大戴禮記·帝系》：「季連產付祖氏，付祖氏產穴熊，九世至於渠妻鰥，出自熊渠，有子三人，其孟之名為康，為句亶王，其中之名為紅，為鄂王，其季之名為疵，為戚章王。」

　　《世本》：「（熊渠）有子三人，其孟之名為庸，為句袓王，其中之名為紅，為鄂王，其季之名為疵，為就章王。」

　　《史記·楚世家》：「當周夷王之時，王室微，諸侯或不朝，相伐。熊渠甚得江漢間民和，乃興兵伐庸、楊粵，至於鄂。熊渠曰：『我蠻夷也，不與中國之號諡。』乃立其長子康為句亶王，中子紅為鄂王，少子執疵為越章王，皆在江上楚蠻之地。及周厲王之時，暴虐，熊渠畏其伐楚，亦去其王。」

　　熊渠所封三王當屬可信的史事。但由於史載的簡略，加上早期楚史的諸多疑問尚未廓清，有關熊渠所封三王的地望問題並未有一個統一的看法，傳統觀點大多依據《史記》「三家注」，將句亶王定在湖北的江陵（今荊州），越章王定在洞庭湖以東地區，鄂王定在今鄂州市境內。今人的一些研究更是眾說紛呈。事實上，有關楚熊渠所封三王的地望仍需學術界來縝密探討，以期達到一個共同的認知點。

　　諦審《世本》和《史記·楚世家》有關熊渠所封三王的記載，其因果關係是明朗的，即伐庸而封句亶王，伐楊越而封越章王，伐鄂

而封鄂王。儘管史家對其王地語焉不詳，但皆屬江上楚蠻之地是明確的，結合與楚國相關的文獻記載，早期楚人當以江漢之間為主，因而，三王的封地也當不出江漢之間的楚蠻之地為宜。

本系列論將重新對楚熊渠分封三王的地理依據歷史和相關考古資料進行探討，首先我們將要重新探討的是楚熊渠長子句亶王的封地問題。

在重新探討楚句亶王的封地之前，有必要對過去成說作一個大致的梳理。由於史載的缺佚，有關楚句亶王的封地最早提及的當是史記三家注之一的劉宋人裴駰的《史記集解》，他在《集解》中引張瑩曰：「今江陵也」。《路史・國名紀丙》亦謂句亶在「今江陵」，但在江陵的何處，也沒有一個具體的位置，今人主此說者人多將其依附於楚郢都，即今荊州城以北的紀南城。今人的研究更是紛見疊出，其中，比較有影響的是趙逵夫先生的當在「錫穴以東，句澨以西」之地[1]，黃錫全和葉植先生認為就是「今丹江口西北至鄖縣一帶」的「句澨」[2]。

前已指出，楚熊渠的首次封王是在分伐三地之後而實施的，封其長子康為句亶王當與伐庸有關，也就是說，探索句亶王的封地，當不能脫離與庸相關的歷史與地望問題。

庸為漢水流域的古方國，其地位於漢水支流堵河上游的南岸，其政治中心當在今湖北的竹山縣。庸國曾是商之附屬國，武王滅紂，庸國又倒戈伐商，成為「牧誓八國」之一。周人的滅商之舉，庸國無疑是功不可沒。周人一得天下之後，實行了大量的分封，庸國作為異姓國是否得到了周王室的正式冊封已不得而知，但西周初期的庸國為鄂

① 趙逵夫：〈屈氏先世與句亶王熊伯庸〉，載《文史》第二十五輯，中華書局，1985年10月版。
② 黃錫全：〈楚地「句亶」、「越章」新探〉，載《人文雜誌》，1991年2期。葉植：〈試論楚熊渠稱王事所涉及到的歷史地望問題〉，載《楚文化研究論集》第四輯，河南人民出版社，1994年6月版。

西北聲威俱具的泱泱大國是可以確定的。

　　早期的楚國無論從地域還是從國力都不可能與庸國相匹敵，西周晚期時熊渠伐庸說明楚國的軍事和國力已經具備了同庸國相抗衡的潛力。熊渠的此次伐庸，雖然沒有滅掉庸國，但對庸國也應是一次重創，這從熊渠伐庸之後旋即封其長子為句亶王的史實中可以得到證明。

　　既然庸國位於鄂西北的湖北竹山縣，熊渠伐庸也沒有能滅掉庸國，那麼，熊渠所封的句亶王就極有可能是與庸相近或接壤之地了。當今的大多數學者都不從劉宋人裴駰的《史記集解》的江陵說，而大多是將其推定在丹江口西北至鄖縣一帶，原因是江陵說與若干相關史料大相徑庭，這一推論應是可取的。但我們認為，這個句亶王之地應當就是今天的鄖縣遼瓦店子，遼瓦或即古地「句亶」。

　　遼瓦店子位於鄖縣的西南，東北距鄖縣縣城的直線距離約10.2公里，瀕臨於漢江的南岸，其東、南為高山，西部為緩丘，漢水以北也為高山，這裡形成了一個北臨漢江，面積達20萬平方公尺的相對平坦的獨立的臺形盆地，漢江在此形成一個大的向左彎曲後而回流，再折而北上。其上游向西約1公里處即為漢江支流堵河的入口及漢江江中之洲韓家洲。因此地歷年多出瓦器，故以遼瓦而得名。

　　遼瓦店子是一處大型的古遺址，1980年發現，由於此地屬南水北調工程的淹沒區域，2005年—2009年武漢大學和湖北省文物考古研究所先後連續5年對該遺址進行了發掘，發掘面積達1.2萬餘平方公尺。通過發掘，確認這裡是一處堆積極為豐富的古文化遺址，時代包含了自新石器時代的石家河文化一直到唐宋時期的遺存，發掘已知堆積厚度最厚的可達3.5公尺，其中夏商時期的遺存明顯與北方中原同期文化相同，到了西周晚期，這裡的文化面貌已經有了質的變化，以鬲盂罐豆為組合的典型楚遺存占據了主導地位，春秋時期幾乎全部是典型的楚器。發掘表明，遼瓦店子是漢水南岸一處綿延時間長的重要的

大型聚落遺址^①。

遼瓦店子遺址的發現有著重要的學術價值，其中西周時期的遺存最為重要，從考古學上不僅證明了西周晚期楚人的勢力已經到達了這裡，而且此地已經成為楚人的一個重要據點。對於目前處於迷茫階段的早期楚國史認識來說，新發現的遼瓦店子遺址無疑又再現了一縷新的曙光，我們認為，与遼瓦店子所擁有豐富的西周晚期楚遺存與楚國史最為匹配的當為楚句亶王的封地——句亶，其理由如下：

其一，遼瓦店子所發現的楚遺存的年代與楚熊渠伐庸的年代相吻合。考古發掘揭示，遼瓦店子遺址的年代上限可以早到新石器時代的石家河文化，夏商時期與北方中原文化因素完全一致，這既說明了此地白新石器開始就有人在此定居，且夏商時期就一直是北方中原的勢力範圍，同時也說明了此地長期是瀕臨漢水的一個重要口岸或商埠。到了西周時期，儘管這一口岸或商埠得以維繫，但文化面貌卻發生了較大變化，一批與夏商迥異的遺存替代了過去的文化面貌，這種文化相續鏈上的斷層，說明了遼瓦店子這一集居地的族類產生了變更。

需要指出的是，根據層位和類型學，遼瓦店子所見的西周遺存，大體可分為早中晚三期。其中，早期是以夾砂深腹扁柱足鬲或圓柱足鬲以及長頸圓肩深腹罐為典型器類，中期的深腹扁柱足鬲和圓柱足鬲得到延續，但器型發生了變化，出現癟襠鬲，同時新增加了盂和豆，晚期則是襄宜平原所常見的以鬲盂罐豆為組合的典型楚器。從類型學上觀察，早中晚三期應有發展和演變關係，但中晚期遺存在形態上也有較大的差異，如中期癟襠鬲多見，但到晚期才是真正意義上的楚遺存。具有典型楚器特徵的西周晚期的遺存是否由單一的早中期發展而來，尚值得進一步探究。同時，我們已經注意到，早中期遺存都兼有

① 武漢大學考古與博物館學系：〈鄖縣遼瓦店子遺址〉，載《湖北省南水北調重要考古發現I》，文物出版社，2007年11月版。武漢大學歷史系等：〈湖北鄖縣遼瓦店子東周遺存的發掘〉，載《考古》，2008年第4期。

中原周文化的因素，特別是中期尤為明顯。或可認為，早中期遺存就是周文化的一種地方變體。現在撇開早中期遺存不言，僅從西周晚期的楚遺存而論，結合早期楚國史，西周晚期之世，只有熊渠之世的對外擴張和征伐，甚至封王之舉，才能在遼瓦店子見到這一楚文化奇觀。

其二，從地緣上看，遼瓦店子瀕臨漢水南岸，與庸相近。早期庸國的勢力範圍不太清楚，但隨著時間推移，其疆域應有變化，早期最大時以湖北竹山縣為中心，應領有今竹山、竹溪、房縣及丹江口和鄖縣的部分地區，其北部的局部地區應抵達漢水，是名副其實的「西土大國」。由於庸國處於大山深處，其瀕臨的堵河則是與外界聯絡的重要通道。《水經注·沔水中》：「堵水又東北徑上庸郡，故庸國也。」堵河，史書稱堵水，一名庸水，亦稱武陵水。堵河北源竹溪匯灣河，南源官渡河。堵河幹流自兩河口東流經田家壩、潘口、城關、三臺、樓臺、文峰，至滄浪鄉庵場村尼姑河口出境，在鄖縣遼瓦鄉西流河口注入漢江。值得注意的是，堵河的出口離鄖縣遼瓦店子僅一公里之遙，其戰略地位十分險要，占據了遼瓦店子，基本扼守住了庸國的水路通道。或許熊渠伐庸就在這裡，說明句亶之地正與庸相近。在此封王，意欲可進一步控制庸國。

其三，地名與地形相當。遼瓦店子所在地的古地名已不得而知，我們之所以推定它為古代的句亶之地，是因為此地的地形特殊。漢江自上而下流經此地被劉家灣山橫亘，進而折拐倒流，在此形成了一個巨大的迂回，形成漢水倒流。其南岸為遼瓦店子，北岸為龍嘴，句亶之名可能依此地形而來。眾所周知，古人名地，大多以山川之陰陽或山川之曲折而名之。其中的「句」，就有「曲」意。《說文》：「句，曲也。」段玉裁注曰：「凡地名有句字者、皆謂山川紆曲，如句容、句章、句余、高句驪皆是也。」黃錫全先生即認為「句亶」之名得之於山川的迂曲是極有見地的，但他將「句亶」與「句澨」等同

是不可取的 ①。結合遼瓦店子地形考察，遼瓦店子正處在漢江大的回迁之處的臺地上，「句亶」之名的訓詁與此十分相符。儘管這一地名來源的認知具有不確定的因素，但當從遼瓦店子所見西周晚期典型楚遺存的年代和遺址所處的位置來綜合考察，這也不失為遼瓦店子就是「句亶」之地的重要輔證。

需要指出的是，確定「句亶」之地位於鄖縣遼瓦店子且是與庸相接壤的漢水之濱，與之相關的若干楚史似乎都可能得到解答。據史所載，楚在西鄙之地除了庸國以外，還有古老的絞國、麇國和百濮，而見之於經傳的早期楚國史事恰巧又都是與這些方國或部族相聯繫，在這些方國或部族中，需要特別提到的是古麇國，因為古麇國就在今天的鄖縣以及鄖西和房縣西北部及陝西白河的部分地區內，在地緣上與庸國接壤，其政治中心也在漢江之濱，倘若楚人的勢力在西周晚期已到達遼瓦店子，勢必給人帶來一種楚麇在地理板塊上可能有少數重疊的模糊認識。

麇國同庸國一樣也是活躍在漢江上游的一個商代古方國，周滅商後，麇又臣服於周，傳世文獻中有關商代麇國資料基本未記，但商代武丁時卜辭中卻多有所見，說明其立國較早且與商王關係密切 ②。而見之於文獻的明確的楚麇關係是直到春秋中期偏晚。據《左傳·文公十年》載，楚國為了攻打宋國，召集陳、鄭、蔡、麇等諸侯國在今河南項城盟會，史稱「厥貉之會」，麇國因不滿楚國的專橫，未等盟會結束就中途逃歸，由此惹怒了楚國，日後並引來了楚國的多次討伐。楚麇的構怨，也加大了麇人的反抗，在魯文公十一年（前611），麇人趁楚國出現災荒，率百濮並聯合庸人率群蠻以伐楚，楚國在秦國和巴

---

① 黃錫全：〈楚地「句亶」、「越章」新探〉，載《人文雜誌》，1991年第2期。
② 齊文心：〈探尋商代古麇國〉，載《殷商文明暨紀念三星堆遺址發現七十周年國際學術研討會論文集》，社會科學文獻出版社，2003年8月版。

國的幫助下，擊潰了庸麇，並一舉滅掉了庸國[1]，至於麇國是否也同時被滅，史書未載，但自此之役後，麇國再未見之於經傳，估計麇國也當是在此次戰役同時被楚所滅[2]。

有關麇國的都城錫穴，大都認為即在鄖縣，《春秋大事表‧春秋列國都邑》：「麇都錫穴，今為湖廣鄖陽府治鄖縣，文十一年潘崇伐麇至錫穴。杜注：『麇地。蓋即麇之國都，錫音陽』。」《水經注‧沔水上》：「漢水又東逕魏興郡之錫縣故城北，為白石灘。縣故《春秋》之錫穴地也。」（清）《鄖縣志》：「錫穴在縣西一百二十里，東臨漢水，北瞻天河，在長利廢丘東。」漢長利縣舊址約在今天鄖西縣的觀音鎮。根據這些記述，錫穴之地就應當在今天的鄖縣五峰鄉肖家河村，其地正是瀕臨漢水南岸，北對天河。為配合南水北調工程，2006年－2008年湖北省文物考古研究所在此進行了發掘，儘管沒有發現麇國的遺存，但在這裡發現了一批春秋晚期早段的楚國殉人墓葬，簡報推定應為楚滅麇後楚人入主麇地後的墓葬，其年代與史載正相吻合[3]。說明至遲在春秋晚期早段此地已盡為楚有。

如果說鄖縣五峰鄉的肖家河村為麇都錫穴，那麼，鄖縣遼瓦店子正位於其下游，兩地直線距離相距約25公里，如果算其水道的彎曲，兩地相距約當在60公里以上。我們推定遼瓦店子為古句亶之地，並不是說楚文化就淵源於這裡，而是表明在西周晚期之世，楚人正是依託便利的漢水交通，只是在這裡占據了一個延續時間相當長的口岸或商埠作為軍事據點，在地緣版圖上楚國與庸國和麇國不存在疆域糾纏或重疊問題，而恰巧相反的是，正因為在西周晚期之世，楚人勢力的到

---

[1] 事見《左傳‧文公十年》、《左傳‧文公十一年》、《左傳‧文公十六年》。

[2] 何浩先生推定麇被楚滅約當在西元前598年左右，可備一說。何浩：《楚滅國研究》，武漢出版社，1989年11月版。

[3] 湖北省文物考古研究所等：〈湖北鄖縣喬家院春秋殉人墓〉，載《考古》，2008年第4期。黃鳳春：〈湖北鄖縣喬家院春秋墓地〉，載《2006中國重要考古發現》，文物出版社，2007年4月版。

達，才使得楚同庸國和麇國產生了頻繁的接觸和摩擦，演繹出了經傳所見的楚同庸麇相關的若干歷史事件。

有一則史料應當引起我們的重視，那就是在記敘楚熊渠分封三王時，《吳越春秋》中又有「三侯」一說。據《句踐陰謀外傳》所記楚善射者陳音對越王說，弓矢之道「琴氏傳之楚三族，所謂句亶、鄂、章，人號麇侯、翼侯、魏侯也」。徐天祐注：「三侯者，未僭王號時所稱也。」「三王」之所以又可別稱為麇、翼、魏三侯，可能與《史記‧楚世家》所記的「周厲王時，暴虐，熊渠畏其伐楚，亦去其王」的史事相關。其中的「麇」當為「麇」字之誤（《元和姓纂》卷六引）。也就是說，楚熊渠分封三王不久，旋即又改稱「三王」為「三侯」來規避周厲王的討伐，而並非未僭王號時所稱。這則史料的可貴之處還在於所謂的句亶、鄂、章三王與麇、翼、魏三侯相對應，顯然，句亶王之稱可以替代為麇侯，而遼瓦店子所在地又恰巧與古麇國相毗鄰，其稱麇侯可能必與這個古麇國或麇地名有關聯，這與我們推定遼瓦店子就是句亶之地並非偶然的巧合。

從新發現的考古材料和歷史地理學的角度推定鄖縣遼瓦店子為西周晚期楚句亶王的封地，將會聯動與早期楚國史相關的一些文本資料，諸如楚國初期的受封之地，其領地「土不過同」以及「江上楚蠻之地」等諸問題。對此，我們不得不進行一些簡單地梳理和探討。

有關楚國的始封之地史載比較明確，《史記‧楚世家》：「熊繹當周成王之時，舉文、武勤勞之後嗣，而封熊繹於楚蠻，封以子男之田，姓羋氏，居丹陽。」《左傳‧昭公十二年》記楚右尹子革回答楚靈王則更進一步說明：「昔我先王熊繹，辟在荊山，篳路藍縷，以處草莽。跋涉山林，以事天子。唯是桃弧、棘矢，以共御王事。」其中楚居地「丹陽」的地望，成為千百年來人們探索楚國始封之地一個焦點，由此衍生出了「安徽當塗」、「湖北枝江」、「湖北秭歸」、

「河南淅川」等諸說。受清人宋翔鳳的影響[①]，聯繫到「荊山」和「丹陽」一名，自20世紀80年代後，人們更多的則是主張初期楚國的受封之地就在陝東南或丹淅之會處[②]。但也有學者新主張為「湖北南漳」說[③]，形成「南條荊山」和「北條荊山」的兩大陣營。其他諸說多為學術界所否定。尤其是淅川下寺春秋楚墓[④]以及和尚嶺與徐家嶺楚墓[⑤]出土後，似乎更堅定了「丹淅說」。值得提及的是，近年來又在陝東南的商洛地區，發現了一些與北方中原不同而與南方楚文化相似的西周中晚期文化遺存，其中以商洛地區的過鳳樓遺址為代表[⑥]，似乎更鐵定了這一說法。我們將遼瓦店子推定為楚句亶王的封地，從地理上看也與丹淅之會的「丹陽」更近一些，但我們仍傾向於楚國熊繹之封的丹陽還是應定在漢水以南的南漳荊山附近一帶為宜，楚人早期的勢力是以漢南荊山為中心，沿漢水而向上下浸潤，沿沮、漳而向南拓展。由此，才能符合史載與楚相關的一些歷史事件和古代對一些方國順序的描述。

其實，與早期楚國史相關的一些水系，諸如江、漢、沮、漳在漢南早已存在，而且楚人每每提及，這些大的水系並不會因時間的流逝和朝代的更迭而輕易更改。我們不太主張以相同或相似的地名或整體地名搬遷之說來彌合與成見的一些矛盾。近年來在新蔡簡上見到沮漳二水的記載，《新蔡葛陵楚墓》甲三11、24簡就有：「昔我先出自顓遼（顓頊），宅茲沮（沮）、章（漳），台（以）選遷尻（處）。」新蔡簡甲三：268也有「及江、灘（漢）、沮（雎、沮）、漳」一語[⑦]。

① （清）宋翔鳳：《過庭錄》，中華書局，1986年11月版。
② 石泉：《古代荊楚地理新探》，武漢大學出版社，1988年10月版。
③ 王光鎬：《楚文化源流新證》，武漢大學出版社，1988年11月版。
④ 河南省文物研究所等：《淅川下寺春秋楚墓》，文物出版社，1991年版。
⑤ 河南省文物考古研究所等：《淅川和尚嶺與徐家嶺楚墓》，大象出版社，2004年10月版。
⑥ 陝西省文物考古研究所發掘資料，文物現存商洛市博物館。
⑦ 河南省文物考古研究所：《新蔡葛陵楚墓》，大象出版社，2003年版。董珊：《新蔡楚簡所見的「顓頊」和「雎漳」》，簡帛研究網，2003年12月7日。

這是出自楚人自己筆端，說明楚人初期就在江漢沮漳之地。至於目前在陝東南發現的一些與楚文化相似的遺存，還需要進一步分類甄別。以過鳳樓遺址為例，除了具有南方楚遺存的因素外，還見有北方中原系統的三足深腹甕與之伴出，這在南方楚地是沒有的，說明其文化面貌比較複雜。再以淅川區域內所見的一些西周時期鬲而言，在腹足等一些部位上仍有差別，這些看似在考古學材料上支持「淅川說」的證據並不是很充分。我們說至遲在西周楚熊渠時楚的勢力已到達今鄖縣的遼瓦店子，使得楚文化迅速溯漢水而上並經丹水而浸潤陝東南，而恰巧又可得出，陝東南這些疑似楚文化因素就是受到了來自江漢沮漳楚文化強烈影響的結果。也正因為這一地理位置的重要，才有了春秋之世楚國顯赫王族——郤（蒍）氏的封地。

相對於陝東南而言，以漢南荊山為中心，包括以南的沮漳河流域的考古發掘工作開展得要少得多，只是作過一些調查和局部的發掘工作，當陽季家湖楚城的發掘時代為東周，只是比紀南城的年代稍早[1]。但也有人認定其為楚之丹陽[2]。此區出土文物的匱乏，使得早期楚文化面貌不成序列，客觀上形成了劣於淅川說的局面，要得到考古學上的支援，看來這一區域的考古工作仍任重而道遠。

當本論傾向於楚國的始封之地就在漢南的荊山一帶，又以鄖縣的遼瓦店子作為西周晚期楚熊繹所封的句亶王的處所時，似與楚國早期封地範圍相抵牾。據《左傳·昭公二十三年》所載：「無亦監乎若敖、蚡冒至於武、文？土不過同，慎其四竟，猶不城郢。」杜注：「方百里為一同，言未滿一圻。」孔疏引《正義》曰：「言田雖至九百里，猶止名同，故云『不過同』，非謂百里以下也。知者以楚是子爵，土方二百里，明非百里也。」無論古今里制的差異，楚國初期

① 湖北省博物館：〈當陽季家湖楚城遺址〉，載《文物》，1980年第10期。
② 沈融：〈從「鄖侯戈」管窺楚國早期政治中心的變遷〉，載《中原文物》，2005年第2期。

第八章　楚器考論篇

的封疆應不大，以至於古今學者大都認為西周昭王時楚疆未達漢水。影響最大的當是西晉杜預的《左傳》注。《左傳‧僖公四年》在記楚屈完對齊管仲「昭王南征而不復，寡人是問」的責難時回答是「昭王之不復，君其問諸水濱！」杜預注：「昭王時，漢（水）非楚竟（境），故不受罪。」如果將遼瓦店子遺址西周早中期的遺存都視為楚遺存，似與杜注不相合。但從考古發掘材料看，周夷王時，楚人勢力已覆蓋漢水之陰陽應不容懷疑。「土不過同」只是周天子所承認的封地，而事實上，楚人立足江漢後就初露越過其藩籬的鋒芒了，這從司馬遷在《史記》中「以子男田令居楚，蠻夷皆率服」到「甚得江漢間民和」的一些記述中就可得到表證。因此，我們說至遲在西周晚期，楚人勢力已達鄖縣遼瓦店子並不足為奇。

將鄖縣遼瓦店子視為楚句亶王的封地，還將牽涉到「江上楚蠻之地」的域指問題，司馬遷在《史記》中記述熊渠三王位置時以「皆在江上楚蠻之地」一語而概括。大凡研究楚史的學者都將這個「江」視為長江，在確定三王封地時，似力圖以長江為基線，將其分列於長江沿岸。事實上古文獻中的江並不只是長江的專稱，這一點石泉先生已有精論 [1]。我們認為，這個「江上」也應當是個泛指，其地並不只是指長江及其沿岸，而應是包含了江漢之間的廣闊區域，這從群蠻的分布中也可以得到證實。《左傳‧文公十六年》在記庸麇伐楚之役時就有「庸人帥群蠻以叛楚。麇人率百濮聚於選，將伐楚」。庸人帥群蠻說明蠻也與庸相近。顯然，鄖縣的遼瓦店子仍不出「江上楚蠻之地」的範圍，這也與我們推定其為楚熊渠時句亶王的封地並無扞格。

---

[1]　石泉：〈古文獻中的「江」不是長江的專稱〉，載《古代荊楚地理新探》，武漢大學出版社，1988年10月版。

第三節　湖北鄖縣新出唐國銅器銘文考釋

2001年3月，湖北鄖縣五峰鄉肖家河村四組農民在建房時挖出一批銅器，經縣博物館調查，是一座已被挖殘的土坑墓葬，經清理，墓內共出土11件青銅器，計鼎、盞、鈚、盤、匜、劍各1件，其餘5件皆為箭鏃。其中，銅鈚、銅匜、銅盤上有銘文，經辨識似為春秋唐國銅器，作器者皆為同一人，現將3件有銘銅器分釋如下。

1. 銅盤

銘文位於盤內正中部（圖8－2、圖8－3），共27字（含2個重文號），分四列，自左至右讀為：

住（唯）正月甙辛亥暘（唐）子

中瀕兒䍀（擇）其吉金

●（鑄）其御盤盤子=

孫=永窑（寶）用之

本篇銘文皆正書，「其」下缺一捺，「寶」作「窑」，缺「王」和「貝」符。

咸，用於月序與干支之間，可能與月相有關，金文中也有用「咸」的例子。如國差罎：「國差立事歲，咸，丁亥」。王國維在《觀堂集林》中認為，這個咸字是指月陰月陽，我們最初認為本銘中的咸似指全月或滿月。因為，咸可訓為「全」或「滿」。《說文・口部》：「咸，皆也，悉也。從口從戌，戌，悉也。」資料公佈後，董珊先生認為是「咸（或）」字，表示的是無合文標記的雙音詞「弌日」二字的合書，在銘文裡表示月名「弌（一）之日」，指夏正的十一

圖8－2　銅盤銘文（M1：4）

月。其說應是正確的^①。

辛亥，為干支日名，金文中屢見。

犞子，「犞」字不見於字書，是一個從「牛」、從「易」聲的字應讀為「唐」。在此應作國名理解。唐字從口從庚聲，庚的上古音屬陽部見紐，易的上古音屬陽部喻紐，二字古音相近。且唐字的古文多從「易」，試引如下幾例古文可證：

《說文・口部》^②　　《汗簡》^③　　《碧落文》^④

《碧落文》^⑤　　《林罕集》^⑥　　《古璽彙編》^⑦

上引古文「唐」字所從聲符皆相同，但所從形符有從口、從矢和從土之別，但都讀為「唐」。本銘的「犞」也應讀為唐，應是新見的一個古文「唐」字。由於古文唐從易聲，故與從易得聲的「陽」及含有易聲的「蕩」大都相通。如《左傳・昭公十七年》：「納北燕伯欵於唐。」《公羊傳》和《穀梁傳》中的「唐」俱作「陽」。《戰國策・趙策一》：「通於燕之唐曲吾。」漢帛書本中的「唐」寫作「陽」。

---

① 董珊：〈「弌日」解〉，載《文物》，2007年第3期。
② 高亨：《古字通假會曲》第226頁中引《說文》作從「日」從「易」的「暘」字，《說文・口部》實為從「口」從「易」的「喝」字，《古字通假會典》，齊魯書社，1997年2月版。
③ （宋）郭忠恕《汗簡》上之二，中華書局，1983年版，第17頁。
④ （宋）郭忠恕《汗簡》上之二，中華書局，1983年版，第27頁。
⑤ （宋）夏竦《古文四聲韻》第二卷，中華書局，1983年版，第16頁。
⑥ （宋）夏竦《古文四聲韻》第二卷，中華書局，1983年版，第16頁。
⑦ 羅福頤：《古璽彙編》〇〇九九，文物出版社，1981年12月版，第17頁。

《左傳・成公十五年》：「盪澤弱公室，殺公子肥。」《史記・宋微子世家》中的「盪澤」作「唐山（澤子山）」。《左傳・成公十五年》：「宋盪澤子山」，《史記・宋微子世家》作「唐山」。

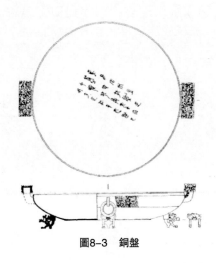

圖8-3　銅盤

　　唐字在金文中也有直書為「唐」和「庚」的，《三代吉金文存》所收錄的兩件唐國銅器有唐子且乙爵和唐子且乙觶，其中的唐字是從口從庚聲[①]。「安州六器」之一的中尊銘文有「王大省公族於庚」一句，其中的「庚」字，李學勤先生釋為唐[②]，是十分正確的，唐的上古音屬陽部定紐，庚的上古音屬陽部見紐。二字古音相近，庚唐二字相通在文獻中屢見，《史記・韓世家》：「司馬庚三返於郢。」《集解》引徐廣曰：「庚一作唐。」《淮南子・修務》：「司馬庚諫曰」。高注：「庚（庚）或作唐。」《呂氏春秋・期賢》中的庚亦作唐。上古音庚聲字與易聲字的關係極為密切。如康字也可以看做是一個從庚聲的字，且本與庚通。《戰國策・韓策二》中的「司馬庚」在

① 　羅振玉：《三代吉金文存》16，27：14，50，中華書局，1983年12月影印本。
② 　李學勤：〈盤龍城與商朝的南土〉，載《文物》，1976年第2期。

《史記‧韓世家》中作「司馬康」，但在銅器銘文中確見有「康」通作從易聲的「湯」字，如淅川下寺M2出土一件小口鼎自名為「盪鼎。」浙江紹興M306出土的一件小口鼎，其自名正是「湯鼎[1]」。信陽楚簡、望山楚簡的包山楚簡都有直書「湯鼎」的例子，顯然都是指同一類的小口鼎。「盪」實即「蕩」的繁文「盪」字，湯蕩二字本通，《漢書‧天文志》：「四星若合，是為大湯。」晉灼注：「湯，猶蕩滌也。」「盪鼎」、「湯鼎」都應當讀為「蕩鼎」，是一種洗滌用的鼎[2]。於此而知，庚易二聲互通。本銘的「煬」讀為「唐」是大量文獻例證的。子，應為爵稱，金文中屢見。「煬子」應讀為「唐子」，類似於金文中的「楚子」。

中瀕，為人名，「中」應為其排行，通作「仲」。金文中常見以排行命名，如「仲某」、「叔某」、「季某」等。「瀕」字從「舟」、從「步」、從「頁」。「舟」應隸定為「水」符，與「步」合為一會意的「涉」字，會人乘舟涉河之意。在古文字中，從舟與從水的字符常通用，如「盜」字，在金文中有作如下兩形的：

徐王義楚盤[3]

中子化盤[4]

前者從「水」從「兲」從「皿」，它們都應隸定為「盜」，讀為「浣」，是可證。《古文四聲韻》卷一的直韻引《汗簡》的「瀕」字作「」，也是從「舟」符，因此，本銘中的「瀕」字所從的「舟」

① 曹錦炎：〈紹興坡塘出土徐器銘紋及其相關問題〉，載《文物》，1984年第1期。
② 《說文‧皿部》：「盪，滌器也，從皿湯聲。」
③ 秦士芝：〈盱眙縣王莊出土春秋吳國銅匜〉，載《文物》，1988年第9期。
④ 羅振玉：《三代吉金文存》17，13，1，中華書局，1983年12月影印本。

符無疑當隸定為「水」符。中瀕其人不見於記載。

兒，金文中屢見，一般作為人名。如者兒觶、小臣兒卣、儆兒鍾、庚兒鼎、沇兒鍾等。文獻中也有以兒為名的。如春秋時被晉國所滅的潞國有「潞子嬰兒①」，齊國有善於辨味的人「臾兒②」。本銘中將「中瀕兒」一起視作人名亦通。但在同墓所出的一件銅鉳的銘文中卻只書「中瀕」，其後的「兒」是奪字，還是本可省略的字，已不得而知。如果是後者，就應當將「兒」看做是作器者名的后綴词，與今呼名后綴「兒」相同。准此，金文中「兒」前的字才真正是作器者本名。上述的者兒觶、小臣兒卣、儆兒鍾、庚兒鼎、沇兒鍾等都可以稱之為者觶、小臣卣、儆鍾、庚鼎、沇鍾。文獻及金文中多見以單音詞為名的，這是否反映了上古的一種語言習慣，尚值得進一步研究。

御盤，御字本應從「辵」、從「午」、從「邑」，但本銘漏鑄一「卩」符。只從「辵」從「午」。古文中從「辵」與從「彳」的旁多相通③。故此字當隸定為「御」，讀為「訝」或「迓」。《詩·召南·鵲巢》：「百兩御之」，《釋文》：「御，本亦作訝。」《尚書·商書·盤庚中》：「予迓續乃命於天。」《匡謬正俗》二引迓作御。《公羊傳·成公二年》：「使跛者迓跛者，使眇者迓眇者。」《禮記·曲禮上》鄭注引迓並作御。《荀子·榮辱》：「或監門御旅」，楊注：「御，讀為迓。」「訝」和「迓」意皆為「迎接」。「訝盤」即迎娶之盤，是專為婚禮鑄造用於沃盥的盤。

2. 銅匜

銘文位於匜內正中部（圖8-4、8-5），共20字，分四列，自右至左讀為

① 見《左傳》、《公羊傳》、《穀梁傳》宣公十五年。
② 《淮南子·氾論》：「臾兒、易牙，淄澠之水合者，嘗一哈水而甘苦知矣。」注：「臾兒、易牙，皆齊之知味者也。」
③ 高明：《中國古文字學通論》，北京大學出版社，1996年版，第139頁。

隹（唯）正月咸巳未暘（唐）

子中瀕兒罬（擇）

其吉金鑄其

御迲（沬）貴（匜）

本篇銘文較為清晰，其中的「正」、「巳」和「瀕」三字為反書，「咸」字的「口」中一橫作「日」，結合同墓所出的其他銘文，此字仍當隸定為「咸」，按董珊先生的說法，也應為「弌日」合文。「巳未」的「未」字作「𣎵」法比較特殊，上下皆加飾筆，此形幾乎不見於已面世的兩周金文。金文中的「未」一般作「𣎵」，上下皆不加飾筆，其上加「∪」，本與木字相區別。戰國文字的「未」開始出現下加飾筆的寫法，作「𣎵」和「𣎵」等形[①]，並且以楚地為多見，但仍未見上加飾筆的現象。可以認為，加飾筆的「未」應屬楚系文字，或者說是受楚文化的影響。這是目前所見有關先秦「未」字的一種新構形。

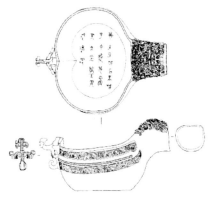

圖8–4　銅匜銘文（M1：5）　　　　圖8–5　銅匜

迲（沬）貴（匜），迲從「辵」從「會」，應隸定為迲或「繪」，

①　何琳儀：《戰國古文字典》（下），中華書局，1998年9月版，第1307頁。

讀為「沬①」。其字又作「會②」。「」，從「廾」，「臾」聲，似應隸定為「貴」，讀為貴。《說文·貝部》：「貴，物不賤也，從貝臾聲。臾，古文蕢。」《說文·艸部》：「蕢，艸器也，從艸，貴聲。臾，古文蕢，象形。」從二引《說文》而知，「臾」是草編器蕢，且是一個象形文字。從字形分析，應是一個與匜相似的器物，因為「臾」正像匜的橢圓形口之形，其中的「人」貫通「臾」外，一端像匜流，一端像匜鋬。與許氏認為的象形十分吻合。是知古代的蕢應與匜有關。疑其器可能仿製於貴，抑或其器形與貴相似之故，貴應是匜的別稱。尤如鼎可稱「石沱」和「鎔」一樣。沬貴，即用於沃盥手和面的匜。

由於蕢器與貴相關，且蕢又是從貴得聲，古代二者字形極相似。據《古文四聲韻》所引古文貴和蕢看，二者似有混通之外。

蕢字的古文作③：

《汗簡》　　　　　　　　　　　　《唐韻》

貴字的古文作④：

《古孝經》　　　　　　裴光遠《集綴》　　　　　《古老子》

---

① 李家浩：〈信陽楚簡「渝」字及從「关」之字〉，載《中國語言學報》第1期，1982年12月版。
② 河南省文物研究所：《淅川下寺春秋楚墓》，文物出版社，1991年10月版，第16頁。又見《三代吉金文存》17，26，1。又見《文物》1988年第9期。
③ （宋）夏竦：《古文四聲韻》第四卷，中華書局，1983年版，第4頁。
④ （宋）夏竦：《古文四聲韻》第四卷，中華書局，1983年版，第8頁。

通過比較，這些字形都有像匜的「臾」形。尤其是所引裴光遠《集綴》的「賣」字與本銘所釋的貴大體相同。同時又可看出，《汗簡》中的「賣」與《古孝經》中的「貴」幾無區別。由此而知，上古的賣和貴不僅在字音，而且在字形和字意上都有關聯。戰國文字中凡從貴之字都保留「臾」形。我們從「遺」字多從貴聲，從「辵」或從「貝」符 ①。遺與貴古通用。如《莊子・天下》：「道則無遺者。」《釋文》：「遺本又作貴。」《楚辭・九懷》：「道莫貴兮歸真。」《考異》：「貴一作遺。」包山楚簡和天星觀楚簡還分別記有「首遺」一名的器物，天星觀簡又另見「戠遺」，曾侯乙墓簡也有「黃金之遺」。我們認為，這些「遺」字都應當讀為「貴」，所指的都應是相同的一種器物。懷疑其外形應具有或部分具有與古器「貴」相似的一種橢圓形車首附件。

銅匜自名為「貴」的還見於王子造匜、蔡公子㤈匜 ②、以鄧匜、東姬匜、鄔中姬丹匜和吳季生匜 ③ 等。這些器名中的「貴」字，除蔡公子㤈匜外，都大體相似，上部都從「臾」，下部從「皿」。由於上述銘文中的貴所從的「臾」都不太清楚，或由於鑄造時產生的缺筆和缺符，有的學者將其釋為「㫥」或釋為匜的異體字 ④，我們認為將其釋為「貴」似更近實。蔡公子㤈 匜最末的器名作「⿱⿰⿱⿰」，比較特殊，我們將其視為「貴」，也是基於其上部的聲符可能是古文「臾」的缺筆和訛變。《古文四聲韻》第四卷在末韻第八中還有一個引《義雲章》的「貴」字作「⿱⿰」，兩相比較，其疑釋然。由於「貴」具有洗面的

---

① 滕壬生：《楚系簡帛文字編》，湖北教育出版社，1995年7月版，第145頁。
② 羅振玉：《三代吉金文存》17、25、2、17、26、1，中華書局，1983年12月影印本。
③ 河南省文物研究所：《淅川下寺春秋楚墓》，文物出版社，1991年10月版，第16、36、229頁。
④ 李家浩：〈包山二六六號簡所記木器研究〉，載《國學研究》。又見〈信陽楚簡「澮」字及從「㗊」之字〉，《中國語言學報》第1期，1982年12月版，第193頁。趙平安：〈金文考釋五篇〉，《容庚先生百年誕辰紀念文集》，廣東省人民出版社，1998年版，第499頁。

功用，進而派生出一個從「面」從「貴」聲的「靧」字，用於表「洗面」的專字，或用作「沬」的異體。《玉篇・面部》：「靧，洗面也，與頮同。」《禮記・玉藻》：「日五盥，沬稷而靧梁」，孔穎達疏：「靧，洗面也。」《漢書・禮樂志》：「沬流赭。」顏注引晉灼曰：「沬，古靧字也。」銅器銘文中也有「貴匜」之說，這「貴」應通作「靧」，楊樹達在〈吳姬匜跋〉一文中將吳姬之後的一殘字釋為「貴」並借為「沬」說，無疑是正確的[①]。

上述考論僅是一種推論，但從文義及金文通例看，此字也可徑釋為「匜」字。

3. 銅鉳

銘文位於器腹外（圖8-6、8-7），共20字，分三列，自左至右讀為：

佳（唯）正十月初吉丁

亥暘（唐）子中瀕睪（擇）

其吉金鑄其御鉳

通篇銘文皆正書，只是少數銘文有缺筆、省筆、缺符和訛變的現象。其中，「暘」字的「易」符下省兩撇；兩個「其」字下省「八」；「御」字的「辵」符上缺一撇：「擇」字下缺一「又（手）」符；「瀕」字訛變作「𣄼」，如果不是與前兩篇銘文對讀，很難將其隸定為「瀕」字。缺筆和缺符的現象可能是鑄造時模具上銘文筆劃損傷所致：「瀕」字的訛變，可能是鑄工在鑄造前已發現其字有缺筆的現象而進行加補後所致，其本字無疑不應如此。

圖8-6　銅鉳銘
（M1：2）

① 楊樹達：〈吳姬匜跋〉，載《積微居金文說》，中華書局，1997年12月版，第146頁。

十月初吉丁亥，金文中的「十」與「七」有形同之例，「十月」
抑或為「七月」。「初吉」為月段名，即指每月的初一至初七日。金
文中屢見初吉，既望、既生霸、既死霸等習語，這是本組銘文唯一使
用這一俗語的一件。丁亥為干支日名，應是鑄器之日。金文中多使用
丁亥日鑄器，是知應屬吉日之一。據此推斷，盛行於戰國秦漢的擇日
判定吉凶的數術可能由來已久。

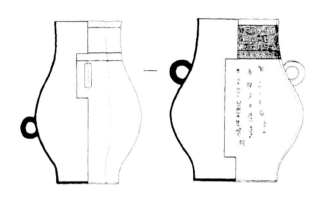

圖8-7　銅鈚

鈚，應是本件銅器的自名，從「金」從「比」聲，應隸定為
「鈚」，讀為「椑」。《集韻》：「椑，或作錍、錍。」《廣雅·釋
器》：「扁榼謂之椑。」《考工記·廬人》先鄭注：「椑，隋（橢）
圓也。」此器正作扁形。「鈚」應是扁腹器的專名，字或作「椑」[1]。
考古發掘證實，至遲從春秋一直到漢魏都因襲其名。湖北雲夢大墳頭
一號漢墓出土一件容二斗的銅蒜頭扁壺，其同墓木牘也是記為「二
斗鈚一」[2]。據此看來，過去人們將所見扁腹狀的這一類器物曾冠
之以「扁壺」或「蒜頭扁壺」等諸多具形稱謂，都應當要正其名為

---

[1]　湖北省文物考古研究所：〈江陵鳳凰山一六八號漢墓〉，載《考古學報》，1993年第4期。
[2]　湖北省博物館：〈雲楚大墳頭一號漢墓〉，載《文物資料叢刊》（4），文物出版社，1981年
　　　3月版，第17頁。

「鈚」。

　　這組有銘銅器的銘文行款相同，署名皆為「中瀕」或「中瀕兒」，由各器器名前的「御」字而知，其功用當是男方專為婚禮迎娶所鑄之器，與金文中女子陪嫁所鑄之器稱「媵器」相對。前已指出，「御」當讀為「訝」或「迓」。媵與御除分別指女子嫁送和男子迎娶的隨從外，還應包含有婦夫所備婚嫁之具，金文所見大量「媵」器即其證。媵與御在文獻中常連言，《儀禮·士昏禮》：「婦至，主人揖婦以入，及寢門，揖入，升至西階。媵布席於奧，夫人於室即離。婦尊西南面，媵御沃盥交。」鄭注：「御當為訝，訝，迎也，謂壻（婿）從者也。」由〈士昏禮〉而知，在女子被迎入男家後，似必行「沃盥」之禮。沃盥時，採用媵沃御盥或御沃媵盥的交錯方式，以示陰陽之志[1]。我們認為，行此禮時所使用的必定是男女雙方各自準備的沃盥之器。故此，這批含「御」字的銅器當為男方所鑄之器，似應可稱之為「御器」，或「訝器」或「迓器」。

　　這批銅器的器形形制古樸，無論從器形還是從花紋乃至銘文，都與已發現的春秋銅器相類。通過比勘，簡報將其時代定為春秋中期，其說可從。銅器出土地的肖家河位於漢江南岸的一個凸出的臺地上，地近丹江水庫。近年來，在丹江水庫的鄖縣一帶屢有春秋青銅器發現，其有銘銅器的國別涉及到古申國[2]，此次再現唐國銅器，且與淅川下寺春秋器群遙相呼應，足見這一區域的重要性。唐國銅器過去極少見，《三代吉金文存》曾收錄兩件[3]，銘文都較少，且唐字皆從「口」從「庚」聲。1977年，湖北棗陽曾出土了一批西周晚期的「陽食生」銅器群，其中的「陽」字有學者認為讀為「唐」，屬唐國器[4]。本次

① （吳）司馬廷華：《儀禮章句·士昏禮第二》，《皇清經解》第272卷，第4頁。
② 鄖陽地區博物館：〈湖北鄖縣肖家河春秋楚墓〉，載《考古》，1998年第4期。
③ 羅振玉：《三代吉金文存》16，27：14，50，中華書局，1983年12月影印本。
④ 黃錫全：《湖北出土商周文字輯證》，武漢大學出版社，1992年版，第116頁。

銘文所見的唐字從「牛」從「昜」，豐富了我們對古文「唐」字的認識。值得注意的是，無論唐字作何體，則概稱「唐」字，一反《左傳》「唐侯」之說[1]。

唐國為周之宗支，屬姬姓[2]。據《國語·鄭語》所載，至遲在西周晚期已地處周之南土。從「安州六器」之一的中尊銘紋看，唐國位居南土的年代還可早到西周早期，屬「漢陽諸姬」之一，其地當在隨棗走廊即今隨州市西北的唐縣鎮一帶[3]。春秋之世，是一個屬楚小國。《左傳·宣公十二年》杜預注：「唐，屬楚之小國。」孔穎達《正義》：「《經》不書唐侯者，為楚私屬。」終春秋之世，唐楚關係都極為密切。《左傳·哀公十七年》記楚太師子谷提到武王任命的軍率觀丁父時曾說：「是以克州、蓼，服隨、唐，大啟群蠻。」是知至遲在春秋早期，唐國就已臣服於楚。晉楚邲之戰時，唐惠侯曾親率唐國的軍隊協同楚作戰，並負責「左拒」晉師[4]，直到春秋晚期吳師入郢之役爆發，唐侯叛楚，在秦楚聯兵大敗吳師，收復失地後，唐國即被楚國所滅，至此唐國才祚亡祀絕，不見經傳。

春秋唐國銅器面世於郹縣，對揭示楚唐、楚麇關係有著重要的學術價值。郹縣古屬麇國地，春秋時，麇國不太聽命於楚，尤其是在「厥貉之會」時，麇子未待盟會的結束，就提前回國，由此惹怒了楚

---

① 見《左傳·宣公十二年》。

② 《國語·鄭語》韋昭注：「應、蔡、隨、唐，皆姬姓也。」《史記·楚世家》正義引《世本》曰：「唐，姬姓之國也。」有些古籍如《史記·晉世家》司馬貞《索隱》、《新唐書·宰相世系表》第74卷下、梁玉繩《漢書人表考》、顧東高《春秋大事表》第5卷《列國爵姓及存滅》等都認為唐為堯後、祁姓，但此說多遭前賢質駁，應不可信。本文主姬姓說。

③ 《方輿紀要》第77卷，德安府隨州「唐城」條：《大清一統志》第267卷，德安府「唐城」條。有關唐國地望文獻記載和今人考述歧見紛出。參見石泉：〈從吳師入郢之役看古代荊楚地理〉，《古代荊楚地理新探》，武漢大學出版社，1988年10月版，第355頁。徐少華：《周代南土歷史地理與文化》，武漢大學出版社，1994年11月版，第59~61頁。本文主隨州西北說，主要是諸多文獻都以隨唐並提，則兩國應相距不遠，隨（曾）在今隨州市，唐必與其近鄰。

④ 見《左傳·宣公十二年》。

國，引來了楚國的多次討伐 ①，楚國在滅庸之後，也就是在晉楚邲之戰的前一年，既而滅麇 ②，清除了申呂南戶的障礙。可以說，春秋時楚國在鄖縣一帶進行了一系列的征討和滅國戰爭，作為屬楚之國的唐國可能隨楚也參加了這些戰役。鄖縣出土的這批銅器則是印證上述史實的重要物證。

第四節　釋信陽楚簡中的「磚石之砳」

信陽楚簡第2組遺冊簡中屢見有「磚石之砳」和「磚石」一語，其「磚」字下多帶有合文號，標明此字應連讀二個音節，其文例如下 ③：

① 一房機，四磚=（磚石）之砳。　　　　　　　　——信陽簡2-08

② 十皇豆，屯劮（漆）彫（雕），磚=（磚石）之砳。　——信陽簡2-205

③ 一磚=（磚石）之旂，三彫（雕）旂。　　　　　——信陽簡2-011

上列的「磚」字皆作如下之形：

A 禀

目前，學術界對上揭之字形和字意大體有如下幾種隸釋：

1.隸定為禀，音義不明 ④。

2.疑為「厚奉」二字的合文，意待考 ⑤。

3.讀「厚奉」或「厚捧」，解為木豆的豆柄 ⑥。

① 見《左傳》文公十年、十一年、十六年。
② 有關楚滅麇的年代約在西元前598年。參見何浩：《楚滅國研究》，武漢出版社，1989年11月版，第232頁。
③ 河南省文物研究所：《信陽楚墓》圖版一二一、一二二、一二七，文物出版社，1986年版。
④ 商承祚：《戰國楚竹簡彙編》，齊魯書社，1995年11月版，第37頁。
⑤ 湖北省文物考古研究所、北京大學中文系：《望山楚簡》，文物出版社，1995年版，第116頁。
⑥ 劉信芳：〈楚簡器物釋名〉下篇，《中國文字》新二十三期，臺北藝文印書館，1997年版，第87頁。

第八章　楚器考論篇

4.將①、②中的A字隸定為「碞」，疑讀為「㙁㙁」或「蓬蓬」。或隸定為「石碞」的合文，其意皆無說①。

上述諸說都從不同的角度對此字的字形和字義進行了極有建樹的探討，尤其是第4說直接將A隸定為「碞」，對進一步探討其含義頗有啟發性。為了深入探討此字，我們還是從分析字形入手，再兼及字意和讀音。

諦審信陽楚墓所出原簡影像，上揭A字，當是一個從石從奉的字，過去一些學者大多將其隸為「厚奉」的合文，為了進行比較，我們選擇了一些出土文獻和傳抄古文中所見的有代表性的「石」、「奉」和「厚」字。

「石」字及從石的古文有：

B 　《汗簡》②　　　李商隱《字略》③　　　曾侯乙簡39④

「奉」字的古文有：

C 　望山簡⑤　　《古老子》⑥　　《華岳碑》⑦　　《雲臺碑》⑧

「厚」字的古文有：

D 　上海簡⑨　　青川牘⑩　　《林罕集》⑪　　《說文》古文⑫

通過上引古文與信陽楚簡所見A字進行比較，其上部所從之「石」

① 何琳儀：《戰國文字聲系》，中華書局，1998年版，第437、1487頁。
② （宋）夏竦：《古文四聲韻》第五卷，中華書局，1983年版，第17頁。
③ （宋）夏竦：《古文四聲韻》第五卷，中華書局，1983年版，第17頁。
④ 滕壬生：《楚系簡帛文字編》，湖北教育出版社，1995年版，第440頁。
⑤ 湖北省文物考古研究所等《望山楚簡》，中華書局，1995年6月版，第64頁。
⑥ （宋）夏竦：《古文四聲韻》第三卷，中華書局，1983年版，第3頁。
⑦ （宋）夏竦：《古文四聲韻》第三卷，中華書局，1983年版，第3頁。
⑧ （宋）夏竦：《古文四聲韻》第三卷，中華書局，1983年版，第3頁。
⑨ 上海博物館：《上海博物館館藏戰國楚竹書》（一），上海古籍出版社，2000年版，第144頁。
⑩ 何琳儀：《戰國文字聲系》上冊，中華書局，1998年版，第334頁。
⑪ （宋）郭忠恕：《汗簡》，中華書局，1983年版，第28頁。
⑫ 《說文解欄位注》，成都古籍出版社，1981年版，第242頁。

與「厚」字古文只是相近，而A的上部和下部所從之「石」和「奉」與上引「石」和「奉」字的古文如出一轍。因此，將信陽簡中的A字隸定為「碎」應有據可循。

前已指出的是，信陽楚簡中的A字其下有合文符號，應讀兩個音節，屬古文字中常見的借筆現象。眾所周知，古文字中所見古文的借筆現象較為複雜，其借筆字既有獨體的，也有合本的，還有共用筆劃的，等等。吳振武先生對此作了較為全面的歸納①。那麼，上揭信陽楚簡中的A字究竟是屬於哪一類呢？其實，從信陽楚簡中似可解答這一問題。在信陽楚簡第2–015號簡中還見有一個字，其形如下：

M 厚

將M與A進行比較，不難發現，其字形至為相同，只是A字下部所從的「收」在M字的下部已省變為一橫。這種局部省變的現象在已辨識的古文字中多見，故而，M與A實應為一字，即都應隸定為「碎」字。更為重要的是，M字下未見有合文號，於此又可證A字就是一個獨體字，也就是說，楚文字中原本就有「碎」字。

上揭A字中都有合文號，其字由「石」和「奉」所組成，其合文是指另一字的局部或整體已包含在「碎」字之中了。根據古文合文規律，A字在文例中可讀為「石碎」，或「碎石」、「碎碎」。然而，在此文例中究竟採取何種讀法，應從「碎」字的字意中去探尋。

「碎」字見於字書。《集韻》：「碎，石皃。」可見「碎」就是一種石，我們認為，其字應與從王從奉的「琒」相通，因為，它們不僅都是從「奉」得聲的字。而且其形符王與石也相聯。《說文·王部》：「琒，石之次玉者以為系璧，從王，奉聲。讀若《詩》曰，『瓜瓞菶菶』。一曰若蛤蚌。」從許慎的解說中，我們不僅知道了琒

①　吳振武：〈古文字中的借筆字〉，《古文字研究》第二十輯，中華書局，2000年版，第308頁。

第八章　楚器考論篇

與葦通，而且古代的蚌也可以稱瑋。這可能是蛤蚌之殼尤如石之堅硬之故。蚌與蜯實為一字。《易・說卦》：「離為蚌。」《釋文》：「蚌，本又作蜯。」《文選・張衡〈南都賦〉》：「巨蚌含珠，蛟瑕委蛇。」李善注：「蜯與蚌同。」[1] 其實，蜯本與瑋相通。《玉篇・蟲部》：「蜯，同瑋。」

「瑋」作為器飾屢見典籍，《集韻・董韻》：「瑋，《說文》：『佩刀下飾。天子以玉，諸侯以金。』或作鞞。」《詩經・小雅・瞻彼洛矣》：「革奉瑋有珌。」（唐）陸德明《釋文》：「瑋字又作鞞，佩鞘上飾。」

至此，我們似可明晰，信陽楚簡中的「硨」字可以讀為「瑋」。如果將其合文讀為「石瑋」於意不明，如果將其讀為「瑋瑋」，並將其通為「葦葦」或「蓬蓬」，儘管成詞，但其意不符。由此可見，只能將其讀為「瑋石」。「瑋石」是指類似蛤蚌的一種石頭，因蛤蚌之殼呈白色，也可以理解為白色的細石。「瑋石」可看做是一個偏正詞組，瑋應是修飾其中心詞「石」。如是之讀，也符合楚人的語言習慣。尤如出土文獻中所常見的楚人稱紅銅為「赤金」，稱白銀為「白金」一樣。

在「硨石」之後，還有一字不可回避，因為，它對進一步說明「硨石」的讀法及全句的含義至關重要。其字有如下兩形：

N ![字形]信陽簡2-08　　O ![字形]信陽簡2-025

這兩個字所處的語法位置相同，其辭例也完全一樣，只是O的有些筆劃漫漶不清，不過，通過其殘存的筆劃與N相比，上部所從字符相同，可辨別出兩字實為相同的一個字。所幸的N字極為清楚，因而，只要將N隸定讀為某字，O可徑直看做與N同。

上揭N字，目前學術界主要有如下幾種隸釋：

_____

① 高步瀛：《文選李注義疏》，中華書局，1985年版，第806頁。

1.隸定為「[至]」，不知所指^①。

2.隸定為「臺」，解為圓木豆的「圓座」^②。

3.隸定為「砧」，其義不詳^③。

上述諸家對此字的隸釋，也是卓有成效的。即大都將N和O看做是相同的一個字，有的直接將其隸定為「砧」，為進一步探討其字意和讀音奠定了基礎。

為了正確地隸釋N字，我們仍先從分析字形入手，再兼及字意和讀音。

有些學者將N隸定為臺，我們將臺字的古文錄出，可作比較。需要指出的是，臺字在目前所見的楚文字較少見，但傳書古文中多見，試看如下幾例：

P [字]郭店簡^④　　Q [字]《天臺經幢》^⑤

R [字][字]《雲臺碑》^⑥　　S [字]王維恭《黃庭經》^⑦

將上揭的P、Q、R、S古文同N比較，除下部所從的「至」相同外，上部所從完全不同，據此看來，將N隸定為臺和讀為臺問題較大。事實上，只要我們將N的上部與前揭的B和C也即「石」的古文相比就可見其完全相同，可以肯定，N就是一個從石從至的「砧」字，將其隸定為「砧」應可信。如果將N的上部再與A的上部相比較，發現它們也是相同的，於此又可反證將A隸定為從石從奉的字也是可信的。這樣，全句就可完全有理由隸定為「磚石之砧」。

「砧」字不見於字書，當是一個從「至」得聲的字。疑其字意和讀

① 商承祚：《戰國楚竹簡彙編》，齊魯書社，1995年11月版，第37頁。

② 劉信芳：〈楚簡器物釋名〉下篇，《中國文字》新二十三期，臺北藝文印書館，1997年版，第87頁。

③ 何琳儀：《戰國文字聲系》，中華書局，1998年版，第1087頁。

④ 荊門市博物館：《郭店楚墓竹簡》，文物出版社，1955年版第5頁。

⑤ （宋）夏竦：《古文四聲韻》第一卷，中華書局，1983年版，第36頁。

⑥ （宋）夏竦：《古文四聲韻》第一卷，中華書局，1983年版，第36頁。

⑦ （宋）夏竦：《古文四聲韻》第一卷，中華書局，1983年版，第36頁。

第八章　楚器考論篇

音與「銍」同。「銍」在楚文字中屢見，試擇如下幾例可作比勘：

④口金之銍　　　　　　　　　　　　　　——仰天湖簡16①

⑤口銍　　　　　　　　　　　　　　——天星觀簡②

⑥赤金之鈦，白金之銍　　　　　　　　——包山簡272③

⑦白金之鈦，赤金之銍　　　　　　　　——包山簡276④

　　上揭幾例都是楚簡，從行文而知，「銍」的句中所指相同。④和⑤的文句不全，可暫不討論。⑥中的「赤金」當為紅銅，「鈦」當讀為軟，是指車軎，「白金」是指銀，其意是說紅銅的車軎，用白銀鑲嵌。包山2號楚墓中正出土有鑲嵌白銀花紋的車軎。⑦的文例與⑥相同，只是赤金與白金互文。從簡文文意看，「銍」有鑲嵌意。

　　「銍」見之於字書，《說文·金部》：「銍，穫禾短鐮也，從金，至聲。」許慎將「銍」解釋為短鐮，與簡文對照，不合文意。看來，「銍」字在先秦必有另讀和另解。

　　《廣雅·釋器》：「銍謂之刈。」王念孫疏證引《釋名》：「銍，穫禾鐵也，銍銍，斷禾穗聲也。」是知古代的「銍」確為一種收禾的農具，其名為「銍」，大概是因其割禾穗時發出的聲音而得名。斷禾穗聲就是「至」音，湖北省荊宜一帶現仍以這個音來形容。從「金」只是表明其質地，作為義符，從而派生出一個新字，不過，簡文中的「銍」不當做農具解。

　　根據其聲符，筆者認為從石從至的「砤」字當讀為「室」，因為「砤」與「室」都是從至得聲的字。至與室在上古音中不僅都同屬端紐，而且與「室」讀音相近的「實」相通。《禮記·雜記上》：「使某實。」鄭玄注：「實，當為至，此讀周秦人聲之誤也。」可見

① 史樹青：《長沙仰天湖出土楚簡研究》，群聯出版社，1955年版，第29頁。
② 滕壬生：《楚系簡帛文字編》，湖北教育出版社，1995年7月版，第997頁。
③ 湖北省荊沙鐵路考古隊：《包山楚墓》，文物出版社，1991年版，第370、371頁。
④ 湖北省荊沙鐵路考古隊：《包山楚墓》，文物出版社，1991年版，第370、371頁。

「至」與「實」只是一聲之轉，二字音近可通。

「室」字有填塞和實滿的含義，《廣雅·釋詁三》：「室，實也。」《說文》：「室，實也。《釋名》：『物實滿其中也。』」《墨子·備城門》：「室以樵，可燒之以待適。」我們還可通過「窒」來進一步證實「砫」字，因為「窒」在上古也有「實」意，《廣雅·釋詁》：「窒，實也。」《禮記·檀弓》：「窒也者，實也。」服注云：「窒之言實也，明孝子有忠實之心。」如果將上揭楚簡中的「銍」讀為「室」，那麼，上揭⑥、⑦例中「銍」意就更為明朗了。「白金之銍（室）」就是說「用白銀鑲填（花紋）」。這與出土文物也是相符的，據此看來，我們所謂的錯金、錯銀的鑲嵌工藝，楚人就稱之為「室」，這與我們最初推斷「銍」有鑲嵌意正相吻合。

前已指出，「砫」與「銍」可能實為一字，如果將「磚石之砫」與「赤金之銍」作一比較，發現它們的行文和辭例不僅完全一致，而且所表述的意思完全相同，只是用金屬充填當從「金」，用石充填當從「石」的區別。更為重要的是，它們都是從「至」得聲的字，以不同的義符標在同一聲符上作為同一字使用，這在古文字中多見。因此，把「砫」看做與「銍」同，且將二字並讀為「室」，並非無的放矢。

如果上述隸釋不誤的話，那麼，信陽楚簡中所屢見的「磚石之砫」一語，當讀為「瑼石之室」。准此，則其語義在文例中皆可貫通。

毋庸置疑，「磚石之砫」是對下葬時墓中所隨葬的某一器物外形裝飾所記錄的補述或修飾性語，在句中用作狀語。如前揭文例中的①，是進一步補述「房机」的。「房机」即是俎。「机」或釋「柄」或釋「榕」，據包山楚簡應釋「机」。「房机」實當是指帶柄的俎。文例中的②，是進一步補述「皇豆」的，「皇豆」即「大豆」，是指一種厚淺盤的大木豆。文例中的③，可看做是介賓短語，用作狀語。是對「旂」的修飾，「旂」或釋為「喬」。「旂」實當讀為「昕」，訓為「敬」。《儀禮·特牲饋食禮》：「佐食升昕俎。」鄭玄注：

271

「肵謂心舌之俎也。」文獻中「肵」與「俎」常連言,「旂」實也當為木俎。需要指出的,此條文例在「之旂」後只書「碑」及合文號,疑在合文後脫「之硾」二字。「之某(名詞)、之某(動詞)」的句子,屬楚簡文中的常見句式。若此,我們可以將前列信陽楚簡中的幾條簡文文例通釋如下。

文例①是說:一件帶柄俎,其上有四顆璏石鑲填。

文例②是說:十件大木豆,皆用漆彩繪,用璏石鑲填。

文例③是說:一件用璏石鑲填的俎,三件漆彩繪俎。

按照此通釋,則文通字順,其文意符合楚人遣冊簡記錄的格式,即先記器物,再記其裝飾,或以描述裝飾性的詞組修飾器名。不僅如此,凡其他楚簡中涉及到「銍」的有關文例都可以得到通暢的解釋。不過,這些只是從古文字和古文獻學方面所作的考證結果,事實是否如此,我們還將通過出土文物作進一步的補證。

根據簡文所涉的俎和豆,檢索信陽1號楚墓出土文物,俎的出土數量多達50件,然而真正能夠稱為俎的只有27件,即報告中所謂的25件I式俎和2件II式案(含附表中已殘的俎,可能實際俎數不應有如此多)。通過甄別,所謂II式案,實應為帶柄俎,但與簡文數量不符。因資料過於籠統,25件I式俎中已無法比證何件為「心舌之俎」了,另只有10件I式豆與簡文的「皇豆」相符。但報告中概未見有鑲石裝飾的描述,是原本沒有,還是漏述,我們無法核對原物,看來,從信陽楚墓出土的文物中來驗證上述觀點比較困難。

所幸的是,從包山楚墓出土的俎和豆中可得到證明。在包山2號楚墓中共出7件木俎,其中有6件俎足的正面各鑲嵌有2顆石英石子,其同墓出土的遣冊皆稱之為「房」。值得一提的是,其中的一件立板俎,簡文稱之為「房机」,其「机」字與信陽楚簡所見「房机」的「机」字相同,只是不從「木」,顯然所指應是一物。更為重要的是,在其兩塊立板的外側「各鑲嵌有不規則石英石子四顆」,與信陽楚簡所見

「一房机，四磚石之砥」完全相合。其餘5件俎，報告稱為窄板俎，遣冊稱為「一小房」，實際數比遣冊多4件。我們懷疑，「小房」與信陽楚簡中的「旂」可能就是一物，也就是文獻中的「心舌之俎」。包山2號楚墓也出有木豆，其中的無蓋豆，遣冊稱之為「皇桓」，「桓」字在信陽簡中也不從「木」，直書作「豆」，二者無疑為一物，應特別強調的是，在豆盤的外壁「等距離鑲三顆石英石子」，與信陽楚簡所見「十皇豆，屯剢彫，磚石之砥」也相吻合。由此可見，包山2號楚墓中俎和豆上所見鑲嵌的石英子石子就是信陽楚簡中的「磚石之砥」。據此，在信陽1號楚墓中難以尋求的證據，在包山楚墓中得到了強有力的證明。

當然，在器外鑲嵌石英石的現象並非包山楚墓一個孤例，新近發掘的荊門左塚楚墓和湖北棗陽九連墩楚墓中也有發現，並且也是見之於楚簡中所謂的「皇豆」和「房」上，其鑲嵌的手法及部位與包山楚墓同[①]。於此而知，「瑝石之室」應是楚人只施於「皇豆」和「俎」上的一種鑲石裝飾工藝。當然，考古發掘所揭示的俎上鑲物裝飾的現象，還可上溯到西周時期，如陝西長安張家坡西周墓地M115出土的一件漆豆和漆俎上用各種蚌殼鑲嵌成圖案[②]。山西天馬曲村M6131出土了一件完整的西周漆豆，在盤上和圈足上皆鑲嵌有蚌泡和蚌條[③]。無疑，楚人在豆和俎上鑲石工藝應是西周之制的流變。

在俎上作飾也見之於文獻：《詩經·魯頌·閟宮》：「籩豆大房」。毛傳：「大房，半體之俎也。」鄭玄箋：「大房，玉飾俎也。」對照楚出土文物看，鄭箋有點問題。其一，大房上並非玉飾，

①　湖北省文物考古研究所等：《荊門左塚楚墓》，文物出版社，2006年版。
②　中國科學院考古研究所灃西發掘隊：〈1967年長安張家坡西周墓葬的發掘〉，載《考古學報》，1980年第4期。
③　北京大學考古系商周組、山西省考古研究所：《天馬—曲村（1980–1989）》，科學出版社，2000年版，第481頁。

而是石飾。其二，以玉石飾俎，並非只有「大房」，也含有「小房」。其三，玉石不僅飾於俎上，也飾於豆上。我們姑且不去糾纏鄭箋的不足，但僅其箋注先秦的俎上有玉飾而言，是極為珍貴的，至少為我們釋讀信陽楚簡中的「䃤石之砡」一語，提供了彌足珍貴的文獻證據。

概而論之，開篇所列信陽楚簡的三條文例中的A字及其合文，包括其後的詞語，無論從字形、古音和詞義，還是從出土實物以及文獻，都足以證明只能隸定為「䃤石」或「䃤石之砡」，讀為「瑳石」或「瑳石之室」，意思是說明某一器物上有瑳石鑲嵌。舊釋「厚奉之台」應不可從。

最後還需申論的是，在我們考釋信陽楚簡的「䃤石之砡」一語時，因涉及到楚器中的厚淺盤豆和俎這兩類實物，我們不得不一一檢索已公佈的楚墓資料，凡所涉及出有這兩類器物的報告，除了包山楚墓作了比較詳盡的記錄有鑲石的現象外，其他幾乎未作描述，尤其是在信陽楚墓中沒有找到直接的證據，使得本論的舉證極為艱辛，更為本文結論的可靠性留下疑竇，幸而部分楚文物和傳世文獻施以力證。是不是楚器中的豆和俎原本就沒有鑲石，或原有而在描述時被遺漏了呢？這兩種可能性都是存在的。僅後者而言，由於器物保存不好時，極易疏漏。筆者曾仔細觀察了荊門左塚楚墓的俎和豆，其上的鑲石大都脫落，留在器壁上的僅是一個不規則的方形孔，孔邊長僅約0.5公釐、深僅約0.2公釐。脫落後的鑲石孔極似漆木器的自然撞擊損壞孔，甚至有的鑲石孔已被污泥和碎木渣所封閉，如果不仔細觀察，有可能就被遺漏。湖北棗陽九連墩楚墓中所見鑲石也有脫落的現象。因此，這就需要我們在發掘和整理報告時，悉心觀察，以獲取文物上所遺留的一切資訊並作描述。觀察的具體部位是，豆盤的外壁，俎的立板外和足板外，尤其是要注意那些未髹漆、只作粉繪的豆和俎。我們相信，隨著本論的提出，信陽楚簡中的「瑳石之室」，將被更多的考古

材料所證實。

　　信陽楚墓的發掘已經四十多年了，四十多年來，在學者們的共同努力下，信陽楚簡的研究已取得了眾多令人信服的成果，但其中仍還有很多尚未解決的問題。筆者提出此論，並非案立新說，只是嘗試物名並證來釋讀文字，憂患得失在所難免，唯祈方家是正。

第五節　新見楚器銘文中的「競之定」及相關問題

　　《文物》2008年第1期發表了張光裕先生〈新出楚式青銅器器銘試釋〉一文，文中詳細介紹和考證了近來由中國內地盜往澳門的一批楚青銅器共29件，其中帶蓋升鼎7（實見6件）、鬲7、簠8、豆2、方壺2、缶1、盤1、匜1（以下簡稱澳門銅器）。在這批青銅器中，有銘文的青銅器多達24件。有關這批器物的年代及銅器銘文的內容，張先生在其文中都作了至為精當的考述。

　　據張光裕先生文章介紹，在實見的28件銅器中，我們將24件有銘文的銅器銘辭可以分為三類。一是物主自持類的銘辭，二是記事類的銘辭，三是體現身分類的銘辭。物主自持類的銘辭只有2件，分別為1件盤和1件匜。其中盤銘為3列共8字，鑄於盤內，自左向右讀為：

　　楚王酓（熊）

　　悑乍寺（持）

　　盥盤

　　匜銘為1行共6字，自左向右讀為：

　　楚王酓（熊）悑乍寺（持）

　　記事類的銘辭共有11件，分別為7件鬲、2件豆和2件方座簠。鬲銘鑄之於口沿內側，豆銘分6列鑄之於豆盤內，簠銘分4列鑄之於簠內壁。每件上的銘文皆為21字，所記事例皆相同。其中，除2件鬲上的銘

文用字有錯置的現象外，其餘器物上的銘文皆可通讀。

鬲上的銘文依沿排列為：

佳王命競之定

救秦戎大有祇於洛之戎

用乍䣄彝

豆上的銘文排列為：

佳武王命

競之定救秦戎

大有祇於洛之

戎用乍䣄（尊）彝

方座簋上的銘文為4列，自右向左為：

佳武王命競

之定救秦戎

大有祇於洛

之戎用乍䣄（尊）彝

體現身分類的銘辭共有11件，分別為沒有記事銘辭的6件方座簋和5件鼎上，銘文皆簡單，各器底內只鑄一「君」字。

這批新見的楚銅器極為重要，首先是新見有一個不見經傳的楚王名酓（熊）怵，其次是關於楚國「救秦戎」史事記錄的再發現。為此，筆者想就本次新見銘文中的「競之定」及相關諸字的釋解、銅器的年代、楚王熊休其人及銅器所屬主人的身分等問題提出一點不成熟的看法，以就教於方家。

一、關於銅器銘文中的「競之定」及相關諸字的釋解

在這批新見的記事銘文中都是記錄的「救秦戎」的史事，其中為「佳王命競之定，救秦戎」。有關「救秦戎」史事的銅器銘文過去曾有發現。1956年考古工作者在河南信陽長臺關發掘了2座大墓，其中一號墓出土的一件編鐘上的銘文為「佳荊曆屈（夕）晉人救戎於楚

競①」。1973年在湖北當陽季家湖楚城遺址曾出土了一枚銅鐘，其上銘文為：「秦王卑命競坪王之定救秦戎」。澳門這批新見的楚銅器再現「救秦戎」史事的銘辭，說明在楚國歷史上確曾有過這麼一次重要的戰爭，所述之事無疑當是指同一戰事。

在信陽楚墓和當陽季家湖楚城「救秦戎」銅器銘文發現後，學術界經過不懈的努力，已經對鐘銘的研究取得了重大成果，其認識已漸趨一致。其中值得首肯的是黃錫全和劉森淼先生將「坪王」釋讀為「平王」②，李零先生則進一步將「競平王」之「競平」釋為楚平王的多諡稱號③。這為解開「救秦戎」史事的認知找到了突破口。由於這一史事史載缺佚，有關「救秦戎」的銘辭仍需進一步探討，為此，筆者先就其中的「競之定」及相關諸字再提出一些不成熟的看法。

由於確立了澳門銅器豆和簋上的銘文與季家湖楚城鐘銘文所記是同一事例，兩相對照就不難發現季家湖楚鐘上的「競平王之定」與澳門銅器豆和簋上的「競之定」應是一指，可看出應是一個完整的人名，「競之定」又可稱「競平王之定」。由此而知，「競」必當是以楚平王的第一個諡號所命的氏，讀為「景」。可以肯定的就是楚國「三戶」中的「景」氏。由此而來，季家湖楚鐘上的「競平王之定」就應重新考慮。過去一般認為，其中的「之」字用如動詞，「定」字用作表地點的名詞，全句為一個完整的主謂賓句式，即「競平王去定這個地方（救秦戎）」。現在看來，「競」應當作為氏，那麼「競平王之定」就應是「競之定」。其中的「之」只是一個語助詞而就沒有實際的字義了，而「定」不是地名，而只是一個人名了。這個人名就是「競（景）定」。「競」即是表明了楚平王這一族，也標示出由楚

① 河南省文物研究所：《信陽楚墓》，文物出版社，1986年版。
② 黃錫全、劉森淼：〈「救秦戎」鐘銘文新解〉，載《江漢考古》，1992年第1期。
③ 李零：〈楚景平王與古多字諡——重讀「秦王卑命」鐘銘文〉，載《傳統文化與現代化》，1996年第6期。

平王之諡所衍生出來的氏稱。

　　眾所周知，姓是代表有共同血緣關係種族的稱號，氏則為由姓衍生的分支。《左傳・隱公八年》中有一段話，清楚地揭示了姓和氏的關係，那就是「天子建德，因生以賜姓，胙之土而命之氏。諸侯以字為諡，因以為族；官有世功，則有官族；邑亦如之。」「競」作為楚平王之續後的氏稱，在楚地的考古發掘中也有所見。一般是「競＋之＋人名」的結構。2003年，筆者在湖北宜城博物館看到了一座楚墓所出土的2件銅鼎，其上的蓋內中部都有相同的銘文，每件上的銘文分兩排排列，自右向左讀為「競之㦰之少（小）鼎」，其中的「競」字與新見澳門銅器及季家湖鐘上的銘文「競」字相同[1]。從鼎的型制而論，其時代當為戰國中期，其中「競之㦰」顯為人名，與「競之定」的結構相同，應屬楚平王后的同一族氏。由此，我們可以推出「競之㦰」也可以稱之為「競坪王之㦰」。《古璽彙編》中輯存有兩方「競□」的私印，亦當是楚平王之族氏[2]。

　　確立了楚王以諡為氏稱後，對於傳世文獻及出土文獻中一些氏＋之＋人名的類似的結構都可以認定為是以族或邑或官等為氏的人名，因為這在已有材料中屢見不鮮。如文獻中的「舟之僑」（《左傳・閔公二年》）、「燭之武」（《左傳・僖公三十年》）、「潘尪之党」（《左傳・成公十六年》）、「宮之奇」（《左傳・僖公二年》）等都是與之相同結構的人名。其實，有關這一氏稱的結構，漢人已經作了明確的注解。如《左傳・哀公十八年》的「孟之側」，杜注：「之側，孟氏族也，字反。」（此人實即《論語・雍也》中的孟之反）。出土文獻中這樣的例子也俯拾皆是，如包山簡中的「臧王之墨」、「臧之無咎」等。其中的「臧」字當是以楚莊王之諡為氏，可讀為

① 2件「競之㦰」的銘文銅鼎現存湖北宜城市博物館。資料尚未發表。
② 故宮博物院編：《古璽彙編》，文物出版社，1981年12月版。

278

「莊」，限於篇幅不一一枚舉。不過，其中的之字也可以省略，也有以國族為氏的個例，如楚平王之子稱「楚建」（昭公二十年），湖北麻城李家灣春秋楚墓出土的鼎銘有「楚^①」，其中都省略了「之」字，這是以大族為氏的例子，可以引起我們的深入思考。

澳門銅器中的「競之定」確定為人名後，而季家湖銅鐘上所見的通篇銘文的辭意基本可以貫通了，所述的即是秦國有求於楚之事，楚王派競之定率領援兵救秦軍。經與澳門銅器銘文對讀，可知季家湖銅鐘上的「秦王」的確不能連讀，因為這些有銘銅器都是楚器，所記和所指的王，都應是楚王。進一步證實了季家湖楚鐘上的銘文不是一篇完整的銘文。又從「大有狂於洛之戎」的句子看，在救秦軍的這場戰役中，秦楚聯軍應大敗了洛之戎。

二、關於澳門所見銅器的年代

澳門所見銅器一經公佈後，學者對其年代都進行極為詳盡的探討，以筆者目力之所及，大體有春秋晚期至戰國早期、戰國早期和戰國中期等諸說。由於這批銅器屬非科學發掘，這批銅器是否出自同一座墓葬已不得而知，但其大的組合不全是可以肯定的。從目前所建立的楚墓年代學的框架看，這批楚銅器的年代應是清楚的。筆者認為這批銅器的年代應可準確地判定在戰國早期，其上限不會早於楚惠王時（前488），其下限不會晚於楚肅王時（前380）。

為了進一步推定其年代，根據這批銅器的形制和紋飾特點，我們可以把這批器物劃分為兩組來討論，第一組是方壺2、盤1、匜1和缶1共5件，其餘的都可歸併為第二組。

首先我們來看第一組。從形制上看，第一組中的兩件方壺與曾侯乙墓及隨州擂鼓墩2號墓所出土的同類壺極為相似，無論是紋飾還是銅器上的附件裝飾都相同，特別是方壺腹上的扉棱及其所凸出的棱尖幾

---

① 湖北省文物考古研究所：〈湖北麻城李家灣春秋楚墓〉，載《考古》，2000年第5期。

乎都如出一轍 ①。其中的缶應為矮直領，腹上飾圓形凸餅並間飾蟠虺
紋是楚地戰國早期所常見的一種形制。盤和匜雖都遺留有春秋中晚期
以來的形制，諸如匜扳作龍形，匜流作獸首並作浮雕的蟠螭紋，盤作
無沿、厚壁和大平底等，但整體器形和紋飾還是發生了明顯的變化。
從紋飾上看，如春秋缶和盤上大多流行一種三角形的垂葉紋和渦紋，
但在這批器物上都不見，從形制上看，一些附件都明顯簡化，如匜扳
只作單軀的龍形，而不像春秋多見的複雜的蟠虺紋扳，匜流面也不明
顯上凸，尤其是盤的三足已不是春秋晚期所通行的獸形三足，而是演
變為戰國時期壺和敦上所常見的一種「S」環紐狀的足。因此將這批器
物的年代推定在春秋晚期實有不妥。

　　第二組器物是鼎6、簠8、鬲7、豆2共23件（據稱另有1件鼎在臺
灣），從整體形制而論，第二組器物沒有第一組器物精製，可明顯看
出其製作簡單。其中的鼎為亞腰形，口底大小大體相同，飾爬獸，簠
作規整的器身和方座。不僅與曾侯乙墓所出的同類器相同，而且與楚
地戰國早中期的同類器也相近，豆作淺盤，細柄具備有戰國早期的特
點。但器形更多的還是有明顯偏晚的遺風，銅升鼎更接近於包山2號
楚墓的升鼎，只是包山2號楚墓的升鼎束腰更明顯些，正反映了它們
年代相近的一種演變關係 ②，如鼎的爬獸沒有曾侯乙墓的繁縟，簠身
無扉棱，也明顯晚於春戰之交的「昭王之諻簠」③；從紋飾而論，這
組器物比第一組器物更顯簡單和草率。因此，將這組器物推定在春秋
晚期也不相類。

　　在判定澳門所見銅器的年代時，人們大多數都注意到了同河南
淅川徐家嶺十號楚墓的可比性，這是可取的，因為對認識這批新見

---

① 湖北省博物館：《曾侯乙墓》，文物出版社，1989年版。劉彬徽〈擂鼓墩2號墓青銅器初
　　論〉，載《文物》，1985年第1期。
② 荊沙鐵路考古隊：《包山楚墓》，文物出版社，1991年版。
③ 劉彬徽：《楚系青銅器研究》，湖北教育出版社，1995年7月版，第331頁。

銅器極有參證價值。在《淅川和尚嶺和徐家嶺》的報告中，徐家嶺十號楚墓的年代被排定在戰國早期，應該說是可信的 [1]。實際上，這座墓葬的器物比較複雜，早晚參差其內，其中最晚的應是同墓所出的盤、匜和鋪首銅壺，可以認定它已到了戰國早期的後段，也有可能已進入了戰國中期，應該說徐家嶺十號墓與這批新見銅器年代是最為接近的。

眾所周知，曾侯乙墓屬戰國早期的楚惠王時期，在推定澳門銅器的年代屬戰國早期後，就自然應當要晚於曾侯乙墓了，因為澳門銅器中已見有熊酓（熊）㤉。也就是說不可能是楚惠王時期了，但將其與淅川徐家嶺十號楚墓相比，又明顯要早於後者。因此，三者之間的年代排序後，其時間上的先後關係就應當是曾侯乙墓→澳門崇源銅器→徐家嶺十號楚墓。儘管澳門銅器年代的推定在同一個大的戰國早期時間段內，經過分組論定後應存在著細微的年代刻度之差，即第二組應略晚於第一組。無論這批銅器是否出自同一座墓葬，似乎還隱示出這批銅器應存在著物主之別。事實上，銅器銘文本身已經比較清楚地反映出它們之間的差別，第一組中的盤匜為楚王酓（熊）㤉鑄器，第二組中鬲、豆、簠和鼎等主要為「救秦戎」和「君」字的銘文，這並非是偶然的巧合。

至此，澳門銅器的年代就比較清楚了，戰國早期只歷經了楚惠王、楚簡王、楚聲王和楚悼王四世，而楚惠王在位長達57年之久（前488—前432），在排除了楚惠王之後，就只餘下三王了，即楚簡王、楚聲王和楚悼王三世。因此，這批銅器的年代可能就約當在西元前431年—西元前381年之間了。

三、關於楚王酓（熊）㤉其人

澳門銅器最重要的發現之一就是在其上新見了一個楚王熊酓

---

① 河南省文物考古研究所：《淅川和尚嶺和徐家嶺》，大象出版社，2004年版。

第八章　楚器考論篇

（熊）忬之名，酓（熊）忬之名不見於經傳，這就更平添了此批銅器極具珍貴的史料價值。

熊酓（熊）忬之名是不是史載闕如的另外的一個新王呢？這種可能性極小，因為自西元前740年楚武王熊通稱王起至西元前223年的楚王負芻滅，楚國共經歷了23世、而且前後年代相續，其間沒有缺環。那麼，是不是楚王族弒王後而臨時稱王的某個楚王呢，因為在楚國歷史上，弒君或篡位的現象不乏其例。如楚惠王八年，楚之大夫白公勝，因循鄭國殺父之私仇，而對鄭銘心刻骨，而此時又抱怨於楚不出兵救鄭，於是出現了白公勝殺子西、劫持惠王並自立為王的一幕（事見《史記・楚世家》）。不過此事歷時極短，不可能在短時間內鑄器，所以這種可能性也很小。因此，綜觀史料，酓（熊）忬還應當是已見於史載的一個正位楚王。

我們已經注意到，在楚國歷史上，有一個楚王與熊忬可以相連，那就是楚平王。楚平王即楚公子棄疾，在西元前528年奪得王位後，即更名為熊居，其名「居」字與澳門銅器上的「忬」字在字義上相同。

澳門銅器上的「忬」應是一個從心，休聲字。《廣韻》尤韻下：「忬，戾也」，可看做就是一個「休」字。而「居」字也有「戾」義。休、居都有停和止息義。《爾雅・釋言》：「休，戾也。」郭璞注「戾，止也」。《詩經・大雅・瞻卬》：「婦無公事，休其蠶織。」毛傳：「休，息也。」孔穎達疏：「汝今婦人之不宜與朝廷公事，而休止養蠶織紝，干預男子之政，亦非宜也。」《爾雅・釋詁下》：「休，息也。」《易・繫辭下》：「變動不居，周流六虛。」《呂氏春秋・慎人》：「編蒲葦，結罘網，手足胼胝不居。」高誘注：「居，止也。」正因這種意義上的相同，再加上「競坪王」就是楚平王，極易引起我們與之相連。而楚平王熊居位在西元前540年至西元前516年時在春秋晚期，但通過器物類型學的年代推定後似不支援這

一說法。而以「競（景）坪王」作為其謚的族氏之稱後，幾乎完全否定了這一可能。

　　回到我們依據形制所推斷的年代，楚王畲（熊）怵就應可能在依次相續的楚簡王、楚聲王、楚悼王之中了。楚簡王名熊中，在位24年（前431－前408）；楚聲王名熊當，在位6年（前407－前405）；楚悼王名熊疑，在位21年（前401－前381）。其中，熊疑的末年已進入戰國中期。在這三王中，文獻中沒有一個曾名「怵」的記載，也沒有三王之名與「休」相通的例子。從聲類上求之，「中」，「當」與「怵」的聲韻相去甚遠，而只有「疑」字與「休」有一定的關係。那麼，這個名熊怵的楚王是不是就有可能就是悼王熊疑呢？

　　「疑」字屬疑母之部字，「休」字屬曉母幽部字[①]，休字同之部的字有相通的例子。如《儀禮·士虞禮》：「祝入，屍謖」，鄭注：「古文謖或為休。」[②]「謖」的古音雖在職部，但是之部的入聲字。值得注意是「休」字與「喜」字不僅可以通假，而且還是「一聲之轉[③]」。至於「休」、「喜」和「疑」在傳世的文獻中還找不到直接相通的例證，尚還需要有更多的文字材料來證明。至此，我們只能懷疑這個熊怵有可能就是楚悼王熊疑，其在位時段大部分正值戰國早期的晚段。

四、關於墓葬所屬主人的身分

　　這批新見銅器由於屬非科學發掘物，是否原出於同一座墓葬已不得而知，但從整體的形制和組合看，判定其出自於同一座墓葬的可能性極大。因此，這就不得不涉及到墓葬主人生前的身分問題。

　　在這批銅器中，能夠反映墓主身分的主要禮器基本完整，應屬於楚國的高等貴族，但由於少量銅器上涉及到楚王之器，是不是就是

①　唐作藩：《上古音手冊》，江蘇人民出版社，1982年9月版。
②　高享：《古字通假匯典》，齊魯書社，1989年版。
③　（清）朱駿聲：《說文通訓定聲》，中華書局，1984年6月版。

楚王墓呢？有必要對此進行辨析。在推定墓葬等級時，人們大多按其用鼎數量的多寡來判定墓葬主人的生前身分。因為在周代，用鼎制度是當時喪葬禮制的核心內容之一，其中的升鼎最能反映墓主生前的身分和地位。儘管春秋戰國時期禮制發生了一些變化，或者出現了「僭越」，但喪禮中的用鼎制度在各階層的人士中大都得以延續和遵循。在楚國，尤其是在楚國高等級貴族的墓中反映最為明晰，這在已發掘的楚國和楚系的墓葬中也都得到了證實。因而，在高等級的貴族墓葬中，依據墓葬本身所出的鼎數的多少來判定墓主生前的身分和地位應該說是可信的。

澳門銅器共見有7件鼎（其中1件在臺灣），在我們懷疑這一數量是否完整的同時，聯繫到與之相伴的7件小盍看，似乎又對其是原數的看法深信不疑。因為在墓葬中，小盍與升鼎一般是配套使用。這種共存關係數的吻合，應不是偶然的。因此，7件升鼎應是原墓葬中依禮制而葬所反映身分的全部鼎數。

按照七鼎之制的鼎數，墓主應不是最高等級的楚王了。從《公羊傳·桓公二年》何休注：「禮祭：天子九鼎、諸侯七、大夫五、元士三也。」看，最高鼎數應是九，楚國雖不是天子，但自楚武王自立為王後，多自與天子位並居，所以楚王所使用鼎數就應為九鼎，上卿及其以下則依次遞減。儘管目前在已發掘的楚墓中，大多數大夫級及其以下的楚墓與上述記載不能完全相合，但在高等級的貴族墓葬中還是有據可循的。

與已發掘的具有明確身分的楚國和楚系高等級墓葬相對照，上述記載是相符的。如楚幽王墓、楚系的曾侯乙墓和擂鼓墩2號墓都出土了9件升鼎[①]，淅川下寺2號墓為楚令尹蒍子馮墓葬[②]，出土有7件升鼎，

---

① 隨州市博物館：〈湖北隨州擂鼓墩二號墓發掘簡報〉，載《文物》，1985年第1期。
② 李零：〈「楚叔之孫佣」究竟是誰——河南淅川下寺二號墓之墓主和年代問題討論〉，載《中原文物》，1981年第4期。

前者屬於王級，後者屬於上卿，正與文獻所記相應。以此而證，澳門銅器墓主當不是楚王。

上述結論還有三點可作輔證，其一是整體器物不太統一，絕大多數器物的製作都比較粗糙；其二是作為楚王墓葬的話不應該只是在盤匜上見到楚王的名字；其三是在我們所分二組器物的大多數器物上所見到的銘辭都是與「救秦戎」相關和只有一個「君」字的銘辭。而第二組器物又恰巧是體現身分的升鼎和簋的組合，二組器物之間似乎隱喻出應分屬不同的主人。即第二組器物應是一個整體，可能真正體現的才是這批銅器墓葬的主人。

在確立了這批銅器屬於7鼎墓的等級後，還有一個問題需要說明，那就是這批銅器中伴出的同樣體現身分的8件銅簋。

一般而言，周代的用鼎制度是9鼎配8簋，7鼎配6簋，當推定為7鼎之制後，但這批銅器中卻又伴有8件簋，實與禮數不符。通過細審銘文後，我們仍可確認其是7鼎6簋的組合。從銘文而知，已公佈的6件銅升鼎上有5件都鑄有一「君」字，1件則無。另一件鼎據稱在臺灣，未見其照片，但從鼎形制看，應屬同一批次的遺物，但有沒有「君」字的銘文不得而知。事實上，很耐人尋味的是在8件銅簋中，有6件上有「君」字。可能標示出這6件簋應是與升鼎相配的。鼎和簋上「君」字的銘文如此對應，也不應當只是一種巧合。如果這一推論無誤的話，那麼，這正好符合7鼎6簋的配置。至於另2件有「救秦戎」銘文的銅簋可能屬於臨時所加的其他功能性隨葬品，因此，我們似乎完全有理由將其排除在7鼎6簋的配置之外。

通過上述分析，澳門銅器所屬主人的身分應該是比較清楚了。其身分和地位應與河南淅川下寺令尹蒍子馮墓相同，應屬楚國的高等貴族，應是一個掌握著楚國兵權的上層官吏，所使用的是僅次於楚王的上卿之葬制。墓主人與楚王應有密切的關係。

澳門銅器儘管是一批被盜遺物，但其容含的學術價值極大，對其

第八章 楚器考論篇

的深入研究，必將解開諸多楚史疑謎。準確地推定其年代，將有助於豐富和完善楚器的年代學序列。

第六節　銅方豆與宥坐之器

在楚地的東周墓葬中常常出土有一種方形盤的豆形器，因其盤是方形的，其下部有柄和座，與東周常見的圓盤豆相同，故人們常因其形而將其稱之為方豆，方豆在東周的楚墓中多見，或者說絕大多數都是出之於楚地和楚系的墓葬，應當說這一器物之源可能來之於楚。楚墓中所見的方豆除了銅質的外，還見有陶質和漆木質的，其流行的年代從春秋晚期一直到戰國中晚期都可見到。從器形而論，各種質地的方豆，都大體相同，即豆柄上所承的盤及盤上所承的蓋都作覆斗狀的方形，蓋與盤的大小、形制皆相同。由於是方形，盤與蓋的底部和頂端都作四角攢尖狀的斜收。其盤和蓋的底部和頂部都呈近平或近圓狀。楚墓中所見的方豆除陶質的外，青銅和漆木質地的方豆都飾有精美的紋飾，不失為楚器中的精品之一。

比照圓盤的豆將這種帶柄的方形的豆盤稱之為方豆似無可厚非，但當我們在收羅這一類器物的資料時，發現在業已出土的兩件青銅方豆上都有銘文。一件是河南固始侯古堆一號墓出土的一件（圖8-8），在蓋內壁鑄銘文二行四字，分別為「𠭰（似）之食盍」[1]（圖8-9）。另一件是湖北隨州均川出土的一件，其器蓋內壁鑄銘文二行四字，分別為「邵之御鎰」[2]（圖8-10）。顯然，兩件銘文中的最後一字「盍」和「鎰」都應是該器的自名，看來這種器物在古代並不叫方豆，而是有

---

[1]　河南省文物考古研究所：《固始侯古堆一號墓》，大象出版社，2004年11月版。

[2]　隨州市博物館：〈隨州均川出土銘文青銅器〉，載《江漢考古》，1986年第2期。

它的自名。根據銅器自名的原則，這種長期被我們稱之為方豆器物的
實名應當值得我們探討並為之正其名。

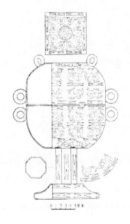

圖8-8　固始侯古堆方豆（M1P：36）

圖8-9　固始侯古堆方豆蓋內銘文拓片（M1P：36）

圖8-10　隨州均川劉家崖墓方豆上的銘文

　　河南固始侯古堆一號墓出土的一件銘文「匀（似）之食盍」的
「盍」字，是從奇從皿，可看做就是一個「奇」字，湖北隨州均川出土
的一件蓋內壁鑄銘文「邵之御錪」的「錪」字是從釸從皿，也可以看做
就是一個「釸」字，或者就是一個「只」字。在古文字中，從皿和從

鼎的符只是隨意性很強的一個意符，在同一個字中可有可無，如大家所熟知的金文中所見的鼎之別名「石沱」，有的又作「沰滗」，或又作「䃈䵠」①。徐家嶺十號墓出土的䣄子昃鼎的鼎字是作「鑑」，從金從貞從皿②。不過，「鈘」字在字書中可見，讀zhǎi。《玉篇》「鈘，金也」字書解說的是質地，而不是器名，所以我們更傾向於隨州均川出土的銘文「鈘」字，有可能就是「只」字，與河南淅川徐家嶺十號墓所見的鼎字相同。

由同形器銘而知，「盉」和「鑑」都是指同一器物名，字書解說所無。我們懷疑這兩個字都應該讀「攲」，《說文·支部》：「攲，持去也，從支奇聲。」由銅器銘文而知，將「攲」字作為奇支亦聲字當更為準確些。因為「攲」與「欹」和「㿉」相通，清紐樹玉《說文解字校錄》：「㿉，《一切經音義》卷十一引作『㿉』，傾則不安也，」卷十六引亦同，而將㿉作「欹」。《玉篇》注：「傾低不正。」又作「敧」。《說文》：「㿉，㿉㿉也，從危支聲。」段玉裁注：「俗用崎嶇字。」由上引而知，與讀奇聲的「攲」字相通之字，也可以讀支聲。是奇支亦聲的一個例證。事實上，在出土文獻中，我們也可以見到一些這樣的例證，如在仰天湖簡、望山簡和包山簡中常見到一個「虔」字，學術界大多認為這個字當讀為「文」字。之後，人們發現這個字就是《古文四聲韻》和《汗簡》中引石經的古文「閔」字，《說文》：「閔，從門，文聲。」李學勤先生就認為「閔」也可以讀「門」聲③。其實，類似於這一類雙聲讀法應有很多，只是在《說文》一書中並沒有提到。所以，我們說隨州均川的「鑑」讀「攲」應是有依據的，因為從「只」聲之字與從「支」聲之字可互通，如《爾

① 黃錫全：《湖北出土商周文字輯證》，武漢大學出版社，1992年版。

② 河南省文物考古研究所等：《淅川和尚嶺與徐家嶺楚墓》，大象出版社，2004年10月版。

③ 李學勤：〈試解郭店簡讀「文」之字〉，載《孔子·儒學研究文叢》（一），齊魯書社，2001年版。

雅‧釋地》：「軹首蛇」，在《楚辭‧天問》中「軹」作「歧」。
《詩經‧齊風‧猗嗟》，《釋文》：「猗字或作敧」，《莊子‧養生
主》：「技經肯綮之未嘗。」《釋文》「技或作猗。」《說文》「胑
或作肢」。值得注意的是，從支之字也有作器解釋的。《玉篇》：
「盍，器也。」所以，我們說銅器銘文中的「盍」和「鎝」皆讀為
「敧」是有文字學上的證明的。是故，方豆的實名應為「敧」，根據
銅器自名的原則，我們應將方豆正名為「敧」。

　　敧器古代有之，又稱宥坐之器，因常置之於國君座右而得名，
以為不要過或不及之勸戒，也常將其置之於宗廟。《荀子‧宥坐》：
「孔子觀於魯恒公之廟，有敧器焉。孔子問於守廟者曰：『此為何
器？』守廟者曰：『此蓋為宥坐之器。』孔子曰：『吾聞宥坐之器
者，虛則敧，中則正，滿則覆。』」楊倞注：「宥與右同，言人君可
置於坐右，以為戒也。《說苑》作『右坐』，或曰『宥與右同，勸
也。』」事又見《孔子家語‧三恕》。孔子所說的宥坐之器就是敧
器，不過，這類器物已經失傳，我們現在已不知道其具體形制了。但
從孔子的言語描述中，我們可以推知，敧器可能就是一種底作奇斜狀
的圜底形的器物，當它空體時就是歪的，當它盛裝一半時，器物就是
正的，當它裝滿後就又倒了。要使器物能正置，就只能裝一半的水。
空腹和滿腹都不行，古人以此來喻以做人就是要像敧器的容量一樣，
既要有量，又不能過量，放之於君王之座右或宗廟來以此作為人的處
世之勸勉。

　　對照文獻中所謂的敧器與我們所討論出土方豆自名為「敧」的器
物相比較，顯然不是一回事，因為方豆底部有座，當在器內盛裝容積
時應不存在正與覆的問題。所以，方豆上自名的「敧」應不是古代的
宥坐之器。假如我們換一個角度來考慮，儘管方豆之名「敧」不是古
代的宥坐之器，但這兩種器物是不是有發展和演進的關係呢，也就是
說，方豆的出現可能是在古代宥坐之器的基礎之上產生的，可能周代

的敧器就是方形，方豆的方形盤就是借用了敧器的形制或有改制，但仍名之為「敧」，這種推論應是有依據的。

首先，從方豆的器形上看，已經出土這類器物底部的四角都是呈尖狀的斜收，其底部都是呈尖底或圜底狀的，其底部的四角都作奇斜之狀，只是有些方豆的底部在加裝器柄時有的變得稍平一點，為了增加其穩固性，多數的方豆的蓋上都加安了三個環耳，但四角皆作奇斜攢收還是相當明顯的。其次，從功用上看，如果將方豆的柄去掉，或者只是看方豆的蓋，尖底或圜底方形盤在平面的桌面上也是放不穩的。符合「虛則敧，中則正，滿則覆」的原理。再則，古代新一類器種的產生大多有一種以原形的器物作依據的。目前所見的方豆大都出現在春秋晚期至戰國時期，也就是說，當周代宗廟之敧器通行之時，以敧器為祖型的方豆但仍名之為敧的器物就已經開始出現並流行了。

據有關文獻記載，先秦的敧器到漢代還可以見到，漢代晚期以後就基本失傳了。《晉書·杜預傳》：「周廟敧器，至漢東京猶在御坐，漢末喪亂，不復存，形制遂絕。」敧器形制失傳後，歷代文人政客都曾作過仿製，諸如晉代杜預、南朝的祖沖之、西魏的文帝、唐代的李皋、南唐的徐遊等都有製作[1]，但形制各異。其中以西魏的文帝製作的兩件最為別致，「一為二仙人，共持一鉢，同處一盤，鉢蓋有山，山有香氣，又一仙人持金瓶，以臨器上，傾水灌山而注乎器，煙氣通發山中，謂之仙人敧器。一為二荷，同處一盤，相去盈尺，中有蓮下垂，器上以水注荷，則出於蓮而盈乎器，為鳧、雁、蟾蜍飾之，謂之水芝敧器。二器皆置清徹前，形似敧而方，滿而平，溢則傾。」（《續世說·巧藝》、《周書·薛憕傳》）不過，這些後世的仿品，我們也很難見到了，但從文字記敘中，西魏文帝製作的兩件值得注

---

① 見《南齊書·文學傳·祖沖之傳》、《隋書·天文上》、《新唐書·曹王明傳附嗣曹王皋傳》。

意，其中就「器形似觥而方」而言，與我們所討論的方豆在外形上相吻合，如果加上圜形的底，似乎更接近古代敧器的器形了。

周代的敧器形制儘管不明，但具有「虛則敧，中則正，滿則覆」的原理只能是尖底或圜底狀的一類器物，現代學者陸錫興先生也有相似的觀點，認為只是形制有所差別[①]。結合青銅器的自名，或認為方豆是以敧器為祖型的器物，將有助於我們對周代敧器形制的理解。

前已指出，這種方豆大多出自於楚地的楚墓或楚系的墓葬中，這一器物之源應屬楚。不過，這一觀點還需作進一步的申論，原因是這兩件具有自名的銅器所出自的墓葬都是在楚地的楚系墓葬中，而對於這兩座墓葬的文化屬性目前還存在認識上的差別。如河南固始侯古堆一號墓究竟是不是楚墓，隨州均川出土的方豆或認為是曾器等[②]。但我們從文句的語法和族氏的稱謂上考察，屬楚的觀點應不容置疑。

無論是河南固始侯古堆還是隨州均川所出土的方豆，其上的銘文句式完全相同，其中的「臼（似）之食盍」和「邵之御錥」中的「臼（似）」和「邵」都應是器主的族氏稱謂，「之」應分析為結構助詞，器名「盍」和「錥」前的「食」和「御」都是定語，修飾器名，與器名一起可構成一個偏正性的詞組，其中心詞應是「盍」和「錥」，其主體銘文格式為族氏＋之＋器名，即在銘文中只有族氏而未標示出物主的人名。在有銘楚器中，還見有一種與之結構相似但族氏名和器名具全的銘文格式是，族氏＋之＋人名＋之＋器名的句式。如「昭王之諻之饋鼎[③]」，其中的「昭王」當為族稱，相當於表明是昭王之族氏，「諻」為其名。需要說明的是，過去大多以昭王為楚昭王，將此器的年代定在了楚昭王之世，但通過大量的楚簡文字和青銅器銘文證實，楚國有以先王之諡為族稱的例子，因此，這個昭王只應是晚於

① 文史知識編輯部編：《古代禮制風俗漫談》，中華書局，1983年6月版。
② 黃錫全：《湖北出土商周文字輯證》，武漢大學出版社，1992年版。
③ 中國社會科學院考古研究所：《殷周全文集成》，中華書局，2007年版。

291

昭王，且是昭王的後人，這是近年來楚國文字學研究上的一個重要發現。這給楚器的年代學的準確建立又提供了一個強有力的證據。循此，我們還可以進一步證實河南固始侯古堆一號墓上所見方豆上的「訋（似）」也應是一個族氏稱謂，但這個族氏與楚國王室的關係現尚不太清楚。但隨州均川出土的方豆上的「邵」就應是「昭」，這個「昭」應可以同楚昭王相對應，也應是楚昭王的族氏，也就是說，屬於某一王族的人名既可直稱某王，也可省稱一個謚號字，如昭王又可稱「昭」，但所表述的族就是一回事。有學者統計，目前在楚國出土的文字材料中有楚武王、楚文王、楚成王、楚莊王、楚昭王、楚共王、楚平王、楚悼王、楚懷王共九世王族的人有這種族稱的慣例[1]，目前所見最多的當是楚競平王的族氏——競氏，也即「景」氏。所以將隨州均川方豆上的「昭」定為楚昭王之族氏是有出土文獻依據的，可確認為其應是一件楚器。

總之，由銅器方豆自名「敆」所引起的討論，旨在據銅器自名的原則恢復其本名，以期融入古人的語言環境和認識其器種的演變關係，但本論所涉材料有限，主要是通過文字學所作的一個橋聯，也是想從一個新的角度來對古代已經失傳了的器物探討所作的一種新嘗試，其觀點不一定正確，誠祈有識之士指正。

---

[1] 董珊：〈出土文獻所見「以謚為族」的楚王族——附說《左傳》「諸侯以字為謚因以為族」的讀法〉，載復旦大學出土文獻與古文字研究中心編：《出土文獻與古文字研究第二輯》，復旦大學出版社，2008年版。

參 考 文 獻

一、文獻及專著類

1. 《十三經注疏》，中華書局，1980年9月版。

2. 《國語》，上海古籍出版社，1978年8月版。

3. 司馬遷：《史記》，中華書局，1982年版。

4. 班固：《漢書》，中華書局，1962年版。

5. 范曄：《後漢書》，中華書局，1965年版。

6. 陳澔：《禮記集說》，上海古籍出版社，1987年版。

7. 陳直：《漢書新證》，天津人民出版社，1979年版。

8. 陳壽：《三國志》，中華書局，1982年版。

9. 陳直：《三輔黃圖校證》，陝西人民出版社，1980年5月版。

10. 陳直：《史記新證》，天津人民出版社，1979年版。

11. 王先謙：《釋名疏證補》，中華書局，2008年6月版。

12. 聶崇義：《新定三禮圖》，清華大學出版社，2006年版。

13. 江永：《鄉黨圖考》，《皇清經解》清咸豐庚申（1860）刻本。

14. 許慎：《說文解字》，中華書局，1963年版。

15. 劉向集錄：《戰國策》，上海古籍出版社，1985年8月版。

16. 姜亮夫：《楚辭通故》，雲南人民出版社，1999年12月版。

17. 許嘉璐：《中國古代的衣食住行》，北京出版社，1988年8月版。

18. 高亨：《古字通假會典》，齊魯書社，1989年7月版。

19. 劉彬徽：《楚系青銅器研究》，湖北教育出版社，1995年7月版。

20. 彭浩：《楚人的紡織與服飾》，湖北教育出版社，1995年8月版。

21. 郭德維：《楚系墓葬研究》，湖北教育出版社，1995年7月版。

22. 郭沫若：《屈原賦今譯》，上海書店出版社，2003年7月版。

二、考古報告類

1. 湖北省博物館：《曾侯乙墓》，文物出版社，1989年版。

2. 湖南省博物館等：《長沙楚墓》，文物出版社，2000年1月版。

3. 河南省文物研究所：《信陽楚墓》，文物出版社，1986年3月版。

4. 湖北省荊州博物館：《江陵馬山一號楚墓》，文物出版社，1985年2月版。

5. 湖北省荊沙鐵路考古隊：《包山楚墓》，文物出版社，1991年10月版。

6. 湖北省文物考古研究所：《江望山沙塚楚墓》，文物出版社，1991年10月版。

7. 湖北省文物考古研究所等：《荊門左塚楚墓》，文物出版社，2006年9月版。

8. 湖南省博物館等：《長沙馬王堆一號漢墓》，文物出版社，

1973年版。

9. 湖北省荊州博物館：《江陵雨臺山楚墓》，文物出版社，1984年4月版。

10. 湖北省文物考古研究所：《江陵望山沙塚楚墓》，文物出版社，1996年4月版。

11. 湖北省文物考古研究所：《江陵九店東周墓》，科學出版社，1995年7月版。

12. 雲夢睡虎地秦墓編寫組：《雲夢睡虎地秦墓》，文物出版社，1981年9月版。

13. 睡虎地秦墓竹簡整理小組：《睡虎地秦墓竹簡》，文物出版社，1990年9月版。

14. 商承祚：《戰國楚竹簡彙編》，齊魯書社，1995年11月版。

15. 河南省文物考古研究所：《固始侯古堆一號墓》，大象出版社，2004年11月版。

16. 河南省文物研究所等：《淅川下寺春秋楚墓》，文物出版社，1991年10月版。

17. 湖北省宜昌地區博物館：《當陽趙家湖楚墓》，文物出版社，1992年3月版。

18. 陝西省考古研究所等：《秦始皇陵兵馬俑坑——一號坑發掘報告1974—1984》，文物出版社，1992年3月版。

19. 陝西省考古研究院等：《秦始皇陵園考古報告2001—2003》，文物出版社，2007年6月版。

20. 河南省文物考古研究所：《淅川和尚嶺與徐家嶺楚墓》，大象出版社，2004年10月版。

21. 河南省文物考古研究所：《新蔡葛陵楚墓》，大象出版社，2003年10月版。

22. 黃文弼等：《羅布淖爾考古記》，線裝書局，2009年5月版。

23. 商承祚：《長沙古物聞見記》，金陵大學中國文化研究所叢刊甲種，燕京學社印行，民國廿八年（1939年）版。

24. 安徽省文物管理委員會等：《壽縣蔡侯墓出土遺物》，科學出版社，1956年版。

三、考古發掘簡報及論文類

1. 吳銘生：〈長沙楚墓出土漆器〉，載《文物參考資料》，1957年第7期。

2. 楊宗榮：〈戰國漆器花紋與戰國漆器繪畫〉，載《文物參考資料》，1957年第7期。

3. 高至喜：〈湖南古代墓葬概述〉，載《文物》，1960年第3期。

4. 彭浩：〈楚墓葬制初論〉，載《中國考古學會第二次年會論文集》，文物出版社，1980年版。

5. 郭沫若：〈西江月·題長沙楚墓帛畫〉，載《文物》，1973年第7期。

6. 湖南省博物館：〈新發現的長沙戰國楚墓帛畫〉，載《文物》，1973年第7期。

7. 熊傳新：〈對照新舊摹本談楚國人物龍鳳帛畫〉，載《江漢論壇》，1981年第1期。

8. 滕壬生：〈天下第一雙皮手套（江陵滕店一號墓出土）〉，載《長江日報》，1983年5月4日。

9. 彭浩：〈江陵馬磚一號楚墓所見葬俗略述〉，載《文物》，1982年第10期。

10. 熊傳新：〈長沙新發現的戰國絲織物〉，載《江漢論壇》，1982年第8期。

11. 陳躍均：〈淺談江陵楚墓出土的青銅劍〉，載《考古與文物》，

1984年第2期。

12. 彭邦炯：〈帶矛車軎與古代沖車〉，載《考古與文物》，1984年第1期。

13. 吳銘生：〈長沙左家公山的戰國木槨墓〉，載《文物參考資料》，1954年第12期。

14. 湖南省文管會：〈長沙出土的三座大型木槨墓〉，載《考古學報》，1957年第1期。

15. 湖南省文管會：〈長沙紫檀鋪戰國墓清理簡報〉，載《考古通訊》，1957年第1期。

16. 湖南省文管會：〈長沙仰天湖25號木槨墓〉，載《考古學報》，1957年第2期。

17. 李正光等：〈長沙沙湖橋一帶古墓發掘報告〉，載《考古學報》，1957年第4期。

18. 周世榮：〈長沙烈士公園清理的戰國墓葬〉，載《考古通訊》，1958年第6期。

19. 湖南省文管會：〈長沙陳家大山戰國墓葬清理簡報〉，載《考古通訊》，1958年第9期。

20. 周世榮等：〈長沙陳家大山戰國、西漢、唐、宋墓清朝〉，載《考古》，1959年第4期。

21. 高至喜：〈長沙烈士公園3號木槨墓清理簡報〉，載《文物》，1959年第10期。

22. 湖南省博物館：〈長沙市五里牌古墓清理簡報〉，載《文物》，1960年第3期。

23. 湖南省博物館：〈長沙瀏城橋一號墓〉，載《考古學報》，1972年第1期。

24. 湖南省博物館：〈長沙子彈庫戰國墓〉，載《文物》，1974年第2期。

參考文獻

25. 單先進等：〈長沙識字嶺戰國墓〉，載《考古》，1977年第1期。

26. 長沙市文物工作隊：〈長沙市五里牌戰國木槨墓〉，載《湖南考古輯刊》第1輯，1982年版。

27. 湖南省博物館：〈古丈白鶴灣楚墓〉，載《考古學報》，1986年第3期。

28. 常德地區文物工作隊：〈湖南桃源三元村一號楚墓〉，載《湖南考古輯刊》第4輯，1987年版。

29. 王英黨：〈湖南桃源三元村二號楚墓〉，載《考古》，1990年第11期。

30. 陳上岷：〈湖北江陵發現戰國木槨墓〉，載《文物》，1959年第2期。

31. 郭德維、劉彬徽：〈湖北江陵出土虎坐鳥架鼓兩座楚墓的清理簡報〉，載《文物》，1964年第9期。

32. 湖北省文化局文物工作隊：〈湖北江陵三座楚墓出土重要文物〉，載《文物》，1966年第5期。

33. 湖北省博物館等：〈湖北江陵柏馬山楚墓發掘簡報〉，載《考古》，1973年第3期。

34. 湖北省博物館等：〈湖北江陵太暉觀楚墓發掘簡報〉，載《考古》，1973年第6期。

35. 荊州博物館：〈湖北江陵滕店一號墓發掘簡報〉，載《文物》，1973年第9期。

36. 湖北省博物館等：〈湖北江陵太暉觀50號楚墓發掘簡報〉，載《考古》，1977年第1期。

37. 隨縣擂鼓墩一號墓考古發掘隊：〈湖北隨縣曾侯乙墓發掘簡報〉，載《文物》，1979年第7期。

38. 荊州博物館：〈江陵雨臺山楚墓發掘簡報〉，載《考古》，

1980年第5期。

39. 擂鼓墩二號墓清理發掘組：〈隨州市擂鼓墩二號墓出土一批重要文物〉，載《江漢考古》，1981年第1期。

40. 宜昌地區文物工作隊：〈當陽金家山九號春秋楚墓〉，載《文物》，1982年第4期。

41. 宜昌地區文物工作隊：〈當陽金家山兩座戰國楚墓〉，載《文物》，1982年第4期。

42. 荊州博物館：〈湖北馬山磚瓦廠一號墓出土大批戰國時期絲織品〉，載《文物》，1982年第10期。

43. 滕壬生：〈江陵發現戰國「絲綢寶庫」——馬山磚瓦廠一號墓發掘簡記〉，載《江漢考古》，1982年第1期。

44. 湖北省博物館：〈襄陽山灣東周墓發掘報告〉，載《江漢考古》，1983年第2期。

45. 湖北省鄂城縣博物館：〈鄂城楚墓〉，載《考古學報》，1983年第2期。

46. 江陵縣文物工作組：〈湖北江陵楚塚調查〉，載《考古學集刊》第4輯，1984年版。

47. 湖北省博物館江陵工作站：〈江陵溪峨山楚墓〉，載《考古》，1984年第6期。

48. 荊州博物館：〈江陵李家臺楚墓清理簡報〉，載《江漢考古》，1985年第3期。

49. 湖北省博物館等：〈湖北隨州擂鼓墩二號墓發掘簡報〉，載《文物》，1985年第1期。

50. 湖北省博物館江陵工作站：〈麻城楚墓〉，載《江漢考古》，1986年第2期。

51. 荊沙鐵路考古隊：〈荊門市包山大塚出土一批重要文物〉，載《江漢考古》，1987年第2期。

參考文獻

52. 荆沙鐵路考古隊：〈江陵秦家嘴楚墓發掘簡報〉，載《江漢考古》，1988年第2期。

53. 湖北省博物館江陵工作站：〈江陵馬山十座楚墓〉，載《江漢考古》，1988年第2期。

54. 荆沙鐵路考古隊包山墓地整理小組：〈荆門包山楚墓發掘簡報〉，載《文物》，1988年第5期。

55. 湖北省宜昌地區博物館：〈當陽曹家5號楚墓〉，載《考古學報》，1988年第4期。

56. 江陵縣文物局：〈湖北江陵武昌義地楚墓〉，載《文物》，1989年第3期。

57. 江陵縣文物局：〈江陵官坪楚墓發掘簡報〉，載《江漢考古》，1989年第3期。

58. 荆州博物館：〈江陵天星觀一號楚墓〉，載《考古學報》，1982年第1期。

59. 湖北省博物館：〈楚都紀南城的勘查與發掘〉，載《考古學報》，1982年第3、4期。

60. 河南省文化局文物工作隊：〈信陽長臺觀二號楚墓的發掘〉，載《考古通訊》，1958年第11期。

61. 信陽地區文管會：〈春秋早期黃君孟夫婦發掘報告〉，載《考古》，1984年第4期。

62. 曹桂岑等：〈淮陽平糧臺四號墓發掘簡報〉，載《河南文博通訊》，1980年第1期。

63. 河南省文物研究所：〈河南淮陽馬鞍塚楚墓發掘簡報〉，載《文物》，1984年第10期。

64. 曹桂岑：〈淮陽發現一座大型楚國車馬坑〉，載《河南日報》，1982年9月5日。

65. 河南省文物研究所：〈河南淮陽平糧臺十六號墓發掘簡報〉，

載《文物》，1984年第10期。

66. 安徽省文物工作隊：〈安徽長豐楊公發掘九座戰國墓〉，載《考古學集刊》第2輯，1986年版。

67. 淮陰市博物館：〈淮陰高莊戰國墓〉，載《考古學報》，1988年第2期。

68. 四川省博物館：〈四川涪陵地區小田溪戰國土坑墓清理簡報〉，載《文物》，1974年第5期。

69. 四川省博物館：〈成都百花潭中學十號墓發掘記〉，載《文物》，1976年第3期。

70. 四川省博物館：〈四川新都木槨墓〉，載《文物》，1981年第6期。

71. 四川省博物館：〈成都西郊戰國墓〉，載《考古》，1983年第7期。

72. 楊鳩霞：〈長豐戰國晚期楚墓〉，載《文物研究》，1988年第4期。

73. 長江流域第二期文物考古工作人員訓練班：〈湖北江陵鳳凰山西漢墓發掘簡報〉，載《文物》，1974年第6期。

參考文獻

後　記

　　當完成這部書稿後，似有一種如釋重負的感覺。不論其是否達到編輯的終極要求，但總算是完成了一個任務。其是非自當由讀者述評了。

　　楚國的名物研究是一個系統而龐大的工程，多年來我一直有著對其展開系統研究的夢想，特別是日益增多的科學考古發掘出土的楚國遺存以及楚國簡牘文字材料，為這一課題的實施提供了豐富的對應研究素材。只因本人大部分時間奔波於田野考古工作的一線，一直未能如願。本集雖名之《楚器名物研究》，實與具體的名實對應研究相距甚遠，只是局限於對一些個案的認識。

　　還需要說明的是，本篇所述也不是一些新作，大多為過去在工作中所遇問題的一些思考，曾在不同的期刊發表過，應同事的要求作了部分收錄。部分文章在本次收錄時略有改動。在行文中有些沒有注釋，其索引大多來源於《文物》、《考古》等專業期刊和專題考古發掘報告。

　　最後，特別感謝湖北省社會科學院劉玉堂先生、張碩先生和湖北教育出版社靳強先生與孫亦君女士，他們為本書的出版費盡了心血，不厭其煩。尤其是孫亦君女士，在我沒有時間的情況下，從文字到分篇都作了很細緻的編排，其工作之認真、要求之嚴謹，委實讓人敬佩。對上述諸位的鼎力相助，再次深表謝忱！

楚國文化研究叢刊 A0201012

楚器名物研究

主　　編	劉玉堂	
作　　者	黃鳳春	
責任編輯	蔡雅如	

發 行 人	林慶彰
總 經 理	梁錦興
總 編 輯	張晏瑞
編 輯 所	萬卷樓圖書股份有限公司
排　　版	林曉敏
印　　刷	博創印藝文化事業有限公司
封面設計	斐類設計工作室

出　　版　昌明文化有限公司

桃園市龜山區中原街 32 號

電話　(02)23216565

發　　行　萬卷樓圖書股份有限公司

臺北市羅斯福路二段 41 號 6 樓之 3

電話　(02)23216565　傳真　(02)23218698

電郵　SERVICE@WANJUAN.COM.TW

大陸經銷

廈門外圖臺灣書店有限公司

　　電郵　JKB188@188.COM

ISBN

2020 年 7 月初版二刷

2017 年 3 月初版

定價：新臺幣 400 元

如何購買本書：

1. 劃撥購書，請透過以下郵政劃撥帳號：

   帳號：15624015

   戶名：萬卷樓圖書股份有限公司

2. 轉帳購書，請透過以下帳戶

   合作金庫銀行　古亭分行

   戶名：萬卷樓圖書股份有限公司

   帳號：0877717092596

3. 網路購書，請透過萬卷樓網站

   網址　WWW.WANJUAN.COM.TW

大量購書，請直接聯繫我們，將有專人為您

服務。客服：(02)23216565 分機 10

如有缺頁、破損或裝訂錯誤，請寄回更換

國家圖書館出版品預行編目資料

楚器名物研究 ／ 黃鳳春著. -- 初版. –

桃園市 ： 昌明文化出版 ；臺北市 ： 萬卷

樓發行, 2017.03 面 ；　公分. -- (楚國文化

研究叢刊 ；A0201012)

ISBN 978-986-94605-1-4(平裝)

1.文化史　2.楚國

631.808　　　　　　　　　　　106003990

本著作物經廈門墨客知識產權代理有限公司代理，由湖北教育出版社有限責任公司授
權萬卷樓圖書股份有限公司出版、發行中文繁體字版版權。